ベンチャー企業の法務

起業からIPOまで

AZX総合法律事務所
AZX
後藤勝也・林 賢治・雨宮美季
増渕勇一郎・池田宣大・長尾 卓
——編著

中央経済社

はじめに

「起業家にとって最低限知っておくべき法律知識を分かりやすくまとめた本はないでしょうか？　何を読めばよいのでしょう？」

起業家から，こんな質問を受けることがよくあります。

近年のベンチャー業界の活況により，日本のベンチャーファイナンススキームは大きく進化し，優先株式による投資や新株予約権付社債，ストックオプションなど複雑なファイナンススキームの活用事例が「当然のこと」となり，これについて起業家も基本的な法的知識を持っておくべきという認識が広まっています。また，ベンチャーイベント等での起業家間の交流の促進により失敗事例や成功事例の共有がなされるようにもなり，特にIPOを目指すベンチャーにおいては，ファイナンス以外の法律知識も重要であるとの認識が広まっています。

この本は，起業家向けにこれらの法的知識を分かりやすく解説したものであり，いわば「起業家版 法律の実用書」となるべく執筆されたものです。

Q&A方式にしていますので，最初から読み進めていただくだけではなく，興味がある箇所，気になった箇所をその都度見ていただくこともできるようになっています。Qの内容については，AZX総合法律事務所において起業家からよく受ける質問を中心にピックアップしました。ベンチャーといっても，IT分野，バイオ分野，飲食分野など業種は様々ですが，特定の業種に偏ることなく使えるように意識しています。

AZX Professionals Groupは，弁護士，会計士，税理士，社労士，弁理士などとワンストップでサービスを提供するグループであり，2001年の創設以来15年以上にわたり，一貫してベンチャーサポートを行ってきました。その間にはITバブルの崩壊，ライブドア事件，リーマンショックなど，ベンチャー業界の「冬の時代」を思わせる出来事もありましたが，どのような環境でも継続してベンチャーサポートを行ってきたからこそ，時代や環境に左右されずベンチャーに貢献できるノウハウを蓄積できていると自負しております。また，日頃より，「法務部のいない」ベンチャーと直接やりとりをすることも多く，起業家の方がどのような点を不安に感じ，何を知りたいと思っているのかを把握したうえで，分かりやすくアドバイスすることについて留意しながら業務を行っています。

この本では，これらのノウハウや経験を生かし，起業家のみなさんが知りたいと思っているであろう基本的な事項を分かりやすく伝えることを主眼としていますので，難しい論点やテクニカルな内容については，あえて踏み込んでいないところもあります。具体的な事案に活用する際には，是非弁護士等の専門家のアドバイスも受けていただければ幸いです。

また，基本的には起業家の視点に立って執筆していますが，投資契約の留意点などは，それ自体が投資家の立場から必要とされるものであり，交渉相手である投資家の視点も知ることが起業家にとっても有益であるという考えで投資家からの視点も入れつつ執筆しました。

さらに，この本は，起業家のみならず，投資家，ベンチャーと業務提携を検討する事業会社，証券会社の方などにも，是非読んでいただければ幸いです。AZX総合法律事務所は，起業家側のみならず，投資家や証券会社等もサポートするなど様々な側面からベンチャー業界をサポートしており，それにより，ベンチャー業界の活性化に貢献していきたいと考えております。

この本が，ベンチャー業界のエコシステムの構築に役立ち，更なる発展につながることを願ってやみません。

2016年9月　著者一同

目　次

関係諸法令等の略称

略称	正式名称
金商法	金融商品取引法
下請法	下請代金支払遅延等防止法
e-Gov	電子政府の総合窓口 e-Gov（イーガブ） (http://www.e-gov.go.jp/)
景品表示法	不当景品類及び不当表示防止法
個人情報保護法	個人情報の保護に関する法律
資金決済法	資金決済に関する法律
出資法	出資の受入れ，預り金及び金利等の取締りに関する法律
児童買春・児童ポルノ禁止法	児童買春，児童ポルノに係る行為等の規制及び処罰並びに児童の保護等に関する法律
青少年インターネット環境整備法	青少年が安全に安心してインターネットを利用できる環境の整備等に関する法律
出会い系サイト規制法	インターネット異性紹介事業を利用して児童を誘引する行為の規制等に関する法律
電子商取引準則	経済産業省「電子商取引及び情報財取引等に関する準則」（平成27年４月最終改訂） (http://www.meti.go.jp/press/2015/04/20150427001/20150427001-3.pdf)
電子消費者契約法	電子消費者契約及び電子承諾通知に関する民法の特例に関する法律
特定商取引法	特定商取引に関する法律
特定商取引法施行規則	特定商取引に関する法律施行規則
特定商取引法施行令	特定商取引に関する法律施行令
風営法	風俗営業等の規制及び業務の適正化等に関する法律
プロバイダ責任制限法	特定電気通信役務提供者の損害賠償責任の制限及び発信者情報の開示に関する法律
薬機法	医薬品，医療機器等の品質，有効性及び安全性の確保等に関する法律

その他の略称

略称	名称
DD	Due diligence / デューディリジェンス
VC	Venture Capital / ベンチャーキャピタル
IPO	Initial Public Offering / 株式公開，株式上場
M&A	Mergers and Acquisitions / 買収・合併
EC	Erectoronic Commerce/ 電子商取引
NDA	Non-Disclosure Agreement / 秘密保持契約書，機密保持契約書

第I章 ベンチャー法務戦略

QI－1 ベンチャーが法律を意識すべき理由

起業するにあたって，ある程度の法律知識は身につけておく必要があるというアドバイスを受けます。ベンチャーが法律を意識すべき理由を教えてください。

A ベンチャーが特に法律を意識すべき理由としては，(1)今までにない商品やサービスを提供する際に規制をチェックする必要がある，(2) IPO や M&A にあたり法的な観点から問題をチェックされる機会が多い，(3)当初内部に法的な観点からチェックする部署が存在しない，(4)特にレピュテーションに気をつける必要がある，などといった点が考えられます。

解説

法律は守らなければならないというのは当然のことですが，普通に生活する限りではそこまで法律を意識しなくとも，問題となることは滅多にありません。しかし，ベンチャーの場合は特に法律を意識すべき理由がありますので，以下説明します。

(1) ベンチャーは今までにない商品やサービスを提供する

ベンチャーは，今までにない商品やサービスを提供することが多くあり，そのような商品やサービスを提供する場合，許認可等の法規制について事前に慎重に確認する必要があります。すでに多くの他社が提供している商品やサービスの提供をする場合には，情報を得ることがたやすく，比較的簡単に規制の有無等を確認してビジネスをスタートできます。

一方，今までにない商品やサービスを提供する場合，他社の対応など既存の情報をそのまま参考にできないため，慎重に対応する必要があります。筆者の経験談として，クライアントから，「今までにないビジネスなので自信があります。ローンチ前にリスクを確認しておきたいので相談させてください」との連絡を受けて話を聞いてみると，そもそも日本では法律上の規制に抵触するためスタートさせるのが困難であると発覚したケースがありました。

魅力的な商品やサービスであるにもかかわらず，今まで誰も行っていないものは，法律上の理由に起因する可能性があり，そのためベンチャーは通常の企業より法律に注意を払うべきと言えます。

⑵ ベンチャーは，法的な観点から問題をチェックされる機会が多い

弁護士としてアドバイスをする際，クライアントから「たしかに形式上は法律に違反しているかもしれませんが，同業他社はどこも同じことをやっています」，「起業家仲間でこんなことを守っている人はいません」など，本当にその法律を守る必要はあるのかと質問されることがあります。

たしかに，法律違反をしていても，実際に行政処分や刑事罰の対象とならなければ，実害はないように思えます。

しかし，ベンチャーはその成長過程において，適法性を厳しく審査されることがあります。具体的には，IPO 引受審査を受ける場合，M&A において買収される場合，外部から資金調達を行う場合には，法務デューディリジェンスが行われ，会社に法的な問題点がないか慎重にチェックされます（QⅨ-1参照）。法務デューディリジェンスで問題が発見された場合には，過去に何らの問題が起きていなくても，上場できない，買収や投資が見送られるといった事態になってしまいます。

特に IPO を目指す企業は，未上場企業と比較して高いコンプライアンスの水準を求められ，「同業他社もやっている」という理由で自らの行為を正当化することは不可能であることを認識しましょう。

(3) ベンチャーの場合，法的なチェックをする部署が存在しない

大企業の場合には，法務部が存在し，法務チェックが行われる体制ができあがっています。このような大企業は，各種の承認プロセスの中で法務チェックが行われ，法的な問題が生じないような内部管理体制が整備されていることが一般的です。

一方，ベンチャーの場合には，かなりの規模に成長するまでは法務部が存在しないのが通常であり，上場前のベンチャーでは，専門の法務部員すらいないという状況は珍しくありません。このようなベンチャーにおいては，各役職員が法律を意識する必要性が大企業よりも高いと言えるでしょう。

例えば，外部にシステム開発を委託する場合，契約書上著作権を確保する必要があります（QⅣ－8参照）。大企業の場合，この点を考慮に入れた自社のひな型を使用するか，相手方のひな型を使用する場合でも，この点のリーガルチェックを法務部がきちんと行い，適宜修正を加えたうえで契約を締結します。一方，ベンチャーの場合，著作権法の知識を全く持っていないと，システムを作ってもらったにもかかわらず，その著作権を譲り受けていないといった事態が生じかねません。

上記の事態を防ぐため，法務部がしっかりと機能する組織を作り上げるまでは，気軽に相談できる弁護士を確保するなどの対応策を検討していくべきでしょう。

(4) ベンチャーは，特にレピュテーションに気をつける必要がある

ITが発達した現代では，法律を遵守していない企業に対して，すぐブラック企業というレッテルが貼られます。これはベンチャーに限ったことではないのですが，ベンチャーでは，ベンチャー間の転職が多いため，一般的な企業よりも業界内で悪い評判が広まりやすいと言えます。

また，ベンチャーにおいては，古くから続く企業のような信用がないため，たった１つの悪評をきっかけとして，取引先が一気に減少する，就職希望者が全くいなくなってしまうなどの重大な事態にも発展する可能性があります。

加えて，いわゆる「炎上」は会社にとって大きな被害をもたらしかねず，法律違反を行っている会社は，いつでも「炎上」が起きる可能性があると認識しておいたほうがよいでしょう。

きちんと法律を遵守する意識を持った組織を作っていくことにより，少しずつ信用を築き上げていくようにしましょう。

QⅠ-2 サービスの適法性チェック

ビジネスモデルに法律的な問題がないかは，どのような観点から判断すべきですか？

A ビジネスモデルの適法性は，(1)適法性，(2)適法利用性および(3)非紛争性の３つの視点から判断することが重要です。

解説

新しくサービスを立ち上げる場合，どのような点に注意しながら当該サービスの適法性を検討すべきか，以下確認しましょう。

(1) 適法性（法律構成・法規制）

適法性とは，①そのサービスが法律構成として正しいものか，②法規制に抵触しないかという視点です。以下，それぞれ説明していきます。

① そのサービスが法律構成として正しいものか

法律構成とは，法律上の理論構成を意味します。

インターネット上で商品を売買できるモデルを例に考えましょう。サービス提供者としては，**図表**のような２つの関与の方法が考えられます。

【図表】　売買型と仲介型の違い

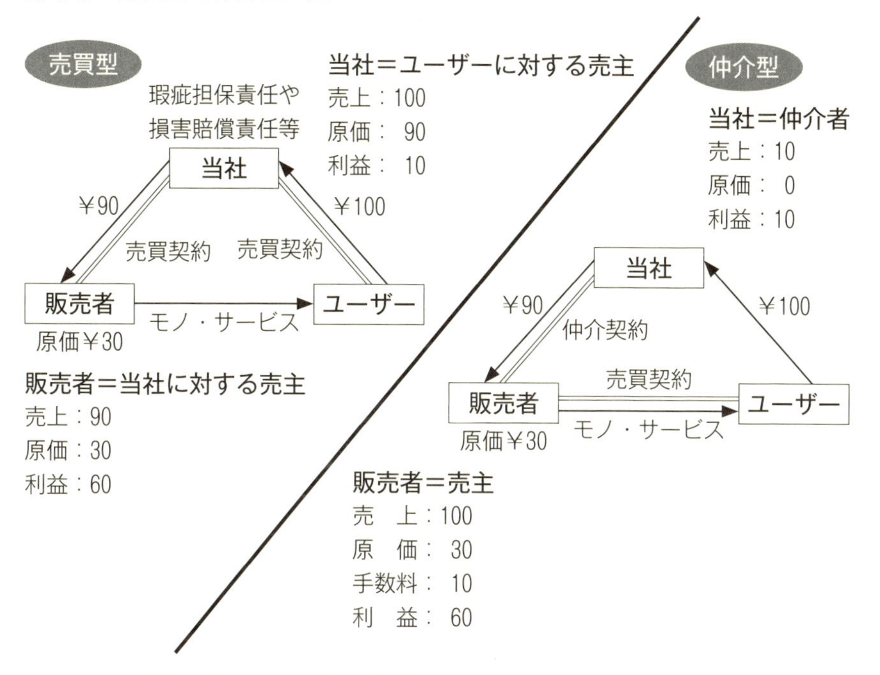

まず，1つは，ユーザーから商品を仕入れたうえで，別のユーザーに販売する方法で，一般的に売買型と呼ばれるものです（左図）。もう1つは，ユーザー間の商品の販売を仲介することで手数料を徴収する方法で，一般的に仲介型と呼ばれるものです（右図）。

売買型の場合には，仲介型の場合と異なり，自らが販売当事者となるので，代金の支払い，商品の郵送，瑕疵担保責任等の売買に関する規定の適用を受けることになります。

また，売買型の場合には，ユーザーに対する販売価格が売上となる一方，仲介型の場合には，仲介手数料が売上となるので，税務，会計上も違いが生じ得ます。仲介型であっても，サービス提供者が買主からお金を受け取り，それを手数料を引いたうえで売主に渡すモデルの場合，お金の流れは売買型と同じですが，上記のとおり，仲介型の場合の売上は手数料部分となるため，図表に記載のとおり，販売者が支払う手数料分が仲介者の売上および利益となります。仲介型であるにもかかわらずユーザーから回収した金額を売上に計上してしまうと，大きな問題となる可能性もあります。

このように，法律構成によって，適用される法律や必要となる許認可の内容が変わってしまうことがありますので，法律構成がどうなっているかは必ず確認しましょう。

② 法規制に抵触しないか

法律違反が発覚した場合，当該サービスを継続できないことになりかねませんので，サービスを立ち上げる際には，あらかじめ，規制の適用の有無および規制の内容を確認のうえ，(i)規制に則った運用を行う，または(ii)そもそも規制の適用対象外となるスキームを構築するかを判断することが重要となります。

ベンチャーが実施するサービスの法規制関連について，よく問題となる法律としては，著作権法，金融商品取引法，職業安定法，旅行業法，旅館業法，賭博罪（刑法），電気通信事業法，薬機法，貸金業法，資金決済法，出資法，個人情報保護法，弁護士法，景品表示法，特定商取引法，消費者契約法など非常に多岐にわたります。

法律による規制を受ける場合でも，必ずしもサービスの提供が全面的に禁止されるわけではありません。たしかに，許認可が必要なこともありますが，単に所定の手続を履行すれば足りるケースもありますので，規制の対象だからといって，ただちに諦める必要はありません。

一方，法規制に従った運用を行うとした場合，そもそも，許認可の要件を満たしていない，そのような運用を行うことは現実的ではないといったこともあり得ます。このような場合，規制が適用されないスキームを検討することが必要です。

規制が適用されるかどうか，また規制が適用されないようサービス内容をどう変更すべきかを検討する際は，各法律の広範な知識が必要なため，このような業務に慣れた弁護士に依頼するのが望ましいでしょう。財務的に弁護士に依頼することが難しい場合も，インターネットを活用したり，問題となりそうな法律を管轄する官庁に問い合わせたりして，当該サービスが明らかに規制に抵触するものではないことを最低限確認しましょう[1]。

また，「グレーゾーン解消制度」を利用することで，ある事業が特定の法律に違反していないかを確認することも考えられます。グレーゾーン解消制度の概要については，QⅠ-3をご参照ください。

(2) 適法利用性

適法利用性とは，そのサービスが違法行為に利用されないか，という視点です。

そのサービス自体が適法なものでも，そのサービスが違法行為に利用されてしまう可能性も否定はできません。

サービスが違法行為に利用されるケースとしては，例えば，ウェブ上の掲示板サービスにおいては，①違法コンテンツのアップロード等の著作権侵害，②名誉棄損，業務妨害的な書き込み，③異性交際のための情報交換，④違法なステルスマーケティング，⑤盗品の売買，および⑥マルチ商法，ねずみ講等の不当な詐欺的取引への利用が想定されます。

違法行為に利用される可能性が高いのであれば，サービス提供者としては，サービスの利用状況を監督のうえ，違法行為を排除すべきと考えられます。

違法行為に利用されていることを知りながら，漫然とこれを放置しているような場合には，自らも違法行為に加担していると判断され，刑事罰や差止請求，損害賠償請求の対象となる可能性があります。

また，許認可，届出等が必要なサービスと判断される可能性もあります。例えば，ユーザー間でのコミュニケーション手段が用意されているサービスで，

1　なお，AZX総合法律事務所では，ビジネスモデルを無料で審査しています。30分程度のヒアリングで行う簡易なものですが，ご興味のある方は，サイトをご一読ください（http://www.azx.co.jp/modules/business/）。

異性交際を求める書き込みが行われていることを知りながら，これを放置するなどして，サービス提供者がその利用実態を許容していると認められるような場合，もともと出会いを目的としたサービスでなくても，「インターネット異性紹介事業者」として届出が必要であると判断されてしまうリスクがあります。

さらに，レピュテーションの低下により，ブラックビジネスとみなされて取引に支障が生じたり，人材の採用への支障となる可能性も否定できません。

上記のようなリスクを回避するためには，ユーザーの不適切な行為に対応できるよう，しっかりと利用規約を整備しておくことが大切です。具体的には，ユーザーの禁止行為を明確にしたうえで，禁止行為があった時のペナルティーを整備し，禁止行為を行ったユーザーに対して，利用規約に基づき措置を講じたことによりユーザー側に不利益が生じたとしても，会社が責任を負わない旨を定めておくことが重要です。

そのうえで，違法行為をシステム的に検出する仕組みや通報制度を構築し，サービスの利用状況をしっかりとモニタリングするとともに，違法な書き込みの削除，ユーザーの登録取消しなど，違法行為を放置せず，適切な対処を断行することが重要です。

IPOの引受審査等では，違法行為を排除するための①仕組み，②体制，③運用実績が問われることが多いので，これらについて説明できるようにしっかりと整備しましょう。

⑶ 非紛争性

非紛争性とは，紛争が生じやすいモデルではないか，という視点です。

例えば，サービス内容が，ユーザー同士をマッチングさせるものであったり，ユーザー間で商品を売買させるプラットフォームを提供するものであった場合，ユーザー間でトラブルが生じる可能性があります。

ユーザー間のトラブルについて，サービス提供者がその責任を直接負う可能性は低いと考えられますが，利用規約の中で，ユーザー間の紛争について責任を負わない旨の免責規定を設け，不特定多数のユーザーを相手にすることから生じる様々なトラブルに対する責任を明確に排除しておくべきです。

もっとも，ユーザー間でのトラブルが多いという事態は，結果としてサービスの評判が下がることにつながってしまう可能性があります。現在はインターネットで一瞬にして評判が広まる時代ですから，ユーザー間のトラブルに対してあまりにも無関心な態度では悪い評判が立ち，事実上サービスが立ち行かなくなるでしょう。

そのため，利用規約にはしっかりと免責規定を置きつつも，トラブルにしっかり対応できる体制を整えておくことも必要です。

レベルアップ QⅠ－3　グレーゾーン解消制度と企業実証特例制度

⑴　新しく始めようとしているビジネスが，何らかの規制に抵触しているか不明確なのですが，当該ビジネスが何らかの規制に違反しているかを明確に官公庁に判断してもらえる手段はないのでしょうか。

⑵　新しく始めようとしているビジネスが既存の規制に明確に抵触していますが，当該ビジネスは諦めるしかないのでしょうか。

A　⑴グレーゾーン解消制度により，あるビジネスが特定の法令の条項に抵触しているかを官公庁に確認してもらうことは可能です。

⑵企業実証特例制度で特例として認められれば規制の特例としてビジネスを実施することは可能です。

解説

グレーゾーン解消制度と企業実証特例制度の２つの制度は，平成26年１月20日に施行された「産業競争力強化法」に基づくものです。内容を簡単に説明すると，「グレーゾーン解消制度」はある事業が特定の法律に違反していないかを国に確認できる制度，「企業実証特例制度」は通常は法律の規制があってできないことについて，安全性の確保等を条件として，事業者ごとに，規制の特例措置を認めてもらう制度です。

いずれの制度も，事業所管省庁が窓口となり，事業所管省庁に申請した後は，事業所管省庁が規制所管省庁とやり取りをしてくれる制度となっています。

⑴ グレーゾーン解消制度の利用例

「グレーゾーン解消制度」の利用例としては，「医師の指導・助言を踏まえ，フィットネスクラブにおいて，その職員が運動に関する指導を行うことが医師のみに認められている『医行為』に該当するか否か等を照会したケースについて，医師からの指導・助言に従い，ストレッチやマシントレーニングの方法を教えること等の医学的判断及び技術を伴わない範囲内の運動指導を行うことは，『医行為』に該当しないことが確認された」といった事例[1]が公表されています。

⑵ 企業実証特例制度の利用例

「企業実証特例制度」の利用例としては，「現行法令（道路交通法施行規則）では，電動アシスト自転車について，アシスト力（人がペダルを踏む力に対して駆動補助機が補助する力の比率）の上限を２倍と定めているところ，民間企業からの要望を踏まえ，事業・規制所管省庁による検討・協議を経て，安全性の確保等を条件に，現行法令による規制よりも大きいアシスト力（３倍）を有するリヤカー付電動アシスト自転車を物流用途に限定して活用できるようにする法令上の特例措置が創設されることとなった」といった事例[2]が公表されています。

---

1 http://www.meti.go.jp/policy/jigyou_saisei/kyousouryoku_kyouka/shinjigyo-kaitakuseidosuishin/result/140226_shinjigyokaitaku_1_2.pdf

2 http://www.meti.go.jp/policy/jigyou_saisei/kyousouryoku_kyouka/shinjigyo-kaitakuseidosuishin/result/140226_shinjigyokaitaku_3.pdf

(3) 両制度の主なポイント

両制度のポイントは以下のとおりです。

① 基本的に誰でも利用することができる

いずれの制度についても,「新事業活動」を行おうとする者であれば,誰でも利用が可能であり,複数の事業者による共同利用も可能です。

「新事業活動」は「新商品の開発又は生産,新たな役務の開発又は提供,商品の新たな生産又は販売の方式の導入,役務の新たな提供の方式の導入その他の新たな事業活動のうち,当該新たな事業活動を通じて,生産性(資源生産性(エネルギーの使用又は鉱物資源の使用(エネルギーとしての使用を除く。)が新たな事業活動を実施しようとする者の経済活動に貢献する程度をいう。)を含む。)の向上又は新たな需要の開拓が見込まれるものであって,公の秩序又は善良の風俗を害するおそれがないものをいう。」と広く定義されていますので(産業競争力強化法2条3項,産業競争力強化法施行規則2条),社会的な有用性が認められる新しいビジネスであれば,要件を満たす可能性が高いのではないかと考えられます。

② 網羅的に問題がないか確認してくれる制度ではない

「グレーゾーン解消制度」は名前のとおりグレーゾーンを解消する制度であり,あるビジネスがあらゆる法律に照らして問題がないかを確認してくれるわけではありません。確認の際には「○○法第○条第○項」など,法令等の条項を特定したうえで行う必要があります。「企業実証特例制度」についても,同様に条項を特定して申請を行う必要があります。

ただし,事業所管省庁は正式に申請を行う前に事前相談を受け付けていますので,かかる事前相談の際に事業所管省庁が他の条項の抵触の可能性にも気がついた場合には,その点を指摘してくれる場合もあります。

③ ある程度時間がかかる

いずれの制度も，１カ月以内に回答がなされることが原則となっています。ただし，１カ月以内に回答できない場合には１カ月ごとに通知する運用となっており，いつまでに結果が出るか事前の予測が難しい面があります。

また，かかる１カ月という期間は，正式に申請を行ってからの期間であるところ，一般的には②でも述べた事前相談を行うのが通常であり，事前相談もそれなりに時間がかかりますので，１カ月という期間では手続が完了しないと認識しておいたほうが無難です。

したがって，これらの制度を利用する場合には，余裕をもって行う必要があります。

上記でも述べていますが，実務上は両制度とも正式申請前に事業所管省庁に事前相談を行う必要があり，筆者の経験上は，できる限り新事業活動が実施できるよう丁寧に相談に乗ってくれます。

両制度の詳細については，経済産業省のホームページ（http://www.meti.go.jp/policy/jigyou_saisei/kyousouryoku_kyouka/shinjigyo-kaitakuseidosuishin/）にわかりやすい説明と，提出書類のフォーマットがあるので，そちらをご参照ください。

なお，金融庁では上記とは別にノーアクションレター制度も実施しており，民間企業等が，新規の事業や取引を具体的に計画している場合において，金融庁がノーアクションレター制度の対象としてホームページに掲げた所管の法律およびこれに基づく政府令について，①その事業や取引を行うことが無許可営業等にならないかどうか，②その事業や取引を行うことが無届け営業等にならないかどうか，③その事業や取引を行うことによって業務停止や免許取消等（不利益処分）を受けることがないかどうか，④その事業や取引を行うことに関して義務を課され権利を制限されることがないかどうか，といった照会を行うことができます。

QⅠ-4　ベンチャーが陥りがちな失敗例

ベンチャーが陥りがちな法務関係の失敗にはどのようなものがありますか？

A　ベンチャーが陥りがちな法務関係の失敗は非常に多岐にわたります。以下，可能な限り実例を挙げてみましたので，参考にしてください。

解説

(1)　設立時の発行株式数が少なすぎる

設立した時点では株主が少数なので，「100株だけ発行しておけば全株主に行き渡るため問題ない」と考えているようなケースをよく見かけます。しかし，ベンチャーは成長するにあたって，株式発行による資金調達や，ストックオプション発行を行うことが一般的です。100株しか発行していないと，ベンチャーキャピタル（以下,「VC」といいます）の持株比率を細かく設定できなくなり，また，従業員に発行済株式総数の１％分以上でしかストックオプションを付与できなくなるといった事態に陥ります。

このような場合には，株式分割をして株式数を増やしますが，株式分割をするにあたっては株主総会や登記手続が必要となってしまいますので（株式分割の詳細は，QⅢ-6参照），無駄な時間とお金がかかります。したがって，設立段階からある程度株式の数を多めにすることをお勧めします。

(2)　創業者間の持株比率の設定で失敗する

典型例としては，友人数人で創業し，同じ数の株式を持つことが挙げられます。

一見当然のようにも見えますが，全創業メンバーが同じ数の株式を持つと，意思決定がスムーズに行われない事態が生じることがあります。代表者は投資契約等の当事者となり，通常は株式を売却できず，また様々な制約も課されるため，代表者がその義務に見合うだけの多くの株式を持つことは不公平とは言えないと思われます。また，一般的には代表者は株式を売却することは難しく，上場等との関係での安全株主対策の面からも，代表者に株式を集中させておくことが望ましいです。したがって，創業時にはあらかじめ話し合い，将来的な資本政策を踏まえて持株比率を設定することをお勧めします。

また，創業メンバーの持株比率は大きいため，誰か1人が抜けた場合に株式を残る経営者に譲渡してもらえるよう，創業者株主間契約を締結しておくことをお勧めします（QⅡ-2参照）。

(3) 初期の段階で第三者に株式を割り当てすぎてしまう

よくある問題であり，かつ，致命傷となってしまう問題です。株式の持株比率は起業家にとって非常に重要なものです。なぜなら，持株比率によって単独で決定できる内容が変わり，ベンチャーでは，持株比率の低下と引き換えに多くの資金を調達したり，ストックオプションを発行することで重要な人材を採用することが通常だからです。

この問題が起きる一番の原因は，持株比率についての他社事例や実務感覚がわからないことかと思います。また，元上司などの恩人に出資してもらう場合，心理的に遠慮してしまい，必要以上に株を付与してしまうケースも見受けられます。

エンジェル投資の経験が豊富な方であれば適切な割合を提示してくれるケースも多いのですが，ベンチャーに対してあまり投資した経験がない方の場合，悪気なく株の割当てを受けすぎてしまうことが見受けられます。

資本政策は起業家にとっての生命線であり，基本的には不可逆なものですので，起業の前後で色々な人の意見を聞いたうえで決定するのがよいかと思います。当AZX総合法律事務所をはじめ，ベンチャーのサポートを行う各種専門家は色々な案件を見ていますので，そのような専門家に相談してみるのもよいと思います（資本政策の詳細については，QⅡ-1をご参照ください）。

(4) 最初の資金調達の際に条件交渉をしっかりしない

VCや事業会社等から資金調達をする場合，投資についての条件を定めた投資契約や株主間契約の締結を要求されるのが一般的です。また，後述のとおり，最近では優先株式（種類株式）による資金調達もかなり浸透してきています（投資契約や，種類株式は**第Ⅴ章**参照）。

投資契約等は基本的に起業家に対しさまざまな義務を課す内容となっていることから，弁護士にリーガルチェックを依頼するべきなのですが，最初の資金調達の際の投資契約等についてはリーガルチェックなしで資金調達が行われている例も少なくありません。これには，最初の資金調達ではそれほど調達金額が大きくないため，できるだけコストを低くしたい，人間関係上，弁護士に投資契約等を見てもらうと言い出しにくい，単なる知識不足などさまざまな要因が考えられるのですが，とても危険な行為です。

VCや事業会社等は投資契約書等のひな型を有しているのが通常であり，資金調達の際にはひな型がそのまま提示されることも少なくありませんが，自社としてそれをそのまま受け入れてよいかは慎重に検討する必要があります。数億円単位の調達であれば飲まざるを得ない規定でも，数千万円単位の調達では拒否すべき場合もあります。また，特に表明保証規定については，自社の状況と慎重に照らし合わせたうえで受入れの可否を検討すべきです。

さらに，一般的なベンチャーでは複数回の資金調達を行うのが一般的であるところ，前の資金調達ラウンドで負った義務については，次の資金調達ラウンドでも負わされてしまうのが一般的です。また，一度優先株式で調達してしまうと，その後の調達は基本的に全て優先株式になるのが通常です。したがって，最初に重い義務を受け入れてしまうと，後の株主との関係でも重い義務を負わざるを得なくなる可能性があります。

したがって，調達額やその他の状況にかかわらず，一度は投資契約等のリーガルチェックを受けるべきであると考えられます。

⑸ ストックオプションの発行で失敗する

ストックオプションは，潤沢な資金を有していないベンチャーにとって，採用のための強力な武器となります。従業員であっても，ジョインした時期や付与された個数によっては億単位の金銭を得ることができる場合もあるため，現金で支払う給与の額では到底採用できないような優秀な人材を採用するための１つの手段となります。

そんなストックオプションですが，発行の際に失敗すると大変なことになります。

第１に，役職員に発行する場合には，適格ストックオプションの要件を満たすことは必須と考えておきましょう。詳細は，**QⅦ-9**を読んでいただければと思いますが，適格と非適格では，場合によっては数千万単位で税額が変わることもあるため，この点は最優先で確認しましょう。

第２に，ストックオプションを発行する場合には，長期的な観点に立って，発行する個数を決めましょう。一般的にストックオプションは，上場時において，発行済株式総数の10％以内に収まっていることが好ましいとされます。かかる数値を超えたからといってただちに上場できなくなるわけではありませんが，上場できたとしても，希釈化されるリスクがあるものとして時価には悪影響を与えます。したがって，上場時から逆算して，慎重に誰にいくつのストックオプションを与えるかを検討しましょう。一般的に，COO，CTO，CFOなどの幹部を雇う場合，ある程度のストックオプションを要求されるケースが多いため，これらのポジションの採用が終わっていない会社では，ストックオプションの枠をしっかり残しておきましょう。

⑹ 議事録類を紛失する

当然のことですが，株主総会議事録や取締役会議事録等の議事録類はきちんと保管しましょう。会社法上も保管義務がありますし，IPO審査，M&A，資金調達のデューディリジェンス（以下，「DD」といいます）の際には議事録の写しの提出が要請されます。

紛失の原因としては，登記手続に使用した際に原本還付手続をとっていないことがよく見受けられます。すなわち，登記の際には議事録の原本を提出する必要があるところ，原本還付手続を行っていない場合，そのまま法務局に原本が保管されてしまいます。

内部に登記実務の経験者がいるような場合は登記手続を内製化する選択肢もありえますが，そうでなければ弁護士等の専門家に頼んだほうがよいでしょう。

(7) 定款の更新をしていない

会社設立の際には，定款を公証人に認証してもらったうえで法務局に提出します。かかる認証手続を経ないと会社が設立できないので，定款が作成されていない会社は存在しないのですが，設立後適切に定款が更新されていない会社はよく見受けられます。

適切に更新しておかないと資金調達等の際に，いきなり提出を求められて焦ることになりますので，発行株式総数の変更，役員数の変更，任期の変更等，定款を変更した場合には，word ファイルをきちんと更新しておくようにしましょう。

なお，設立を専門家に依頼したような場合，PDF ファイルだけ受け取り，word ファイルをもらわない会社も散見されます。定款の内容は最新のものにアップデートしておく必要がありますので，きちんと word ファイルももらっておくようにしましょう。

(8) 商標を取得していない

商標の重要性については QⅧ-2 をご参照ください。商標は非常に重要なものであるにもかかわらず，結構な割合のベンチャーが適切なタイミングで取得していません。IPO が近くなった時点で自社のメインサービスの商標が他社に取られていたことが明らかになったような場合，IPO 審査で重大な問題とされる可能性があるため，早めの取得を検討しましょう。

⑼ 電気通信事業法の届出をしていない

インターネット上におけるサービスを提供している場合，電気通信事業法の届出が必要になる場合があります。かかる届出が必要か否かの判断は「電気通信事業参入マニュアル」（http://www.soumu.go.jp/main_content/000267716.pdf ）に詳しく書いてあるので，自社のサービスが該当しないかは確認しておきましょう。

⑽ 業務委託をする際に知的財産権が確保できていない

著作権法上，著作権は著作物を創作した著作者に帰属するのが原則です。外部のエンジニアにサービスの開発を委託した場合，かかるエンジニアが作った成果物の著作権はまずエンジニアのものになります。したがって，自社で権利を確保したいのであれば，必ず契約書に規定を定めておきましょう。定め方については，QⅣ－8をご参照ください。

⑾ 従業員の雇用に関する必要な手続を履行していない

労働基準法上，労働契約の締結に際し，法所定の労働条件を明示する必要があります。これを怠ると罰則の対象となります。この手続を行っていなかったというベンチャーは少なくありません。これに限らず，雇用に関する必要な手続（三六協定の締結・届出，就業規則の策定等）が履行されていないことはベンチャーでは散見されますので，QⅦ－1を参考に手続をしておきましょう。

⑿ 従業員を解雇してしまう

従業員の勤務態度などを理由に，従業員を「クビ」にしたいと思ったことがある起業家の方は多いと思います。しかし，労働契約法16条では「解雇は，客観的に合理的な理由を欠き，社会通念上相当であると認められない場合は，その権利を濫用したものとして，無効とする。」と定められ，常に解雇が認められるわけではありません。しかも，日本の裁判実務上，解雇が認められるハードルはとても高いのです。

そして，裁判で解雇無効が確定した場合，当該従業員を雇用し続ける義務が生じるだけでなく，従業員が勤務していなかった期間（解雇の有効性を争っている期間を含みます）の賃金の支払義務も負います。したがって，従業員を辞めさせたいと思った場合でも，ただちに解雇に踏み切るのは避けるべきであり，弁護士等の専門家に相談すべきであると言えます（QⅦ-4参照）。

⒀　種類株主総会決議を忘れる

最近はベンチャーへの投資手法として優先株式（種類株式）が使用されるケースが非常に増えています。特に億単位の投資案件では，大半が種類株式での投資のように見受けられます。種類株式全般の解説については**第Ⅴ章**をご参照いただきたいのですが，ここではミスしやすい種類株主総会決議を取り上げます。

種類株式の発行後，一定の場合には特定の種類の株式（A種優先株式，普通株式等）の株主のみで構成される種類株主総会決議が要求されます。これを忘れると会社の行為が無効となるおそれがあります。種類株主総会決議が要求されるのは，①種類株式の内容として拒否権を定めた場合，②会社法上規定されている場合の２パターンがあります。

①の場合はVC等の投資家と協議のうえ内容を定めるため，会社も種類株主総会が必要なことを認識していますが，②については特に定款において種類株主の内容として明記されていなくとも必要となるため，気をつける必要があります。

特に重要なポイントは，種類株のファイナンスの際には「株式の種類の追加」，「株式の内容の変更」，「発行可能株式総数または発行可能種類株式総数の増加」が行われるケースが多いため，存在している全ての種類株主総会（普通株式の種類株主総会も含みます）が必要となること，また，株式やストックオプション（新株予約権）を発行する場合に，当該株式または新株予約権の対象となる株式と同じ種類の種類株主総会が必要となる点です。

⒁ 取締役会の決議要件を満たしていない

取締役会がある会社においては，一定の事項は取締役会決議が必要です。取締役会決議の決議要件は，「取締役会の決議は，議決に加わることができる取締役の過半数（これを上回る割合を定款で定めた場合にあっては，その割合以上）が出席し，その過半数（これを上回る割合を定款で定めた場合にあっては，その割合以上）をもって行う。」と定められます。定足数は議決に加わることのできる取締役の「過半数」なので気をつけましょう。時々，半分が参加すればよいと勘違いされているケースがあります。

また，ある決議事項について，特別の利害関係を有する取締役は，取締役会の審議および決議に加わることができないので（会社法369条２項），この点も気をつける必要があります。どのような場合に特別の利害関係を有すると言えるかは判断が難しいので，判断に自信がなければ弁護士に相談したほうがよいでしょう。

⒂ 他の案件の契約書を不適切に流用してしまう

契約書の作成は，ベンチャーの悩みのタネです。契約書は一般的な書類とは異なる文章で書かれるため，慣れていない人が一から作るのは至難の業と思われます。

そのため，ベンチャーでは，他の案件で使用した契約書を他の案件に流用するケースが散見されます。しかし，かかる流用に際しては以下のような失敗が起こりうるため，気をつける必要があります。

① 情報が漏洩してしまう

Ａ社との取引に使用した代理店契約書をＢ社との契約に流用しようと考え，Ａ社との契約のファイルをそのまま使ってしまい，Ａ社の情報が残ってしまうといったケースが散見されます。このようなことを行うと取引先との契約内容が他社に知られてしまうことになり，場合によっては契約違反として損害賠償等の責任を生じかねない問題です。したがって，実際の案件に使用したファイルをそのまま流用する行為は避けるべきであると言えます。

②　自社に不利な内容となってしまう

ベンチャーが陥りがちな失敗として，大企業との取引（例えば大企業から業務委託を受ける場合など）に使用した際の契約書を他の会社との取引に流用することが挙げられます。大企業との契約では，大企業側にとても有利な内容となっていることが一般的です。大企業との取引では，さまざまなメリットを勘案して不利な条件を飲まざるを得ないケースもありますが，他の会社との取引において，わざわざ自分に不利な条件を提示する必要はありませんので，安易な使いまわしは避けるべきです。

③　契約書の内容が実態と合致していない

この失敗は販売代理店契約でよく見受けられます。QⅣ-10で述べるとおり，販売代理店契約には，売買型と仲介型があります。ベンチャーでは，売買型の案件で使用した契約書を仲介型の場合に流用してしまうケースが散見されます。このように契約書と実態が合致していないと，売上の計上に影響を及ぼす可能性があるほか，何かトラブルがあった場合に，契約書が役に立たないおそれがあります。他の案件の契約書を流用する場合には，ビジネスの実態と契約書の内容が合致しているかどうかを慎重に検討する必要があります。

第Ⅱ章 会社設立時から気をつけるポイント

QⅡ-1 会社設立時の資本政策

起業するなら資本政策を立てたほうがよいと言われましたが，そもそも資本政策を検討しておく必要があるのはなぜですか。また，実際に資本政策を立てるにあたっての検討ポイントが知りたいです。

A 資本政策とは，①事業計画および資金計画に基づき，②どのようなタイミングで，③いくらの資金を株式という形で調達するかに関する計画です。まずは事業計画と資金計画を立案して，それをベースに資本政策を考えましょう。

資本構成は，失敗した場合にやり直すことが極めて困難であるため，最初から慎重に検討する必要があります。また，実際に資本政策を立案するにあたっては，将来のIPOまでの間の資金調達の可能性を含めて，IPO時点から逆算して計画を立てることが重要です。

解説

資本政策とは，企業の資金調達等に伴う資本構成（株主構成）の計画を意味します。

企業の資金調達には，大きく，①借入等の間接金融と，②株式等の直接金融があります。①借入については，万一自分の会社に相応しくないと考える債権者からお金を借りてしまった場合は，借りたお金を返すことで関係を解消することができます。

しかし，②株式については，投資金額を返せば株式が消滅するものではなく，株主との関係は，会社が存続する限り半永久的に継続する可能性があります。したがって，誰に株式を割り当てるかについては相当慎重に検討する必要があります。

⑴　起業家が遭遇する資本政策の失敗例

起業家が遭遇する資本政策上の失敗例としては，以下のようなケースがあります。

①　ケース１：自らを高く評価してくれているエンジェルから投資を受けた

しかし，そのエンジェルの持株比率が高すぎ，経営陣の持株比率が低すぎるとして，ベンチャーキャピタル（以下，「VC」といいます）からの資金調達が難しくなってしまった…。

②　ケース２：創業当時のアドバイザー等に現金の代わりにストックオプションを大量に与えた

しかし，潜在株式の割合が高すぎて将来のIPOの支障になるうえ，将来の役職員に与えるためのストックオプションの枠が全くない状態になってしまった…。

③　ケース３：VCから数億円の資金調達に成功

しかし，経営陣の持株比率が低くなりすぎて，自分たちがいつでも解任され得る状態となってしまった…。

このような失敗に直面した場合，これを是正することは極めて困難なケースが多く，会社の成長にとって重大なマイナス要因となってしまうことがあります。したがって，会社設立時の段階から将来の資本政策について検討しておくことはとても大事です。

⑵　起業家が陥るよくある勘違い

起業家が陥る勘違いとしてよくあるのは，「ビジネスモデルができた→会社を設立した→まずは資金調達だ→資本政策を立てるべし」と極めてシンプルに考えてしまうケースです。

ものごとには順序があります。ベンチャーにとって資本政策が重要だとしても，そもそも自分の会社にとって，どのような理由でどんな資金が必要になるか落ち着いて考える必要があります（**図表**参照)。

①　事業計画

まず，自分で「これは革新的だ！」と思うビジネスモデルを考えついたら，単に，斬新であるだけでなく，事業として成り立つか，将来事業を継続して発展させていけるだけの十分な利益を得られるかを検証して，「事業計画」を作成する必要があります。

事業計画が素晴らしく，いきなり黒字でどんどん利益を生むのであれば，他者から株式という形で資金を調達する必要がなく，自分の手金で自己１００％の会社を経営していけばよいので，資本政策という概念はそもそも不要です。

しかし，通常は，売上が上がるまでの当初の開発資金や，競合サービスを振り切る「スピード」を確保するために必要な営業体制の構築などのために，資

【図表】　資本政策とは？

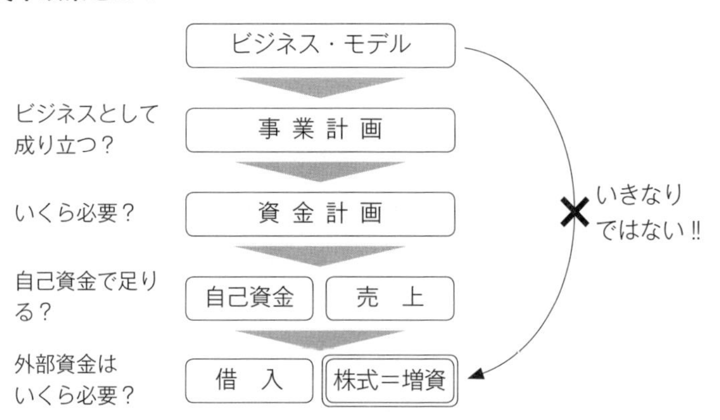

金を調達する必要が生じます。

②　資金計画

そこで，事業の継続および発展に必要な事業計画を達成するために必要な「資金計画」を立てる必要があります。

すなわち，今後の事業の成長の過程において，どのタイミングでいくらの資金が必要か検討する必要があります。資金計画では，どの程度が自己資金および自社の収益でまかなえるか，どの程度を外部から調達する必要があるかを分析します。

③　資金調達の方法

そして，外部からの資金調達が必要な部分は，必要な資金を「借入」と「株式」いずれの形で調達するのかを，慎重に検討する必要があります。借入は，返済する必要がありますが，返済すれば関係は解消します。株式は，返済不要ですが，その代わり株主との関係は継続していきます。

④　資本政策

上記の「株式」の部分について，将来の必要調達金額を踏まえて「資本政策」を検討していきます。

つまり，資本政策とは，①事業計画および資金計画に基づき，②どのようなタイミングで，③いくらの資金を，株式という形で調達するかに関する計画ということになります。まずは，きちんと事業計画および資金計画を立案して，それをベースにして資本政策を考えることが重要です。

(3)　株式の基本的な意味

資本政策を考えるにあたって，まずは，起業家にとっての株式の基本的な意味を理解する必要があります。株式という形で会社に投資をすることで得られる価値は，大まかに分けると，以下の３つがあります。

① 会社において利益が生じた場合に配当という形で利益分配を得られる権利
② 株式を売却することで得られる利益（いわゆるキャピタルゲイン）
③ 会社の重要事項を決定する株主総会で行使することができる議決権（いわゆる支配権）

ベンチャーは，通常は配当よりも将来の成長のための内部留保を優先させることが多いため，上記のうち②と③が重要となるケースが多いでしょう。

投資家から株式という形で投資を受け入れることは，資金を入れてもらう代わりに，上記の価値を分け与えることを意味します。この点は借入と大きく違う点であり，上記の３つの価値を有する株式を，どの程度分け与えてしまってよいかを慎重に検討する必要があります。

したがって，投資希望者が現れたからといって，喜んでむやみに株式をばらまくことは厳禁です。また，資金が苦しいときに，アドバイスをくれたりシステム開発などを手伝ってくれたからといって，株式を与えてしまうことも慎重に是非を検討する必要があります。

⑷ 議決権比率の意味を理解しよう

上記③の支配権という観点から，起業家が把握しておくべき点を簡潔にまとめると以下のとおりとなります。

- **議決権比率３分の２以上→スーパーパワー**

株主総会の特別決議をコントロールすることができるため，基本的には何でも決められる支配権を有することになります。

- **議決権比率50%超→通常の株主総会決議は決められる**

役員選任や計算書類の承認などの株主総会の普通決議事項は自ら決めることができます。したがって，自らの取締役としての地位も原則として守ることができます。

ただし，定款変更，新株発行，新株予約権の発行などの重要事項は上記の特別決議が必要なので，３分の２以上を保有していないと自ら決定することはできません。

- **議決権比率３分の１超→重要事項の拒否権**

上記の株主総会の特別決議をブロックできるという意味で，重要事項についての拒否権を持つことが可能です。

- **議決権比率３分の１以下→マイノリティーの一般株主**

上記を踏まえて，起業家としては，自らの議決権比率が３分の２以上，または50%超を目指したいところです。ただし，大規模な資金調達を行う場合は，この点もある程度妥協せざるを得ないケースももちろんあります。

(5) マイノリティー株主についての注意点

議決権比率３分の１以下はマイノリティーの一般株主だからといって，このような株主であれば問題ないかというと決してそうではありません。下記４点のような懸念があります。

- 株主である以上，取締役の責任追及は可能であり，少数株主であっても，会社の経営陣と敵対的な関係になってしまうと株主代表訴訟等のリスクが生じる可能性があります。
- 起業家にとって，最近はM&Aに応じることも選択肢として重要性が高まりつつありますが，少数株主が，株式を売却してくれない，合併等に関して反対株主の買取請求を行うなど，M&Aに応じてくれないリスクがあります。
- マイノリティー株主でも，議決権を有して株主総会に参加する権利があることから，株主総会で厳しい質問を連発したり，株主総会の招集期間を短縮して開催することについて同意してくれないなど，円滑な株主総会の運営に支障が生じる可能性があります。

• 退職した社員等すでに会社に全く貢献していない株主がいて，その株主が会社で頑張っている役職員よりも多くの株式を保有している場合には，将来のIPO等のキャピタルゲインに関して現在の役職員にとって不公平感が生じ，それがモチベーションに悪影響を与える可能性があります。

したがって，会社にとって，支配権という観点からは問題がなさそうな議決権比率3分の1以下のマイノリティーの一般株主であっても，そのような株主を生じさせてよいかは慎重に検討する必要があります。

(6) IPOから逆算して資本政策を立案

資本政策の立案にあたっては，上記のような基本事項を念頭に置きつつ，将来の資金調達を想定して計画を立てる必要があります。

一般的には，株式という形で資金調達を行う場合，投資家は将来のIPOやM&Aにおいてキャピタルゲインを得ることを期待しているケースが多く，起業家としても，とりあえずは，将来のIPO等までの資金調達の計画を想定するケースが一般的です。将来のIPOまでに，複数回の資金調達を予定している場合は，最初の資金調達で自己の持株比率をギリギリ50%超にキープできたとしても，それでは，次回以降の資金調達で，50%を下回ってしまうかもしれません。

例えば，「当面1年間の事業のために5,000万円必要だな。そのために，30%程度の株式なら投資家に分けてもよいかな」といった安易な考えは禁物です。資本政策については，すでに実行した資金調達を巻き戻してやり直すことは基本的に不可能であり，最初の失敗がのちのちまで影響します。そのため，資本政策の検討にあたっては，今まさに直面している資金調達のラウンドだけではなく，将来のIPOまでの間の資金調達の可能性含めて，IPO時点から逆算して計画を立てることが重要です。

IPO時点から逆算して資本政策を考えるということは具体的には，以下のようなことを検討することを意味します。

① IPOまでに，「いくら」を，「どのタイミング」で調達する想定なのか。
② IPO時点での自らの持株比率をどうしたいのか。
③ その前提であると，各資金調達の段階でのバリュエーション（企業価値と株価）はどうあるべきか。
④ そのようなバリュエーションを投資家に提案できる事業計画はどうあるべきか。

これらの事項を細かく検討しながら，自らの会社にとって最適な資本政策を検討していきます。また，将来の資金調達の可否は，その後の事業の進捗や事業環境に大きく左右され，不確定要素も多いため，ベストシナリオからワーストシナリオまでいくつかの資本政策を策定しておくのが望ましいと言えます。

(7) まとめ

以上をまとめると資本政策の検討において重要な点は以下の4点です。

① 事業計画と資金計画が大前提
② 投資と引き換えに，支配権とキャピタルゲインを分け与えることを理解する
③ むやみに株式をばらまかない
④ IPOから逆算する

なお，本テーマでは，会社設立段階で検討するべき資本政策の基本的な事項を解説しましたが，資本政策においては，調達金額，想定時価総額，株価，株式数等の単に数字的な面だけでなく，いかなる投資家から資金を受け入れるべきか（例：VC，事業会社，取引先，エンジェル等），発行する株式等の内容をどうするか（例：優先株式，普通株式，無議決権株式）なども検討する必要があります。

QⅡ-2 創業株主間契約

友人A，Bと一緒に会社を作ることにしました。先輩起業家から，3人で創業株主間契約を結んでおけと言われたのですが，どのような内容が想定されますか。締結する際のポイントがあれば教えてください。

A 創業株主間契約とは，創業者間で，誰かが辞めた場合に，残りの創業者が辞めた人の株式を買い取れる旨を規定しておく契約書です。これを締結しておかないと，辞めた人から株式を買い取ることが困難となる可能性があるため，創業者が複数いる場合には締結することをお勧めします。

締結するときのポイントは，①誰が買い取れるようにしておくか，②買取時の価格はいくらとするか，③ベスティングを設けるかの３点です。

解説

ベンチャーから相談を受けるトラブルのうち，相談の数が多く，特に解決が難しいのが，「辞めた役職員との株式関係のトラブル」です。

特に創業者の場合には保有している株式数が多いため，仲違いして辞めていった創業メンバーが大株主，といった事態に陥ることも珍しくありません。このような場合に辞めた創業者から株式を買い戻せないと，最悪の場合には会社を一から作り直すことになってしまいます。そのような事態に陥らないよう，創業者間で，誰かが辞めた場合に，残りの創業者が辞めた人の株式を買い取れることを規定しておく契約が，創業株主間契約です。

自分たちは絶対ケンカ別れなんてしない，と思っていても，将来何があるかは誰にもわかりません。また，ケンカ別れではなくても，病気にかかってしまったり，親の介護でベンチャーを続けられなくなる場合もあります。後から取り返しのつかないトラブルに発展しないよう，仲が良いうちに創業株主間契約を締結しておくことが非常に重要です。

創業株主間契約書のひな型は，AZX 総合法律事務所のホームページ[1]で公開しています。ただし，こちらは創業者が２人の場合を想定したシンプルな内容ですので，以下のポイントについて創業者間で話し合い，必要に応じてアレンジして使用してください。

(1) 誰が買い取れるようにしておくか

創業株主間契約では，ある創業者が辞めた場合（以下，辞めた創業者を「退任創業者」，残った創業者を「残留創業者」といいます），残留創業者が退任創業者の株式を買い取ることができる，という条項が中心的な内容となります。ここで，退任創業者の株式を買い取る人として規定されるパターンとしては，①代表取締役，②残留創業者全員，③残留創業者が指定した人などが考えられます。

例えば，代表取締役が株式の90％を持っており，共同創業者Ａが５％，共同創業者Ｂが５％を持っているケースで，実質的な創業者が代表取締役だけというケースであれば，Ａ，Ｂが辞めた場合には代表取締役のみが買い取れる規定でもよいかもしれません。他方，Ａ，Ｂ，Ｃがそれぞれ同じくらいの比率で株式を保有している場合には，Ａが辞めたらＢとＣが持株比率に応じてＡの株式を買い取ることができる，と規定しておくほうが平等感が強く，受け入れられやすいと考えます。

(2) 買取時の価格はいくらとするか

株式を買い取る際の価格は，①無償，②株式を取得した際の取得価額，③簿価純資産による算定額，④直近の増資・取引価額などが考えられます。たまに「時価」と規定している例を見ますが，未上場企業の株式の場合，市場価格がなく，「時価」がいくらかが大きな問題となるので，単に「時価」とするのはやめたほうがよいでしょう。「時価」とする場合には，少なくとも③のように「時価」の算定方法まで取り決めておく必要があります。

1　http://www.azx.co.jp/modules/docs/index.php?cat_id=35

なお，株式を買い取る際のリスクとして「税務上の問題（贈与税，譲渡課税所得）」があります。これは，株式を適正な時価より低い価額で取得した場合に買主に贈与税が発生したり，売主に譲渡所得課税が発生する可能性がある，という問題です。

例えば，退任創業者の株式の取得価額が200であり，この株式を取得価額と同じ200で譲渡したケースで，譲渡時の株式の適正な時価が1,000である場合を考えてみます。

〈売主：個人→買主：個人のケース〉

売主： 売主には譲渡益は生じません（200－200＝０）ので，課税は行われません。

買主： 時価（1,000）より低い価額（200）で取得した買主には，適正な時価との差額（800）について，売主から贈与を受けたものとして贈与税の対象となります。

〈売主：個人→買主：法人のケース〉

売主： 譲渡価額（200）が時価（1,000）の２分の１未満ですので，税務上，売主は時価（1,000）で譲渡したものとみなされ，譲渡益（1,000－200＝800）に対して譲渡所得課税が行われます。なお，譲渡価額が時価の２分の１以上（500など）の場合は，譲渡価額と取得価額の差額に対して，譲渡所得課税が行われます。

買主： 時価（1,000）より低い価額（200）で取得した買主には，適正な時価との差額（800）について，受贈益として法人税が課税されます。

このような，適正な時価より低い価額で株式の譲渡を行った場合の税務上の問題は，創業株主間契約には必ず伴うものであり，適正な時価より低い価額で譲渡した場合にこのリスクを回避することはできません。もっとも，仮に贈与税が発生したとしても，贈与税のうち年間110万円分は基礎控除として差し引かれますので[2]，譲渡金額によっては贈与税が発生したとしても控除の範囲で収まる可能性もあります。

(3) ベスティングを設けるか

「ベスティング」とは，一定の時期の経過に応じて権利を確定させる契約条件のことです。一般的な創業株主間契約では，残留創業者は退任創業者が保有している会社の株式全てを買い取ることができるとされる例が多く見られます。これに対して，例えば在籍期間に応じて，１年で20%，２年で40%，３年60%，４年で80%，５年で100%というベスティングを設け，３年半で創業者が退任した場合には，当該退任創業者は自分が保有していたうちの60%の株式を引き続き保有でき，残留創業者は残りの40%のみ買い取ることができることになります。

ベスティングは，海外のベンチャーでは設定しているケースも多く，最近は問い合わせを受けることも増えました。ベスティングがないと，どれだけその会社に貢献したとしても退職時には株式を全て手放さなければならない可能性があるため，特に海外で経験を積んだ優秀な人材を獲得したい場合には，ベスティングがない契約は抵抗を受けることも多いようです。

もっとも，ベスティングを設定するのは慎重に行うべきです。その理由は以下の４点です。

① 連絡が取れなくなることがある

ベンチャーを退職した創業者が日本に留まっていれば連絡は比較的つきやすいですが，海外のベンチャーで働きだしたりすると，連絡をとることが困難となる可能性があります。ベスティングを設定していた場合，当該退任創業者は会社の株を持っている株主であるところ，株主と連絡がつかないという事態は

2　執筆当時。その他税務の取扱いは変更されることも多いので，詳細は顧問税理士等に確認してください。

会社の上場やM＆Aの大きな支障となる可能性があります。

②　退職した後に会社の株式を持っていると困る場合がある

退任創業者が皆円満に退社するわけではありません。ケンカ別れもあるでしょうし，退任創業者がライバル会社に移籍してしまうかもしれません。そのような場合に退任創業者が会社の株式を持っていると，ライバル会社に会社の情報が筒抜けになってしまったり，M＆Aの際に最後まで反対され100%買収が実現できない事態もありえます。

③　パフォーマンスが悪くても辞めてくれない

創業者のパフォーマンスは，創業時にはわかりにくいものです。ある程度事業が進んだ段階である創業者のパフォーマンスが悪く，会社のためにも当該創業者のためにも早く会社を辞めたほうがよい場合もあるでしょう。そのような場合でも，ベスティング条件を達成するまでは会社を辞めてくれない可能性が高くなってしまいます。

④　後から入ったメンバーの士気を下げる可能性がある

創業者は10%以上の株式を保有している例も多くありますが，後から入った従業員等に与えられるストックオプションは，0.1%～多くても１%，２%程度です。当初業績が芳しくなく，後から入った従業員が頑張って業績を向上させたような会社では，後から入った従業員は頑張った割にストックオプションから受ける利益が少なく，逆にすでに退任しているパフォーマンスが悪かった初期の創業者が株価上昇の恩恵を被るため，ベスティングを設けていることで，後から入ったメンバーの士気を下げる原因となってしまうこともあります。

以上の理由から，ベスティングを設けるのは慎重に行うべきであると考えますが，どうしてもベスティングを入れざるを得ない場合は，少なくとも投資契約書のドラッグ・アロング・ライトに相当する規定（QV－５参照）を追加しておいたほうがよいと考えます。つまり，残留創業者がM＆Aで株式を売却する場合には，退任創業者も必ず一緒に保有している株式を売却する，という条項を規定しておくことです。これにより，M＆Aの際に退任創業者が売却に応じないためにM＆Aがブレイクする，といった事態は防ぐことができます。

なお，創業株主間契約では，上記3つのポイントの他，中心となる創業メンバーが買収提案に乗ろうとする際に，他の創業メンバーに対して，これに応じることを強制できるとする条項や，中心となる創業メンバーに対し，他の創業メンバーが保有する株式の議決を白紙委任する条項などを入れ，より創業メンバーの意思決定の一体性を高める工夫をすることもあります。

QⅡ－3　起業準備中のチーム

私は起業準備中で，チームを組んでプロダクトを作っています。このプロダクトがうまくいきそうであれば，会社化することを考えていますが，その際に何か気をつけるべきポイントはありますか？

A　会社を作る前の段階で，チームでプロダクトを作成した場合，そのプロダクトは誰のものか，それを会社化する際に会社に帰属させるにはどうすればよいかという問題が生じます。

この点を円滑に進めるには，プロダクトを作成する前の段階から，チームへの参加者と代表者の間で契約を締結し，プロダクトの権利関係を明確にしておくことをお勧めします。プロダクトを作成する過程では，意見の相違による離脱者が生じる可能性もあり，また，会社化した後にきちんと会社に権利を帰属させないと，その後の会社の運営，資金調達等も難しくなります。

解説

(1)　チームで作ったプロダクトは誰のもの？

プロダクトの「デザイン」や「プログラム」は，著作権が主に問題となりますが，この著作権は「発生主義」といって，登録などを要せず，創作をした人に帰属します。したがって，特に合意をしていなければデザイナーやプログラマー個人に，著作権が帰属します。

チームを会社化する場合は，「このプロダクトは会社のもの」と言える必要があるので，会社の設立前に制作したプロダクトの著作権等の権利を会社に移転させる手続が必要です。具体的には，プロダクトの制作に関わったデザイナー，プログラマーから著作権等の権利を移転または譲渡してもらう必要があります。その際の契約書に必要な条項は以下のような内容になります。

> Ｘ（デザイナー）およびＹ（プログラマー）は，Ｚプロダクトに関する著作権その他一切の権利（著作権については，著作権法27条および28条に定める権利を含む。）をＡ社（※新設する会社）に移転することに同意する。ＸおよびＹはＺプロダクトについて，著作者人格権を行使しないものとする。

この条項のポイントは，２つあります。

① 著作権の移転または譲渡は「著作権法27条および28条に定める権利を含む」と記載しないと契約として不完全

著作権を譲渡する際，単に「著作権を譲渡する」とだけ記載するのでは，不完全です。著作権法61条２項において，著作権法27条の権利と28条の権利は，これらの権利を譲渡すると明記していないと移転していないと推定される，と定められているためです。詳しくみていきましょう。

この27条の権利とは，翻訳，翻案権という権利です。また，28条の権利とは，二次的著作物に対する原著作者の権利です。これらの権利がどのようなものかについて，『ノルウェイの森』を例に説明しましょう。

『ノルウェイの森』は，村上春樹氏の代表作の１つであり，各国で翻訳され，映画にもなりました。この「各国で翻訳したり，映画化したりすることができる権利」が27条の権利です。また，27条の権利に基づき翻訳された「二次著作物」については，その翻訳者が複製権，公衆送信権その他の著作権を有しますが，「ノルウェイの森」の原作者である村上春樹氏も二次的著作物についてそれと同じ権利を有するというのが，28条の「二次的著作物についての原著作者の権利」です。これらの権利は明記していないと譲渡の対象ではないと推定されてしまいます。

②　著作者人格権は「移転または譲渡」できないから，「行使しない」ことを約束してもらう必要がある

次に，「著作者人格権は行使しない」と記載される理由を解説します。著作者人格権とは，(i)まだ公表されていないものを，いつ公表するかを決める権利，(ii)著作物に氏名を表示し，または表示しないことを決める権利，(iii)著作物の同一性を保持するという権利，の3つの権利からなっており，これらは著作者が精神的に傷つけられないための権利であり，創作者としての感情を守るためであることから，これを譲渡することはできないとされています（著作権法59条）。したがって，著作者人格権は「移転または譲渡」の対象とすることができず，「行使しない」ことを約束してもらわざるを得ないのです。

これらの条項を踏まえた権利移転手続がきちんとなされているかは，その後設立した会社が，M＆Aで売却したり，IPOをするときに重要な審査ポイントとなるので，きちんと整備したほうがよいでしょう。増資による資金調達においてもこれらが問われるケースもあります。

(2)　チームで作ったプロダクトはいくらで会社に譲渡する？

チームで作ったプロダクトの譲渡価格は，チームのメンバーと会社の間の合意により定めます。民法上は，「私的自治の原則」により，当事者間で合意できたのであれば，どのような価格でも原則有効ですが，客観的にみて価値のあるものをその価値より安く譲渡してもらう場合は税務上の問題が生じる可能性もあるため，事前に税理士に相談しておいたほうがよいでしょう。

また，対価を払って設立後の会社に譲渡した場合は，「事後設立」という手続にも注意する必要があります。これは，会社の設立後2年以内に，その設立

前から存在する財産であって，その事業のために継続して使用するものを，会社の純資産の５分の１以上の対価を支払って取得するような場合に適用があります。といっても，この譲渡について株主総会の承認（３分の２以上の賛成を要する特別決議）を得ておけば足り，それ以外に複雑な手続が必要なわけではありません。

(3) まだ会社化は先である場合は，何もしなくてよい？

ここまで読まれて「うちはまだ会社化しないからいいや」と思われた方がいるかもしれません。しかし，時間が経てば経つほど，チームからの離脱者も出てきたりして，あとで権利を移転してもらおうとしても，気まずくてお願いしにくくなることもあります。また，プロダクトの価値が高くなってくると，その譲渡の対価も高くなってしまうリスクがあります。

チームといっても，そのパワーバランスはさまざまであり，だれか１人が主導権を握っていて，その人が他のメンバーを集めてきているケースや，何となくみんなで集まったケースなどがあります。前者の場合は，会社化する前から，その「主導権を握っている１人」が他のメンバーに参加を依頼する時点で，これから手伝ってもらうプロダクトについて，きちんと権利を自分に移してもらうよう約束しておくのがよいと考えられます。すなわち，冒頭に記載した「チームのメンバーと新しく作った会社」の間の契約と同じ内容の契約を，「主導権を握っている１人とチームに参加するメンバー」の間で締結しておくのです。

また，後者の場合だと，なかなか代表者を決めるのが難しく，実際は会社ができたあとに会社にプロダクトの権利を譲渡することとなるケースが多いかもしれませんが，会社化を円滑に進めるためにも，早い段階で代表者を決め，その人を前者の「主導権を握っている１人」と同様の立場として，権利を集約するとよいでしょう。

⑷　会社化したあとは，著作権について気にしなくてよい？

さて，会社化したあとは，プロダクトの権利については気にしなくてよいのでしょうか。 まず，取締役や従業員が会社の業務として創作した著作物については，「職務上著作」といって，会社に権利が帰属しますので，上記のような権利の移転の契約は不要です。

ただ，スタートアップでは，外部の人に手伝ってもらう場合も多くあり，そのような場合は，会社化する前と同じように，権利の移転についての契約を締結しておく必要があります。「見積書」と「発注書」のやり取りだけで終わってしまうケースが多くみられますが，それだけでは不十分なのです。

また，「職務なのか，そうでないのかよくわからない」状態で取締役や従業員が作ったプロダクトが，気がつけば魅力的になっている場合もあるので，取締役や従業員との間でも，「職務として作っているのか不明確なもの」については，それを会社に権利移転させたい場合はきちんと権利移転についての契約を締結しておいたほうがよいでしょう。

⑸　Appleやドメイン管理会社，サーバー管理会社など第三者との契約はどうなる？

プロダクトをローンチする過程で，Appleなどのプラットフォーマー，ドメイン管理会社，サーバー管理会社などの第三者とチームの代表者個人との間で先に契約を締結している場合があります。

そのような第三者と個人で締結している契約については，契約の相手方たる第三者の同意を得て会社に契約上の地位を移転させる必要があります。いわゆる名義変更です。この契約上の地位を移転させる手続は，契約の相手方とどのようにルールを定めているかにもよりますので，契約の相手方に確認して手続を進めましょう。

ちなみに，Appleについては，以前は「名義変更は受け付けない」という方針だったのが，その後変更された経緯があります。もっとも，これもまたいつ変更になるかわかりません。第三者の方針はこちらでコントロールできるものではないので，チームで第三者と契約をする場合は，将来会社に名義変更できるのかを，あらかじめ確認してから締結しておいたほうがよいでしょう。

QⅡ-4　会社設立手続の検討

株式会社を設立するにあたって，検討しておくべきポイントはありますか。

A　株式会社を設立する際に検討すべきポイントは多岐にわたりますが，特に(1)会社の組織をどうするのか，(2)資本金はいくらにするか，という点は検討をすべきと考えます。

解説

株式会社を設立するにあたっては，会社法に従って粛々と必要書類を作成して手続を進めていきますが，各種書類を作成するにあたり，株式会社の組織構成をどうすべきか，資本金はいくらにしたらよいかなど，事前に検討しておくポイントがいくつかあります。

そこで，まず，設立段階で検討すべき点について解説したうえで，会社設立手続の流れを説明します。

(1)　会社の組織構成をどのようにすべきか

会社を設立する際にまず検討しなければならないのは，会社組織をどのような構成にすべきかという点です。取締役，取締役会，監査役，監査役会，会計参与，会計監査人，監査等委員会など，会社法上設けることのできる組織はいくつかありますが，取締役会を設置する場合には原則として監査役を置かなければならない（会社法327条2項）[1]など，ある組織を設ける場合には他の組織を

1　監査役の代わりに会計参与を置くことも認められていますが，利用される例が少ないため，会計参与については除外して説明しています。以下同様です。

置かなければならないという会社法上の制約があるため，組織設計をする際には注意が必要です。

ベンチャーの設立段階ではそれほど重い組織にする必要はなく，むしろ各種手続を簡便に行えるようシンプルな組織設計をするほうがよいと考えられますので，ベンチャーを設立する際には，株主総会＋取締役のみとするか，株主総会＋取締役会＋監査役という組織設計とすることが多いです。

では，設立時に，株主総会＋取締役のみの組織設計と取締役会を設置するのとどちらがよいのでしょうか。これは，ケースバイケースの判断が必要なので，一概にどちらがよいというのは難しいですが，以下，取締役会設置会社とする場合のメリットおよびデメリットを解説しますので，どちらの組織設計にするか判断に迷った場合の参考にしていただければと思います。

①　取締役会設置会社とすることのメリット

まず，取締役会を設置することのメリットとして，株主総会の決議事項のうち，一定事項を取締役会において決議できることが挙げられます。例えば，株式分割を取締役会の決議でできたり（会社法183条２項），株式の発行の際の割当事項の決定を取締役会で決議できたり（会社法204条２項），取締役の競業取引や利益相反取引を取締役会の決議で承認することができるように（会社法365条１項，356条１項）なります。そのため，株主が多数いる場合は，いちいち株主総会を開かずに取締役会のみで意思決定することができる点で，取締役会を設置したほうが便利であると考えられます。

次に，取締役会設置会社とする場合には，株主提案権（株主が会社に対して一定の事項を株主総会の目的とすることを請求することができる権利）を行使できる株主を限定することができます。すなわち，取締役会非設置会社だと，全ての株主が株主提案権を行使できる（会社法303条１項）のですが，取締役会設置会社の場合には，総株主の議決権の100分の１（これを下回る割合を定款で定めた場合にあってはその割合）以上の議決権または300個（これを下回る数を定款で定めた場合にあってはその数）以上の議決権を６カ月（これを下回る期間を定款で定めた場合にあってはその期間）前から引き続き有する株主に限定されます（会社法303条２項）。そのため，取締役会設置会社とするほうが，株主の株主総会のコントロール力を制限できると考えられます。

②　取締役会設置会社とする場合のデメリット

上記のように，機動的な意思決定の観点からは取締役会設置会社とするほうがよいとも考えられますが，取締役会設置会社としないほうがよい場合もあります。

まず，取締役会は３人以上の取締役で構成されるため（会社法331条５項），監査役とあわせて役員となる人材を少なくとも４人は確保しなければなりません。取締役や監査役は，会社や第三者に対する責任を負うため（会社法423条，429条），このような対外的な責任を負ってもよいという人材を探すことが取締役会を設置するための１つの関門になります。

次に，取締役会設置会社では，代表取締役および業務執行取締役として取締役会に選定された取締役は，３カ月に１回は自己の職務執行状況を取締役会に報告しなければなりません（会社法363条２項）。そのため，必ず３カ月に１回は取締役会を開催しなければならず，取締役会がない会社に比べると，会社の手続的な負担が大きくなります。

また，取締役会設置会社だと，非公開会社（全ての株式に譲渡制限がついている会社）であっても，株主総会の１週間前までに招集通知を株主に対して発送しなければならないことになり[2]，取締役会非設置会社に比べて柔軟な株主総会の開催が難しくなる可能性があります。

IPO を目指す場合，上場前にはコーポレートガバナンスの観点から取締役会設置会社となることが求められますが，設立間もない段階では上記の観点を踏まえて，取締役会設置会社とするか否かを検討しましょう。

2　非公開かつ取締役会非設置会社であれば，定款でこれを下回る期間を定めることができます（会社法299条１項）。

(2) 資本金はいくらにしたらよいか

次に，会社設立時の資本金についてですが，これはいくらとするのがよいのでしょうか。

会社法上は，最低資本金制度がなくなったため，極論を言えば，資本金は1円でも株式会社を設立できます。しかし，資本金が小さすぎると，設立後に従業員を雇った場合の給与や業務に必要な備品を購入するための経費等を支払う必要が生じた場合に，これらの費用を支払ったらすぐに債務超過になってしまうので，あまり小さすぎる資本金とすることはお勧めできません。

一方で，資本金が大きすぎると，課税上の負担も大きくなります。例えば，法人税については，資本金が1億円以下の場合，中小企業としての特例を受けられる課税上のメリットがあります。また，登録免許税は，資本金が1億円を超えると高くなる場合があります[3]。資本金が1,000万円未満であれば，設立した日の属する事業年度については，消費税が免税となるメリットもあります)。そのため，資本金を大きくしすぎるのも，コストの観点からはデメリットがあります。銀行から借入れをする場合には資本金の金額を見られるため，ある程度の金額の資本金とする必要がありますが，ベンチャーの創業の段階では銀行からの借入れをそこまで気にする必要はないと思われるので，このような観点からも資本金を必要以上に大きくする必要はないでしょう。

以上を総合すると，設立後に必要な費用を支払ってもすぐに債務超過にはならないくらいの金額で，なるべく小さい金額で設立時の資本金の金額を設定するほうがよいと考えられます。

(3) 会社設立の流れ

さて，上記では会社を設立する際に検討すべきポイントについて述べましたが，最後に，会社設立の流れを，会社設立のために作成が必要な書類とともに

3　例えば，役員に関する事項の変更の登記は原則として1件につき3万円ですが，資本金の額が1億円以下の場合は1万円になります。

まとめて記載します[4]。

なお，会社設立には，発起設立（会社法25条１項１号）と募集設立（同２号）の２種類があります。発起設立は，発起人が，発行する全ての株式を引き受けるのに対し，募集設立では，発行される株式の一部を発起人が引き受け，残りを引き受ける者を第三者から募集するという方法です。実務上は，発起設立で会社を設立することがほとんどですので，以下では発起設立の場合の設立の流れをご確認ください。

募集設立では，以下の手続に加えて，設立時募集株式の発行に関する手続が必要であったり，創立総会を開催する必要があるなどの手続の違いが生じます。募集設立では，このような手続的な負担が増えるだけでなく，別段預金口座を作るために手数料がかかったり，そもそも銀行によっては募集設立のための口座を作ることに対応していなかったりするため，特別な理由がない限り，発起設立としたほうがよいと考えられます。

4　なお，AZX 総合法律事務所のホームページにて，設立時の定款のサンプルを提供していますので，ご参照ください（http://www.azx.co.jp/modules/docs/index.php?cat_id=33）。

【図表】 発起設立の場合の設立の流れ

日　程	手　続	必要書類	備　考
①	**発起人の決定** （設立基本事項の決定）	発起人決定書	
②	**定款の作成**	定款	
③	**定款認証**	・定款 ・印鑑証明書（発起人全員分） ・定款認証料	
④	**発起人による払込**		発起人の個人口座に払い込みます。
⑤	**発起人の決定** （設立時役員の選任等）	・発起人決定書 ・就任承諾書（設立時役員等）	左記の事項は原始定款で定めることも可能です。
⑥	**設立時取締役等による調査**	調査報告書	
⑦	**設立時代表取締役の選定**	・設立時代表取締役選定書 ・就任承諾書（設立時代表取締役）	取締役会設置会社の場合，代表取締役を選定することが必要になります。なお，取締役会非設置会社では，原始定款で定めることが一般的です。
⑧	**登記申請**	・登記申請に必要な書類	登記申請日が設立日となります。

起業家が知っておきたい会社法の基本

QⅢ－1 株主総会・登記の基本事項

株主総会や登記が必要となる手続がよくわからないので教えてほしいです。なお，当社は取締役２人の，取締役会非設置会社です。

A 取締役会非設置会社の場合，株主総会では会社に関する一切の事項を決議することができますが，会社法上，特に株主総会での決議が要求されている事項は，**図表**のとおりです。また，株式会社の登記事項は，会社法911条３項に規定されています。

解説

会社法上必要となる手続書類は，税務書類などと異なり，登記が必要となる場合を除いて役所に提出しないため，軽視されがちです。ただ，最近では初期の段階から外部投資家が入るベンチャーも多く，そのような外部投資家から株主総会議事録の提出等を求められ，慌てて弁護士に相談するケースが多くあります。また，過去の手続が適法に行われていなかったことで，IPO が延期になったり，M&A の話が流れてしまうケースもあります。中には，後から治癒できない問題に発展する場合もあるため，初期の段階から，必要最低限の会社法上の手続は知っておいたほうがよいでしょう。

⑴ 株主総会の権限，決議事項

「どんな場合に株主総会が必要かわからない」という話は，起業したての方

【図表】 株主総会決議事項の例（概要）

普通決議 2分の1超（過半数）	計算書類等の承認，取締役の報酬，役員の選任
特別決議 3分の2以上	合併，会社分割等の組織再編行為，新株発行，新株予約権発行，定款変更
特殊決議 総議決数の3分の2以上かつ議決権を行使できる株主数の半数以上	全部の株式について譲渡制限をする旨の定款変更
全株主の同意 100%	発行済株式の種類の変更，取得条項付株式についての定款変更（110），自己株式取得における売主追加請求権を排除する定款変更（164Ⅱ）

からよく聞くフレーズです。会社法に書いてある，といえばそれまでですが，わかりにくいので，表にまとめました（**図表**）。株主総会の開催方法などの具体的な手続については，次の**QⅢ−2**で解説します。

そもそも株主総会とは何かという点から説明したいと思います。株主総会とは，会社の所有者である株主が集まり，会社の重要な意思決定を行う場です。会社の最も上位の意思決定機関が株主総会であり，株主総会で決定した事項の具体的な業務執行を取締役が行うというのが，会社法の基本的な考え方です。そのため，株主総会は原則として会社に関する一切の事項について決議できます（会社法295条1項）が，取締役会を設置している場合には，株主総会の役割の一部を取締役会が担うため，株主総会では会社法に規定された事項および定款で定めた事項に限り決議できます（同2項）。このように，取締役会設置会社か，取締役会非設置会社かで，株主総会の権限が変わってくることは覚えておいてください。取締役会設置会社で，「新規事業についても株主総会の承認をとったほうがよいか？」という質問をされることがありますが，その新規事業を始めることが，会社法上株主総会決議が要求される事項に該当しないのであれば，株主総会ではそもそも決議をすることができないわけですから，決議の必要はないということになります（株主の意思を確認しておくという意味で念のため株主総会を行うということはあり得ます）。

株主総会の具体的な決議事項の例は，**図表**のとおりです。「普通決議」，「特別決議」，「特殊決議」などと見るとややこしく感じますが，非上場会社が日常的な業務を行っている限りでは，この違いはあまり意識しなくても，問題となる場面はそれほど多くはありません。ベンチャーでは限られた人のみが株主であるため，株主総会で決議するような重要な事項については，株主総会を招集する前に株主に相談しているケースが多く，株主総会当日は全会一致で可決されるというのが一般的です。そのため，「過半数」や「3分の2以上」といった数字を意識することが必要となる場面はあまりないのです。ただし，株主である取締役を解任する場合など，一部の株主と利害が対立する場面ではこの数字が重要な意味を持つことになりますので，資本政策においては，「過半数」や「3分の2以上」という数字を意識する必要があります。

(2) 登記事項

株式会社において登記が必要となる事項は，会社法911条3項に規定されています。登記が必要となる代表的な場面としては，株式を発行した場合（同項9号），ストックオプションを発行した場合（同項12号），取締役を変更した場合（同項13号）などがあります。株式等の発行には弁護士や司法書士が関与することも多いので，登記を忘れることはあまりないと思いますが，下記のようなケースでは登記を忘れがちですので注意する必要があります。

① 新規事業のために会社の目的を追加した
② 会社が本店移転をした
③ 代表者が引っ越した
④ 定時株主総会で既存の役員がそのまま重任した
⑤ 従業員が退社し，ストックオプションを放棄した

登記は，登記事項に変更が生じたときから2週間以内に行う必要があります（会社法915条1項）。2週間を過ぎてしまった場合でも登記は受理されますが，この場合は会社の取締役等が，100万円以下の過料に処せられる可能性があります（会社法976条1号）。

特にIPOが近くなった際には，内部管理体制が構築されているかという観点から，登記が適切になされているかがチェックされることになります。登記申請の日は商業登記簿謄本上も記載され，言い訳ができませんので，注意が必要です。

QⅢ－2　株主総会の手続

株主総会を開催したいのですが，どのような手続を取るべきですか。急いでいるので，省略できる手続があれば，できるだけ省略したいです。また，議事録はどのように書けばよいでしょうか。

A　株主総会の大まかな流れは，①招集決定，②招集通知発送，③株主総会，④議事録の作成です。②と③の間は，公開会社[1]でないベンチャーであれば通常中7日間あける必要がありますが，この期間は短縮または省略が可能ですので，①から④までを同じ日に行うこともできます。また，書面決議とすることで，実際の株主総会の開催を行わないことも可能です。

解説

企業経営にあたって株主総会は避けては通れないものであり，最低限の手続は起業家として知っておく必要があります。また，特にベンチャーでは，「株主総会をいかに早く開催するか」が重要となる場面が数多くあります。明日までに新株発行を決議して出資を受けないと資金がショートする，などの緊急時には，全体としてどのような手続が必要で，どの手続が省略できるかを覚えておくことは有益です。このような視点で，株主総会を行う場合の手続を解説していきます。

1　その発行する全部または一部の株式の内容として，株式譲渡について株式会社の承認を要する旨の定款の定めを設けていない株式会社を「公開会社」といいます。

(1) 株主総会開催の流れ

株主総会を開催する場合の原則的な流れは，下記のとおりです。

①招集決定
　取締役会非設置会社：取締役の決定（会社法298条1項）
　取締役会設置会社：取締役会の決議（同条4項）
　※株主による招集の請求（会社法297条）などの例外もあり
②招集通知発送
　非公開会社であれば中7日（取締役会非設置会社であれば定款でさらに短縮可）
　さらに株主全員の同意があれば，招集期間の短縮・省略も可能（会社法300条）
③株主総会
　書面決議（会社法319条）として実際の決議を省略することも可能
④議事録の作成

① 招集決定

招集決定は，取締役会を設置しているかどうかによって，取締役または取締役会のいずれかが行います。招集決定にあたっては，株主総会の日時，場所，目的事項などを定める必要があります（会社法298条1項）。なお，会社法298条1項3号に「株主総会に出席しない株主が書面により議決権行使をすることを認める場合」とあり，株主自らが直接書面で議決権を行使する書面投票制度を利用することも法律上可能ですが，この場合招集手続が煩雑になるため，ベンチャーではこの制度は通常利用しません。

② 招集通知

招集通知の発送は，公開会社でない株式会社では株主総会の1週間前までに行うことが原則となっています（会社法299条1項）。公開会社はこの期間が2週間ですので，特に前職が上場企業の方の場合，非公開会社でも2週間と勘違いされていることがたまにあります。なお，この「1週間」は「中7日」という意味ですので，気をつけてください。

この「1週間」ですが，取締役会非設置会社であり，かつ定款で定めた場合には，これより短い期間を設定することも可能です。実際に，「3日前」などとしている会社もあります。

なお，取締役会設置会社でなければ，招集通知は原則として書面である必要はありません[2]。そのため，電子メールや，口頭で行うことでも会社法上の要件は満たしますが，口頭だと後に紛争になった場合に証拠が残らないため，少なくとも電子メールなど証拠が残る方法にしておいたほうが安全でしょう。

また，招集手続は，株主全員の同意があればその期間を短縮，または省略することが可能です（会社法300条）。したがって，招集決定をしたその日に株主総会を行うことも可能です。ベンチャーではこうした期間の短縮や省略を行うことが多いですが，株主が大企業である場合など，短縮や省略の同意を迅速に決定できないケースもありますので，短縮や省略を行ってよいかは事前に株主と相談してください。

なお，招集手続の省略と似ている概念として「全員出席総会」というものがあります。これは，株主全員が集まっている場で，株主全員が株主総会を実施することに同意した場合には，招集手続を行わずに株主総会を行ってもよいという考え方のことであり，判例上も適法と認められています。「招集手続の省略」と「全員出席総会」の違いは，「招集手続の省略」は省略の同意さえ得られれば株主総会に全員が参加しなくてもよいのに対し，「全員出席総会」は実際に全員が株主総会に出席しなければならないという点です。

また，「招集通知に参考書類を付ける必要がありますか？」という質問を受けることもあります。株主が1,000人以上である場合や，上場会社が委任状の勧誘をするケースでは，会社法または金融商品取引法に基づくルールにより，一定の記載事項を満たす参考書類を作成して株主に提供する必要がありますが，通常の非公開会社の場合は原則として参考書類の作成義務はありません。実務上，招集通知に参考書類というタイトルの書面を付けて，そこに議案の内容を記載する例も多く見受けられますが，そのような体裁をとることが法的に求め

2　書面投票制度等を利用する場合を除きます。

られているわけではありません。

③　株主総会

株主総会は，株主が１つの場所に集まって行うのが原則ですが，テレビ会議で中継するなどして会議体としての一体性を確保していれば，複数の場所で開催することも可能です。ただ，この場合にはどのような方法で遠隔地にいる株主が出席したかを議事録に記載しなければなりませんので（会社法施行規則72条３項１号括弧書き），注意してください。

また，どうしても全員が集まることが難しい場合には，株主全員が書面か電磁的記録により同意の意思表示をすることにより，株主総会の決議自体を省略することもできます。これが「書面決議」と呼ばれる方法です（会社法319条）。書面決議を行う場合には，招集通知の代わりに，株主総会の目的事項を記載した「提案書」を株主に送付し，これに対して株主から「同意書」をもらいます。書面決議の場合には，全株主から同意の意思表示があった時点で，当該議案が可決されたとみなされます。なお，書面決議の場合には集まって議論をしたわけではありませんが，議事録は作成しなければなりませんので（会社法施行規則72条４項），注意してください。

④　議事録の作成

株主総会の議事録に記載しなければならない事項は，会社法施行規則72条３項に定められています。

「株主総会議事録には誰が押印する必要がありますか？認印でもよいですか？」という質問もよく受けます。会社法上は，株主総会議事録に押印をしなければならない規定はありませんが，通常は定款に「代表取締役が押印する」や「出席した取締役が押印する」などと規定されることが多いので，まずは定款を確認してみてください。

また，会社法は押印する印鑑についても特に制限を設けていませんので，認印による押印でも会社法上は問題ありません。もっとも，代表取締役の変更登記に使用する場合など，登記手続との関係において，実印または法務局へ登録している会社代表印での押印が要求される場合があります[3]。なお，登記に使用しない場合であっても，議事録という書類の重要性に鑑みて，全員認印で押印するのではなく，代表取締役は会社代表印で押印するのが一般的です。

QⅢ－3　定時株主総会のポイント

定時株主総会は毎年開催すると聞きましたが，いつ開催すればよいですか。また，どのような内容を決議するのでしょうか。

A　定時株主総会は，毎事業年度の終了後一定の時期に招集しなければならない（会社法296条１項）と定められ，実務上は事業年度の終了日から３カ月以内に招集されるのが一般的です。定時株主総会では，①計算書類の承認と，②事業報告の内容の報告を行います。また，役員の改選時期にはその選任決議が必要となり，その他必要に応じて役員報酬，ストックオプションの発行その他の決議を行う場合があります。

解説……………………………………………………

(1)　定時株主総会の開催時期

会社法上，定時株主総会は，「毎事業年度の終了後一定の時期に招集しなければならない」（会社法296条１項）と規定されているだけであり，いつまでに招集しなければならないかが明確に規定されていません。もっとも，多くの会社では定款で定時株主総会の基準日（いつの時点の株主が定時株主総会で株主としての権利を行使できるかを定めた日）を事業年度の最終日としており，基準日と権利行使の間は３カ月以内という制限があることから（会社法124条），

3　例えば，取締役会非設置会社において株主総会決議によって代表取締役を選定する場合，出席取締役の実印が原則として必要とされています。

事業年度終了後，３カ月以内に開催するのが一般的です。

なお，法人税の確定申告は原則として事業年度の終了日から２カ月以内に行うと定められています（法人税法74条１項）。確定申告は定時株主総会で承認を受けた計算書類をもとに行う必要があることから，２カ月以内に定時株主総会を実施して計算書類を承認しなければならないように思えますが，申告期限の延長の申請を行っておけば，申告期限を延長することが可能です[1]。これを忘れると，事業年度終了後２カ月以内に慌てて定時株主総会を実施する羽目になるので注意してください。

⑵　定時株主総会の報告事項・決議事項

定時株主総会で毎年行うべき事項は，①計算書類（貸借対照表，損益計算書，株主資本等変動計算書，個別注記表）の承認（会社法438条２項）と，②事業報告の内容の報告（同３項）です。冒頭に記載したとおり，その他の事項を決議すべき場合がありますが，本問ではこの２点について説明します。

取締役会非設置会社であれば，計算書類および事業報告は，作成したものをそのまま株主総会に提出すればよく，招集通知を送る際にもこれらを添付する必要はありません。

これに対して取締役会設置会社の場合には，計算書類および事業報告について，株主総会の前に監査役の監査を受け，さらに取締役会でもこれを承認する必要があり（会社法436条１項，３項）また，定時株主総会の招集にあたって取締役会の承認を受けた計算書類，事業報告および監査報告を添付する必要があります（会社法437条）。したがって取締役会設置会社の場合には，計算書類を作成してくれる税理士などと相談のうえ，余裕をもって計算書類の作成，承認を行っておく必要があります。

計算書類のスケジュールに関連してもう１点注意すべき点として，計算書類の備置きがあります。会社法では，各事業年度に係る計算書類，事業報告およ

1　事業年度の終了日の翌日から45日以内に申請が必要となります。

びこれらの附属明細書を，定時株主総会の日の１週間前（取締役会設置会社の場合は２週間前）から５年間，会社の本店に備え置くべきことが定められています（会社法442条１項１号）。

したがって，取締役会非設置会社でも，遅くとも定時株主総会の１週間前までには計算書類を作成する必要があります。また，取締役会設置会社の場合，監査役の設置が必要であるため[2]本条に基づき備え置く計算書類等は，監査役の監査を受けた計算書類等となりますので，２週間前までには監査役の監査を終わらせる必要があります。株主総会の招集期間はＱⅢ－２のとおり短縮したり省略することができますが，その場合でもこの備置期間は短縮できず，非上場会社だからといって備え置きをしなくてよいという例外はありませんので，注意してください。

なお，(3)で説明する書面決議を行った場合，「書面決議の提案があった日から」計算書類を備え置くことになっています（会社法442条１項１号括弧書き）。そのため，計算書類の作成が遅れて備置期間に間に合わない場合は，あえて書面決議とすることで備置期間の始期を遅らせることもあり得ます。

(3)　定時株主総会の書面決議

ＱⅢ－２で株主総会を実際に実施せず，全株主から同意をとることで承認があったとみなす「書面決議」という方法を説明しましたが，定時株主総会をこの書面決議で行うことも可能です。定時株主総会は事業報告をするため，実際に開催しなければならないイメージが強いですが，報告事項についても，報告事項を株主に通知して，株主総会で報告することを要しないことにつき株主全員から同意を得れば，報告があったものとみなされるため（会社法320条），書面決議とすることが可能です。

2　監査役の代わりに会計参与をおくことも可能です。また，監査等委員会を設置する場合もありますが，いずれも現時点ではベンチャーにおいて利用される例が少ないため，監査役を設置する前提で説明しています。以下，本章において同様です。

(4) 計算書類の公告（決算公告）

会社は，定時株主総会の終結後，遅滞なく貸借対照表を公告する必要があります（会社法440条１項）。この決算公告は，未上場会社や取締役会非設置会社だからといった理由では免除されず，全ての株式会社に義務づけられ，これを怠ると会社の取締役等が100万円以下の過料に処せられる可能性があります（会社法976条２号）。

なお，合併，会社分割（吸収分割，新設分割，共同新設分割），資本金等の減少，組織変更（株式会社から合名会社・合資会社・合同会社になるなど），株式交換，株式移転などの行為を行うにあたっては公告が必要となる場合がありますが，その際に最終事業年度の決算公告がなされていない場合，これらの公告を行う際にあわせて計算書類の公告も行う必要があります。その場合は公告の申込みに要する期間が長くなるため，注意が必要です。

QⅢ－4　取締役の決定と取締役会決議

当社は取締役が３名います。「取締役の決定」を行う場合，どのように行えばよいですか。招集通知などを事前に送るのでしょうか。また，取締役会を設置することも検討しているのですが，「取締役会の決議」になった場合は何か変わりますか。

A　取締役が２人以上いる場合，会社の業務は取締役の過半数をもって決定する（会社法348条２項）と定められています。これ以外に特に取締役の決定に関する規定はありませんので，招集通知などは不要です。これに対して取締役会の場合には，招集手続や決議に関して詳細な規定が設けられており（会社法366条以下），これに従って運営する必要があります。

解説

(1) 取締役の決定

取締役会を置かない最大のメリットは，機動的な経営を行えることです。すなわち，取締役が2人以上いる場合には，会社の業務は取締役の過半数をもって決定する（会社法348条2項）と定められていますが，これ以外に特に取締役の決定に関する規定はないので，取締役が集まっていつでも決定を行うことができ，電話で決定を行うこともできます。また，会社法上は議事録を作成する義務もないので，原則として議事録を作成する必要もありません（もちろん備忘として何らかの議事録は残しておいたほうがよいでしょうが，少なくとも法律上の形式に従って作る，といった必要はありません）。

また，全ての業務を過半数で決めるとすると，せっかくの機動性が阻害されてしまうので，重要な業務の執行として会社法上で規定されている事項（会社法348条3項各号）以外の事項については，業務の決定を1人の取締役に委任することも可能です。

もっとも，取締役会があれば取締役会決議でよいのに，取締役会が設置されていないために株主総会で決議しなければならない事項（利益相反取引等）もあることから，株主総会を開催する場面が多くなるという意味では，機動性を欠くこともあります。

(2) 取締役会の招集・決議

取締役会を設置した場合には，会社のガバナンスが強化される反面，会社法上の定めに従って取締役会を運営する必要があることから，機動性はやや失われます。

取締役会は，原則として各取締役が招集できますが，取締役会を招集する取締役を定款または取締役会で定めた場合には，その取締役が取締役会を招集します（会社法366条1項）。取締役会を招集する者は，取締役会の日の1週間（定款でこれを下回る期間を定めた場合はその期間）前までに，各取締役と各監査役に対して招集通知を発する必要があります（会社法368条1項）。招集手続は，株主総会と同様に，全ての取締役および監査役の同意があれば省略できますが（同条２項），とはいえ社外取締役や社外監査役がいる場合には，いきなり「今日，取締役会を開催します！」と伝えるのは難しいものです。

取締役会の決議は，議決に加わることのできる取締役の過半数が出席し，その過半数をもって行うとされます（会社法369条１項）。ポイントは「過半数」で，「半数」ではありません。たまに「半数」と勘違いして，取締役が４人のところ２人で取締役会を開催してしまうケースがありますので，注意してください。

取締役が出席できない場合，「代理人でもよいですか？」といった質問や「委任状をもらえばよいですか？」といった質問を受けることもありますが，いずれも認められません。取締役は本人が取締役会に出席し，その場でその取締役の専門的な知見を活かして議論を行うことが期待されるため，取締役会に出席していない取締役に議決権の行使を認めることはできないとされています。

もっとも，取締役は物理的に同じ場にいることが要求されるわけではなく，双方向性が確保されていれば，テレビ電話や電話会議，インターネットを利用したチャット等の方法により取締役会に参加することも可能です。

(3) 書面決議

株主総会と同じく（QⅢ－２参照）[1]，取締役会でも，取締役全員が書面で同意の意思を示すことにより，実際に取締役会を開催せずに取締役会の決議があったこととみなす「書面決議」の制度があります（会社法370条）。前述のとおり，現代ではインターネットで簡単に取締役会を開催できるため，書面決議を使用する必要性はそれほど高くありませんが，取締役や監査役の数が多くなり，全員の日程を合わせることが困難であるような場合は，書面決議が便利です。

取締役会の書面決議の場合も，取締役会で決議する事項を提案し，それに対して取締役全員が書面または電磁的記録により同意の意思表示をすることが必

1　ただし，株主総会の書面決議と異なり，定款に書面決議ができる旨の定めがあることが必要です。

要です。また，「監査役が当該提案について異議を述べたとき」（会社法370条括弧書き）には書面決議は認められないことから，監査役からも取締役と同様に同意書をもらうほうが安全です。

なお，書面決議の場合でも議事録を作成しなければならない点は，株主総会と同様です。

⑷　取締役会議事録

取締役の決定と異なり，取締役会の議事については，取締役会議事録を作成する必要があります（会社法369条３項）。取締役会議事録に記載すべき事項は，会社法施行規則101条３項に定められています。

株主総会議事録については，会社法上，押印に関する規定はないと述べましたが，取締役会議事録については，出席した取締役および監査役はこれに署名し，または記名押印しなければならない（会社法369条３項）と規定されているため，注意が必要です。

QⅢ－5　新株発行手続

エンジェルから投資を受けることになったため，株式を発行しようと思っています。どのような手続を行う必要があるか，教えてください。なお，今回発行する株式は，普通株式を予定しています。

A　株式を発行する手続は，①取締役会設置会社か，取締役会非設置会社か，②「申込割当方式」で行うか，「総数引受方式」で行うかによって異なります。②については，会社法の原則は「申込割当方式」ですが，「総数引受方式」を使えば１日で株式を発行することができること（申込・割当の方法の場合には最低でも２日かかります），必要な書類が少なくてすむことから，ベンチャーでは総数引受方式が使われるのが一般的です。

解説

新株発行は，エンジェルやベンチャーキャピタル（以下，「VC」といいます）から投資を受けて事業を拡大していこうとするベンチャーにとって，とても重要なイベントです。あらかじめ手続の全体像を理解しておけば，余裕をもってスケジュールを組むことができ，新株発行の直前に書類に押印してもらうために東奔西走する，といった必要もなくなります。

新株発行には，特定の者に対して株式を発行する「第三者割当」と，既存の株主に対して持株比率に応じて株式を割り当てる「株主割当」がありますが，外部からの投資を想定した本問では，「第三者割当」を前提に手続を説明します。

新株発行を行う手続は，①取締役会設置会社か，取締役会非設置会社か，②「申込割当方式」で行うか，「総数引受方式」で行うかによって異なります。手続の概要を**図表**にまとめましたので，まずはこちらをご覧ください。

【図表】 新株発行の手続の概要

	申込割当	総数引受
取締役会なし	①株主総会の招集（取締役の決定による） ②株主総会（募集事項の決定） ③募集事項の通知 ④株式を引き受けようとする者からの申込 ⑤割当の決定（株主総会） ⑥割当通知 ↕⑥と⑦の間に1日あける必要あり ⑦払込み ⑧登記	①株主総会の招集（取締役の決定による） ②株主総会（募集事項の決定，総数引受契約の承認） ③総数引受契約書の締結 ④払込み ⑤登記
取締役会あり	①株主総会の招集（取締役会決議による）	①株主総会の招集（取締役会決議による）

	②株主総会（募集事項の決定） ③募集事項の通知 ④株式を引き受けようとする者からの申込 ⑤割当の決定（取締役会決議による） ⑥割当通知 ⑥と⑦の間に１日あける ↕ 必要あり ⑦払込み ⑧登記	②株主総会（募集事項の決定） ③総数引受契約の承認（取締役会決議による） ④総数引受契約書の締結 ⑤払込み ⑥登記

※１　②の株主総会で取締役／取締役会に募集事項の決定を委任することが可能。この場合②の後に取締役／取締役会による募集事項の決定が入る。
※２　あらかじめ，②の株主総会で（条件付きで）決議しておくのが一般的である。

(1)　募集事項の決定

新株を発行するにあたっては，まず募集事項の決定を行う必要があります。募集事項とは，今回どのような株式を，何株，どのような条件で発行するのか，ということです。具体的には，以下のとおりです（会社法199条１項各号）。

①　募集株式の数（種類株式発行会社にあっては，募集株式の種類および数）
②　募集株式の払込金額またはその算定方法
③　金銭以外の財産を出資の目的とするときは，その旨ならびに当該財産の内容および価額
④　募集株式と引換えにする金銭の払込みまたは前号の財産の給付の期日またはその期間
⑤　増加する資本金および資本準備金に関する事項

募集事項の決定は株主総会で行うことが原則ですが，株主総会で①募集株式の数の上限と②払込金額の下限のみを定め，具体的な募集事項の決定は取締役または取締役会に委任することができます（会社法200条１項）。

株主総会で発行する株式の大枠だけを決めておいて，具体的な発行は取締役

または取締役会に委任することになるので，こうした行為を「総会で枠をとる」などと言うこともあります。なお，この委任の効力は株主総会で委任した日から１年間ですので（会社法200条３項），１年以上前にとった枠は使えない（また株主総会からやり直す必要がある）ことに注意してください。

(2) 申込割当と総数引受

まず，申込割当方式と，総数引受方式について説明します。これは，誰に対して株式を発行するかをどう決めるか，という手続の問題になります。どちらの方法をとっても会社法上は問題ありませんが，必要な書類や手続に要する日数が変わってくるため，新株発行にあたっては，どちらの方法で新株発行をやろうとしているのかを，株式を引き受ける人との間で早めに相談しておくことをお勧めします。特にベンチャーの場合には，株式を引き受ける側のVC等が手続書類を準備してくれる場合もあるため，先にどちらの方法を想定しているのか確認しておかないと，話がかみ合わなくて混乱してしまうことがあります。

さて，申込割当方式と総数引受方式ですが，会社法の原則は申込割当方式ですので，まずはこちらから説明します。申込割当方式の基本的な考え方は，「会社としては株主総会で決めた条件で新しく株式○株を発行しようと考えているので，株式をほしい人は申し込んでください。申込みを受けて，最終的に誰に株式を発行する（割り当てる）かを会社で決めます」という方式です。

申込割当方式で株式を発行する場合の手続について，**図表**の「取締役会あり／申込割当」を見ながら説明します。申込割当方式の場合には，株主総会で募集事項（何株をどのような条件で発行するか）を決定した後に，その募集事項を，株式の引受けを申し込もうとする者に対して通知します（会社法203条１項）。その通知を受けた者が，その株式がほしいと思った場合には，引受けの申込書を会社に対して交付します（同条２項）。申込みを受けた会社は，その中から誰に，何株を割当てるかを決定して（会社法204条１項，２項），払込期日の前日までに申込者に対して，当該申込者に割当てる株式の数を通知することになります（同条３項）。割当通知を受けた申込者は，割当通知に従って払込期日までに会社に出資を行い，晴れて株主となります。それほど複雑な手続があるわけではありませんが，通知書や申込書を作成する手間がかかりますので，やや面倒です。また，割当通知は「払込期日の前日までに」到達する必要がありますので，他の手続をどんなに早く行ったとしても，新株発行が完了するまでに最短で２日かかってしまうというデメリットがあります。

これに対して総数引受方式は，今回発行する株式の全てを引き受ける旨の契約（総数引受契約）を，新たに株主となる人と会社が締結することで，申込割当という手続を省略できるという制度です（会社法205条１項）。あらかじめ今回発行する株式を引き受ける人が決まっている場合に利用されます。ベンチャーが新株を発行しようとする場合には，「誰に，何株発行するか」ということまで決めてから発行するのが一般的ですので，総数引受方式が利用されることが多いです。

総数引受方式の場合，申込割当の手続を省略できることから，申込割当方式のような通知書や申込書をやり取りする必要はなく，総数引受契約書を締結するだけで手続が完了することとなり，最短１日で新株発行を完了させることができます。総数引受契約書も１ページ程度の簡単なものですので，準備もそれほど面倒ではありません[1]。

総数引受方式で行う場合の注意点として，平成27年の会社法改正により，定款に別段の定めのない限り[2]，発行する株式が譲渡制限株式である場合には，締結する総数引受契約書について株主総会（取締役会設置会社では取締役会）の承認を受けなければならない（会社法205条２項）とされた点があります。どのみち新株発行にあたっては株主総会を開催しなければならず，著しく負担が増えるわけではありませんが，これまではわざわざ承認をとる必要はなかったため，過去のサンプルなどを参考にしたために総数引受契約書の承認を受け

1　サンプル（http://www.azx.co.jp/modules/docs/index.php?content_id=55）
2　設立時の定款の定めとしてこの規定を設けておくことについて，QⅡ-４をご参照ください。

るのを忘れるようなことがないよう注意してください。

(3) 払込み

金銭による出資の場合には，自分が引き受ける募集株式の数に応じた払込金額を，払込期日まで（払込期間が設定されている場合は，期間の末日まで）に会社が指定する口座に振り込むことで払込みを行います。払込みのタイミングは，原則としては**図表**のとおりです。少なくとも，⑤株式を引き受けようとする者からの申込み（申込割当の場合）や④総数引受契約書の締結（総数引受の場合）前に払い込むと登記が通らない可能性が高いので，注意してください。

(4) 現物出資

募集株式の発行の際に，金銭以外の財産を出資することを現物出資といいます。例えば，取締役個人の持っている資産を出資して株に変えようとする場合などがこれに当たります。また，会社に対して金銭債権を持っている者が新株を引き受け，当該引受人が金銭の払込みに代えて当該債権を現物出資するという「デット・エクイティ・スワップ（DES）」も現物出資の1つです。

現物出資を行う場合には，募集事項の決定において「金銭以外の財産を出資の目的とするときは，その旨並びに当該財産の内容及び価額」（会社法199条1項3号）を決める必要があります。また，現物出資においては，「株」の対価に見合った財産が出資されたかを検証するため，会社法207条に基づき裁判所が選任した検査役による検査が原則として必要となります。ただし，総額が500万円を超えない場合等，一定の場合（会社法207条9項各号）には，例外として検査役の検査が不要となります。検査役による検査が必要となる場合，裁判所への選任申立手続のための時間や，検査役の報酬等の費用がかかるため，ベンチャーでは検査役の検査を受けることは現実的ではありません。そのため，現物出資を行うにあたっては，検査役の検査が不要となる例外事由に該当するか検討し，例外事由に該当しない場合は，それでも現物出資を行うのかを慎重に検討したほうがよいと考えます。

QⅢ-6　株式分割の手続

エンジェルから紹介を受けたAさんに自社の経営に参画してもらうため，株式を譲渡しようと思ったのですが，発行可能株式数100株，発行済株式数10株で会社を作ってしまったため，1株あたりの価値が高くなりすぎています。エンジェルからは，株式分割をすればよいと言われたのですが，どのような手続を行えばよいのですか。（※本ケーススタディはQⅢ-11まで続きます）

A　株式分割を行うためには，株主総会（取締役会設置会社の場合は取締役会）で一定の事項を決議し（会社法183条2項），さらに基準日公告を行う必要があります（会社法124条3項）。

解説

会社を設立した段階で発行する株式数を少なくしすぎたせいで，1株あたりの価値（金銭的な意味でも，持株比率的な意味でも）が高くなってしまい，新株発行や株式譲渡，ストックオプションの発行の前に株式分割を行いたいと相談を受けることはよくあります。以下で説明するとおり，株式分割の手続はそれほど難しくありませんが，時間も費用もかかるため，できれば最初の段階で株式分割を行う必要がない資本政策を作成しておくことをお勧めします。

(1)　株式分割の決議

株式分割を行うためには，株主総会（取締役会設置会社の場合は取締役会）で，①分割の比率および基準日（いつの時点の株式を分割するか），②分割の効力発生日，③分割する株式の種類を決議する必要があります（会社法183条2項）。

ここで注意すべきは，株式の分割はあくまで種類ごとに行われる点です。そのため，普通株式以外にも株式を発行している会社では，株式の種類ごとに分割の決議を行う必要があります。

また，株式分割によって発行済株式総数が発行可能株式総数を超えてしまう場合には，定款変更をして発行可能株式総数を増やす必要があることに注意が必要です[1]。

⑵　基準日公告

基準日とは，株式分割がいつの時点の株式に対して行われるか，という基準となる日のことです。株式分割にあたっては，⑴で述べたとおり基準日を定め，基準日を定めた場合には，当該基準日の２週間前までに基準日を公告しなければなりません（会社法124条３項）。ただし，同項には「ただし，定款に当該基準日及び当該事項について定めがあるときは，この限りでない。」という但書があることから，株式分割にあたって定款変更をして基準日を定款に定めれば，公告は不要となります。この場合，定款で株式分割の基準日を定めたうえで，「本条の規定は前項の株式分割の効力発生日の翌日をもって削除するものとする。」といった規定もあわせて定款に設けることで，株式分割が終了した後は自動的に基準日の規定も削除されるようにすることも可能です。公告をするとなると，公告の申込み，掲載に余計な費用と時間がかかることから，ベンチャーにとっては，可能であれば定款変更で済ませてしまい，公告を省略したほうがスムーズです。

このように，定款に基準日を定めれば基準日公告を行わなくてよいことから，これまでは，基準日を定款で定めれば，１日で株式分割を行うことも可能であると考えられ，会社法の立法担当者による解説書にもそのような記載がありました（相澤哲ほか編著『論点解説　新・会社法』（商事法務，2006）187頁）。ところが，東京地判平26.４.17（アムスク株主総会決議取消請求事件）では，基準日公告に代わる定款の定めについて「当該定款の定めは，基準日の２週間前までに存在することが必要であると解するのが相当である。」と判示し，東京高判平27.３.12（アムスク株主総会決議取消請求事件控訴審判決）でもこれ

1　株式分割前の発行可能株式総数に分割比率を乗じた数の範囲内での増加であれば，株主総会の決議なしで行うことが可能です。ただし，現に複数の種類の株式を発行している場合は除きます（会社法184条２項）。

が支持されています。この裁判例の射程範囲は明確になっておらず，今後もこのような解釈が一般的となるかは現時点で定かではありませんが，この見解に従うのであれば，定款で基準日を定めた場合でも定款変更から基準日まで2週間あける必要があります。

(3) 登　記

株式分割を行った場合には，株式分割の効力発生日から2週間以内に登記を行う必要がありますので，こちらも忘れずに行うようにしましょう。

(4) 種類株式，新株予約権に関する留意点

株式分割にあたり，すでに発行している種類株式や，新株予約権との関係にも留意する必要があります。例えば，株式分割が，種類株式の内容である優先配当額や普通株式への転換比率などの調整事由に該当するケースが多い点などに注意が必要です。

QⅢ－7　株式譲渡の手続

無事に株式分割もでき，Aさんが取締役として参画する交渉もまとまったので，創業者である私の株式の一部を，Aさんに譲渡したいと思います。株式譲渡にあたって，どのような手続を行えばよいですか。

A　株式譲渡の手続は以下のとおりです。なお，ほとんどのベンチャーの株式は，株式を譲渡するのに会社の承認が必要となる「譲渡制限株式」ですので，これを前提としています。

(1)　譲渡当事者側の手続

①株式譲渡契約書の締結，②株式譲渡承認請求，③株主名簿書換請求

(2)　会社側の手続

①譲渡承認の決定・通知，②株主名簿の書換

解説

株式譲渡の手続は，会社法127条以下に定められています。

以下では，譲渡当事者側（譲渡人，譲受人）の手続と，会社側の手続についてそれぞれ解説します。

(1) 譲渡当事者側の手続

譲渡当事者側の手続は，①株式譲渡契約書の締結，②株式譲渡承認請求，③株主名簿書換請求の３つです。株券発行会社の場合には株券の交付も行う必要がありますが，現在の会社法では株券不発行が原則ですので，株券の交付が必要となる場面はあまりないと思います。

①株式譲渡契約書では，誰が，誰に対して，何株の株式を，いくらで譲渡するかを記載します。法律上，形式や記載事項は定められていませんが，譲渡人が対象株式の適法な所有者であることの保証，株主名簿の書換に必要な書類の交付，譲渡代金を支払う時期などの規定を置くことが一般的です。

株式の譲受人としては，株式名義書換のタイミングと，定時株主総会基準日との関係にも注意する必要があります。例えば，事業年度が１月１日から12月31日で，定時株主総会の基準日を12月31日としている会社の株式を１月に譲り受けた場合，３月に開催される定時株主総会で議決権を行使できるのは基準日時点の株主（譲渡人）となってしまい，譲受人の想定と異なってしまう可能性があります。そのため，基準日後～定時株主総会前に株式譲渡をする場合には，株式譲渡契約書の中で，譲渡人による定時株主総会における議決権の行使を譲受人に委任する旨を定めておくことも考えられます。

②株式譲渡承認請求とは，譲渡制限株式の譲渡について会社に承認を求める手続を指します。前述のとおり，ベンチャーの株式のほとんどは譲渡制限株式ですから，ベンチャーで株式を譲渡する場合にはほぼ必ずこの手続を経る必要があります。譲渡承認請求は，譲渡人からでも（会社法136条），譲受人からでも（会社法137条１項）行うことができますが，譲受人が譲渡承認請求をする場合は，譲渡人と共同で行わなければなりません（同条２項）。譲渡承認請求は，

会社に対して，譲渡しようとする株式の数や，譲受人の氏名などを通知することで行います（会社法138条1項）。必ずしも書面性は要求されていませんので，メールなどで行うことも可能ですが，「譲渡承認請求書」といった書面を作成して行うのが一般的ですし，株式の移動は会社にとっても重要な事項ですので，できれば書面で請求を受けたほうが望ましいです。

③株主名簿書換請求とは，株主名簿に記載している株主の名前を，譲渡人から譲受人に変更するよう求める手続のことです。当事者間で株式譲渡契約が締結されていれば，当事者間では株式譲渡は有効ですが，株主名簿に株主として記載されないと，自分は株主であると会社に主張することができません（会社法130条1項。株券不発行会社の場合）。株主名簿書換請求は，譲受人が，譲渡人と共同して行うこととされています（会社法133条1項，2項）。

なお，譲渡制限株式の場合は，会社が譲渡承認をしない限り，名義書換の請求をすることができません（会社法134条1号）。したがって，理論的には，「譲渡承認請求→譲渡承認の決定→譲渡承認通知→名義書換請求→名義書換」となるのですが，実務上は，譲渡承認請求書と名義書換請求書の日付が同日となっているケースが多いです。この場合は，譲渡承認の決定も，譲渡承認請求書の日付と同日とするよう注意してください。

⑵　会社側の手続

会社側としては，譲渡当事者からの譲渡承認請求，株主名簿書換請求に対応して，①譲渡承認の決定・通知，②株主名簿の書換を行う必要があります。

①譲渡承認の決定は，原則として株主総会（取締役会設置会社の場合には取締役会）で行う必要がありますが，定款に別段の定めがある場合はこの限りではないとされ（会社法139条1項），代表取締役が決定するなどと定款で定めている例もあります。

譲渡承認の決定をした場合には，会社はその旨を譲渡承認請求者に対して通知する必要があります（同条2項）。譲渡承認請求を受けてから，2週間以内にこの通知をしないと，譲渡を承認したものとみなされてしまう点，注意が必要です。

会社としては，株主が会社にとって都合の悪い人に対して株式を譲渡しようとしている場合は，譲渡を承認しないこともできます。譲渡を承認しない場合に，特に理由などを告げる必要はありません。もっとも，譲渡承認を請求する株主は，会社または会社が指定する者（指定買取人）が，当該株式を買い取る旨を求めることができ，その場合は会社自身か，指定買取人が当該株式を買い取らなければなりません（会社法138条1号ハ，2号ハ，140条1項，4項）。この点，会社が株式を買い取る場合には，自己株式の取得となるため，分配可能額の範囲でしか買い取ることができないという制限を受けることになりますが，ベンチャーで分配可能額がある例は稀ですので，事実上会社が買い取ることはできず，会社が指定する指定買取人に買い取ってもらわざるを得ません。指定買取人は，既存株主がなることが多いですが，指定買取人にも買取余力がない場合には，結果的には当初の譲渡承認を認めざるを得なくなる可能性もあります。また，この場合の買取価格は，指定買取人と譲渡承認請求者の協議によって決めることとされていますが（会社法144条7項，1項），協議がまとまらなかった場合には譲渡承認請求者は裁判所に対して売買価格の決定を申し立てることができ（同条2項。なお，指定買取人側から売買価格の決定を申し立てることもできます），その場合には裁判所が譲渡価格を決めますので，最終的にいくらになるかわからないというリスクもあります。このように，譲渡承認請求は理論的には拒否できるとはいえ，事実上拒否ができなくなるケースもあるため，既存株主が会社と敵対する相手に会社の株式を譲渡するなどと言い出さないよう，株主とは日頃から良好な関係を築いておくことが重要です。

②株主名簿の書換えについては，会社は適法な請求があった場合には名義書換をしなければならないと解され，譲渡承認のように拒否することはできません。株主名簿の更新が忘れられているケースもありますが，重要な手続なので必ず行いましょう。

なお，「会社の株主が誰か」，「その株主は何株保有しているか」は，会社にとって重要な問題であり，IPOやM&Aにあたって，厳しくチェックされる項目です。そのため，株式譲渡に関する書類は，しっかり保管してください。

なお，外部から投資を受けている場合には，投資契約の中に，上記①・②の手続に関する制限規定（譲渡承認が投資家の事前承諾事項になっているなど）が定められている場合もあるため，投資契約の内容も確認する必要があります。

QⅢ－8　取締役・監査役の選任手続

Ａさんに株式譲渡できる目途も立ったので，予定どおりＡさんを取締役に選任しようと思います。何か気をつけるポイントはありますか？また，Ａさんの任期はどうなりますか。

A　取締役の選任は株主総会で行います。取締役の選任にあたって実務上気をつける必要があるのは，登記の際に提出する添付書類（就任承諾書，印鑑証明書，住民票等）です。平成27年２月より，添付書類が変わりましたので，注意してください[1]。

また，「増員された役員の任期は，他の在任取締役の任期の満了の時までとする」旨の規定が定款に設けられていることが多く，この点を失念して増員役員について重任登記を忘れるケースがありますので，注意が必要です。

解説

(1)　取締役の選任

取締役の選任は株主総会で行います（会社法329条）。

株主総会で選任した段階では，その人はまだ取締役として「選ばれた」だけなので，取締役となるためには，選ばれた人が取締役となることを「承諾」する必要があります。そのため就任承諾書を作成し，これに押印をしてもらう必要があります。

1　http://www.moj.go.jp/MINJI/minji06_00085.html

就任承諾書の押印については，注意が必要です。取締役会非設置会社の場合には，就任承諾書に実印で押印したうえで，登記の際には印鑑証明書を添付する必要があります。これに対して取締役会設置会社の場合には，原則として実印である必要はありません。ただし，新たに代表取締役を選任する場合は，取締役会設置会社でも，実印で就任承諾書に押印を行う必要があります。

⑵　登記申請の添付書類

役員変更の登記申請を行う場合には，①役員選任を決議した株主総会議事録，②就任承諾書[2]が必要です。登記の際には，就任承諾書に記載の住所と，本人確認書類に記載の住所の同一性を確認されるため，就任承諾書の住所は本人確認書類に記載の住所を正しく記載するように注意してください。

①・②に加えて，取締役会非設置会社の場合は，前述のとおり③就任する役員の印鑑証明書が必要となります。また，取締役会設置会社の場合には，本人確認書類として，印鑑証明書，住民票，運転免許証のコピー（裏面もコピーし，本人が原本と相違ない旨を記載して，署名または記名押印したもの）などの本人確認書類を添付する必要があります。以前は取締役会設置会社の場合には，①と②だけでよかったのですが，平成27年２月の改正により上記のような本人確認書類が必要となったので，注意してください。

⑶　増員取締役の任期

取締役の任期は，原則として選任後２年以内に終了する事業年度のうち最終のものに関する定時株主総会の終結の時まで（会社法332条１項）ですが，公開会社でない株式会社の場合には取締役の任期は，上記「２年以内」を「10年以内」まで伸ばすことが可能です（同条２項）[3]。そのため，ベンチャーでは取締

2　就任承諾書については，①の株主総会議事録に就任を承諾する旨の文言などの必要事項を記載すれば，別途作成しなくてよい場合もあります。

3　逆に短縮することも可能です（会社法332条１項但書）。

役の任期が10年となっている会社も多いです。もっとも，VC から投資を受ける際には，任期を２年以下にするよう求められることも多く，あまり長い任期を設定していると役員を辞めてほしい場合に任期満了で退任してもらうことも難しくなるので，役員の任期は２年程度にしておいたほうがよいと考えられます。

本件のＡさんのように，増員で新たに選任された取締役の任期については，会社法上は特に規定がありませんが，多くの会社の定款では「増員または補欠として選任された取締役の任期は，他の在任取締役または前任取締役の任期の満了する時までとする。」といった規定が設けられていることが多いです。こうした規定がある場合には，増員で選任された取締役の任期は，既存の他の在任取締役の任期と同じになりますので，在任取締役の任期が切れるタイミングで，一緒に再任の決議を行う必要があります。この点を失念していて，途中から入った取締役だけ再任の決議をしていなかったというケースが稀にありますので，注意してください。

QⅢ－9　役員報酬の決定

取締役となるＡさんの報酬を決めようと思うのですが，何か気をつけるポイントはありますか。

A　取締役の報酬は株主総会で決める必要があります（会社法361条）。もっとも，株主総会で決めるのは取締役の報酬の「総額」でよく，個別の金額の決定は取締役会に一任することができると考えられています。

また，ストックオプションについても「報酬」に該当すると考えられ，金銭の報酬と同様に株主総会での報酬決議が必要となるので，注意してください。

解説

(1) 取締役の報酬

取締役の報酬は株主総会で決議する必要があります（会社法361条１項)。たまに，この決議をしないまま取締役に報酬を支払い，後から「どうしましょう……」と相談されるケースがありますが，役員報酬については過去に遡って追認する決議をとることも不可能ではないので，万が一決議をしていなかった場合，今からでも遅くないので追認の決議を行うことを検討しましょう。

報酬決議は，額が確定しているものはその額を決議すると定められていますが，その「額」は，取締役全員に対する報酬額の総額でよいと考えられます。これは，会社法が取締役の報酬を株主総会の決議事項としている趣旨は，取締役によるお手盛り（取締役が自分で自分に対して高額の報酬を与え，会社の財産を毀損すること）を防止する点にあり，総額を決議していればその趣旨は達成されると考えられることによります。したがって，株主に役員の個別の報酬を知られたくない場合や，あらかじめ多めに株主総会で報酬を決議しておき会社の業績に応じて臨機応変に報酬額を変動させたい場合などには，株主総会では報酬の総額のみを決議しておき，報酬の具体的な配分は取締役会に一任する決議を行うことも可能です[1]。

会社法では役員に対して発行されるストックオプションも役員報酬であり，ストックオプションの発行決議とは別に，報酬決議を行う必要があると考えられています。ストックオプションを発行する際に株主総会を行う場合には，その総会でまとめて報酬決議を行ってしまえばよいのですが，あらかじめ株主総会でストックオプションの数の上限を決議しておき，具体的な発行は取締役会に委任しているようなケースでは，取締役会の決議だけでストックオプションを発行できると思っていたら，実は報酬決議との関係で株主総会も必要だった，

1　報酬の額については「年額○円」と規定している例が多いですが，単に「年額」とした場合，それが①１月１日から12月31日までを指すのか，②１事業年度を指すのか，③役員就任日を初日とする１年なのかが不明確ですので，「年額（１事業年度あたりの金額)」などと明記しておくことが望ましいです。

というケースがあるので，取締役にストックオプションを付与する際には注意してください。

⑵　監査役の報酬

監査役の報酬は，定款または株主総会の決議によって定める必要があります（会社法387条1項）。監査役が2人以上いる場合には，株主総会で報酬の上限のみを定め，具体的な報酬の額は監査役の協議によって定めることも可能です（同2項）。

取締役会の報酬は，前述のとおり，株主総会で取締役の報酬の上限を決めて，個別の報酬額の決定は取締役会に委任することができます。そのため，監査役の報酬についても，同様に具体的な額の決定は取締役会で行うことができると誤解しているケースが見受けられます。監査役は取締役の職務を監査するための機関ですから，取締役が監査役の報酬を決定できてしまうとガバナンスが機能しなくなってしまいます。そのため，個別の監査役の報酬の額は，監査役自身の協議により決めることとなっています。株主総会において監査役報酬の上限額を決定する際には，この点に留意する必要があります。

⑶　報酬の減額

取締役の報酬は株主総会で決定するため，株主総会で決議をすれば減額も可能と勘違いされることもありますが，報酬額が具体的に定められた場合，その額は取締役と会社の間の契約内容となることから，その後に職務内容に著しい変更があったとしても，本人の同意がない限り株主総会決議を行っても報酬を減額することはできないと解されています（最判平4.12.18参照）。したがって，一度決めた報酬を任期中に強制的に減額することは困難であることを覚えておいてください。

なお，同意を得て報酬を変更する場合であっても，期中に変更すると税務上の問題が生じる可能性がありますので，税理士と相談しながら進めるようにしてください。

QⅢ-10　取締役の解任

数カ月一緒に事業を運営してきましたが，どうもAさんとは性格が合わないようです。期待していたような能力もなかったため，取締役を解任しようと思うのですが，何か問題あるでしょうか。

A　役員を解任する場合には，従業員を解雇する場合と異なり，解任について特に合理的な理由がなかったとしても株主総会で解任決議をすれば解任は可能です。ただし，解任について「正当な理由」がなかった場合は，解任された役員は，会社に対して解任によって生じた損害の賠償を請求できます（会社法339条２項）。

また，Ａさんが会社の株式を持っている場合は，解任しても会社の株主ではあり続けます。解任された場合には株式を譲渡するといった契約を締結している場合は別ですが，そのような契約がなければ，解任後に株式を買い戻すことは困難です。

加えて，解任をした場合には，Ａさんが解任されたということが会社の登記簿に記載されますが，これは会社にとっても，Ａさんにとっても社会的な信用に悪影響を与える可能性があるという意味でデメリットが大きいです。

こうした理由から，解任は最終手段としたほうがよいと考えます。

解説……………………………………………………………

残念なことですが，当初一緒に事業を大きくしていこうと思って取締役とした人とそりが合わなかったり，期待していたよりもパフォーマンスが悪かったりといった理由で，取締役を辞めてほしいと創業者が考えることは，ベンチャーではそれほど珍しくありません。特にベンチャーでは，創業者が過半数の株式を保有しているケースが多いことから，いざとなればいつでも解任できる，と軽く考える人もいるようです。しかし，解任には以下のとおり多くのデメリットがあるため，理論的には解任が可能であったとしても，解任は最終手段として，できるだけ自主的に辞めてもらうよう交渉したほうがよいと考えます。

自主的に辞めてもらう以外の手段としては，「任期満了」により退任してもらう（再任しない）方法もあります。任期満了で再任しなかったとしても，解任と異なり原則として損害賠償を請求されることはありませんし，対外的にも当初の任期が満了したので退任したと説明できますので，信用に悪影響を与えることもありません。もっとも，ベンチャーの場合，役員の任期が10年となっているケースもあり（QⅢ-8参照），その場合にはなかなか任期満了で退任という手段はとりにくいです。弁護士や司法書士によっては，毎年重任登記を行うのは手間も費用もかかるから役員の任期は10年としておいたほうがよい，とアドバイスする場合もあるようで，それはそれで一理あるのですが，ベンチャーでは本件のようなトラブルが発生する可能性が高いため，役員の任期は1年か2年程度としておいたほうがよいと考えられます。実際に，VCから投資を受ける際に，その条件として，取締役の任期を1年か2年に修正するように求められることもあります。

(1)　リスク1：損害賠償請求

役員を解任する場合には，従業員を解雇する場合と異なり，解任について特に合理的な理由がなかったとしても株主総会で解任決議をすれば解任は可能です（会社法339条1項）。ただし，解任について「正当な理由」がなかった場合には，解任された役員は，会社に対して解任によって生じた損害の賠償を請求できます（会社法339条2項）。ここでいう「正当な理由」にどのような理由が含まれるかは一義的に明確ではありません。一般的に，法令違反があった場合や，心身の故障などにより客観的に職務執行ができなくなった場合が「正当な理由」に該当することについては争いがありませんが，このケースのように「性格が合わなかった」というだけでは，「正当な理由」が認められる可能性は低いでしょう。また「期待していた能力がなかった」という場合も，客観的に取締役として期待される能力を著しく欠いているような場合には「正当な理由」が認められる余地がないわけではありませんが，それを証明するのは困難であるケースが多いと考えられます。

損害賠償の対象は，「解任によって生じた損害」であり，残りの任期分の報酬が1つの基準になると考えられます。任期が長いと「残りの任期」も長期間となり，損害賠償額が大きくなるため，この観点からも，取締役の任期は1年または2年としておいたほうが無難です。

(2) リスク2：株式

取締役は会社の株式を保有する株主である場合も多いです。この場合，取締役としての地位は解任できますが，解任しても会社の株主ではあり続けます。解任された場合には株式を譲渡するといった契約をあらかじめ締結している場合は，その契約に基づいて株式の譲渡を請求できますが，そのような契約がなかった場合には，解任後に株式を買い戻すことは困難であることも多く，注意が必要です。特に(1)で述べた「正当な理由」がないケースでは，相手との関係上株式を買い戻すことは困難な場合が多く，その後の会社運営やIPO，M&Aのリスクとなる可能性があります。このように，解任の時点で株式を買い戻す交渉は難航する可能性が高いため，事前に創業株主間契約（QⅡ-2参照）を締結しておくことが重要となります。

(3) リスク3：登記簿上の記載

取締役が辞めた場合にはその旨を登記する必要がありますが，解任の場合には，登記簿に「A　平成〇年〇月〇日　解任」と記載されるため，会社がAさんを解任した事実が公になってしまいます。これにより会社の社会的な信用が大きく害される可能性があり，その後のIPOやM&Aの過程でも，この解任の経緯については詳しく調査されることになるでしょう。またAさんにとっても，次の就職等の障害となる可能性があり，望ましくはありません。

以上のとおり，解任には様々なリスクがありますので，解任はあくまで最終手段としたうえで，できるだけ合意に基づく辞任や，任期満了による退任としたほうがよいと考えます。

レベルアップ QⅢ-11　自己株式の取得

Aさんが自主的に辞めてくれることになったので，Aさんが持っている会社の株式を買い取ろうと思います。とはいえ，私には資金がないので，会社が買い取ることにしようと思うのですが，何か問題があるでしょうか。

A　会社が株式を買い取る場合は，「自己株式の取得」となるため，分配可能額の範囲でしか自己株式を買い取ることができないという財源規制がかかります（会社法461条1項3号）。ベンチャーでは，分配可能額があることは稀ですので，減資を行って分配可能額を作り出さない限り，自己株式の取得は難しい場合が多いです。

また，自己株式の取得の場合には，通常の株式譲渡とは異なる手続を経る必要があります。具体的には，特定の株主から取得する場合には，株主総会の決議によって特定の株主から自己株式を取得する旨を決議したうえで（会社法156条1項，160条1項），他の株主に対して，特定の株主に自己をも加えることを請求できる，すなわち，当該取得と同じタイミングで自己の保有する株式の買取りを求める権利がある旨を通知し（160条2項），その請求があった場合にはその請求を受け付けなければなりません（同条3項）。

解説

株主である取締役等が会社を辞めるので株式を買い取りたいが，その時点の時価で買い取ろうとすると数百万円となり，代表取締役の個人資産では買い取れない……といったケースはよくあります。そんなときに，会社で買い取ろうと考えるのは自然なことですが，会社が自社の株式を買い取る行為は「自己株式の取得」となり，ハードルが高い行為となります。

⑴ 分配可能額規制・減資手続

自己株式の取得は，自己株式を取得する日における会社の分配可能額の範囲でしか行うことができません（会社法461条１項３号）。

分配可能額の計算方法は会社法461条２項に規定があり，詳細は割愛しますが，剰余金の額（会社法446条）をベースに一定の法定項目の加減算を行った金額となります。

ベンチャーの場合，剰余金の額がそもそもマイナスであることが一般的ですので，そのままでは分配可能額がなく，自己株式の取得を行うことができません。そのため，どうしても自己株式を取得したければ，資本金や資本準備金を，その他資本剰余金に振り替える減資手続を行うことで，剰余金を確保し，分配可能額を作り出します。

この減資手続にあたっては，株主総会決議（特別決議。会社法447条１項，448条１項）を要するほか，会社の債権者を保護するため，原則として，減資について債権者が異議を述べることができる旨を官報で公告し，さらに知れたる債権者へ個別に催告を行う必要があります（会社法449条２項）。この債権者の異議申立期間は最低１カ月とされていることから（会社法449条２項但書），減資の一連の手続が完了するまでに，最低２カ月程度かかります。

⑵ 自己株式取得の手続（特定の株主からの取得）

特定の株主から自己株式を取得することは，その株主に対してのみ優先的に投下資本の回収機会を与えることになりますので，会社法は，自己株式の取得について，通常の株式譲渡とは異なる特別な手続を定めています。

具体的には，特定の株主から取得する場合には，株主総会の決議によって特定の株主から自己株式を取得する旨を決議したうえで（会社法156条１項，160条１項。なおこの決議は特別決議です），他の株主に対して，特定の株主に自己をも加えることを請求できる，すなわち，当該取得と同じタイミングで自己の保有する株式の買取りを求める権利がある旨を通知し（同条２項），その請求があった場合にはその請求を受け付けなければなりません（同条３項）。これを売主追加請求権といいます。売主追加請求権を行使された結果，株主が取得を希望する株式の数が取得総数を超えた場合には，会社は各株主が取得を希望する株式数に応じて按分して取得するため（会社法159条２項），当初特定の株主から取得を予定していた株式数を，当該特定の株主から取得できなくなってしまいます。そのため，どうしても特定の株主からのみ取得をしたい場合には，他の株主に売主追加請求権を放棄してもらう必要があります。

なお，売主追加請求権は定款で排除できます（会社法164条１項）が，定款変更をして新たに売主追加請求権を排除する旨を規定する場合には，株主全員の同意を得る必要があります（同条２項）。

⑶　税務（みなし配当課税）

自己株式を取得した場合，その対価として交付した金銭等の額と，自己株式に対応する資本金等の差額がみなし配当となり，譲渡人に対してみなし配当課税がなされる場合があります。このみなし配当課税を譲渡人が認識していないと後からトラブルにもなりかねませんので，自己株式を取得する際には税理士も交えて慎重に手続を進めたほうがよいでしょう。

⑷　貸付による株式の取得

会社から代表取締役などに貸付を行い，その資金を使って代表取締役が株式を取得できないか，と相談される場合もありますが，その貸付の返済見込みがない場合など，実質的に会社が自己株式を取得しているのと変わらないような場合には，⑴の分配可能額規制や，⑵の自己株式の取得手続の潜脱とみなされるおそれもあるので，こうした行為は避けることをお勧めします。

QⅢ-12 本店移転の手続

会社の本店を移転しようと思います。現在の本店は渋谷にあるのですが，移転先は同じ渋谷か，品川のどちらかになりそうです。何か手続に違いがあれば，教えてください。

A 同一の市区町村の中で本店を移転するだけであれば，定款の本店所在地について具体的な番地まで記載していない限り定款変更は不要であり，取締役の決定（取締役会設置会社の場合は取締役会決議）のみで本店移転ができます。これに対して異なる市区町村に移転する場合には，本店所在地について定款変更が必要となるため，株主総会を開催しなければなりません。

また，法務局の管轄が同じ区域での移転（管轄内移転）であれば，当該法務局に本店移転の登記を申請するだけで足りますが，管轄が異なる地域への移転（管轄外移転）の場合には，新旧両方の本店所在地を管轄する法務局に対して本店移転登記の申請を行う必要があります。

解説

ベンチャーの場合，設立時点では代表取締役の自宅を本店として登記しておき，その後オフィスを借りて本店を移転したり，人が増えてくるにしたがって大きなオフィスに移転するといったことが頻繁に起こるので，本店移転の手続について知っておいて損はありません。

起業家から「本店移転したいのですが……」と聞かれた場合に，弁護士が一番最初に尋ねるのは「どこからどこへ移転するか」です。なぜなら，移転先が⑴同一市区町村か，別の市区町村か，⑵法務局の管轄が同じか，別かによって，本店移転の手続が変わるからです。⑴と⑵は結論が同じになる場合が多いですが，例えば渋谷区から目黒区への移転の場合，⑴では別の区への移転となりますが，⑵法務局の管轄は同じ渋谷出張所です。

(1) 同一市区町村か，別の市区町村か

移転先が同一市区町村か，別の市区町村かにより，「定款変更が必要か（株主総会が必要か）」という点が変わってきます。

定款には本店所在地を記載する必要がありますが，定款に記載する所在地は「市区町村」まででよいため，多くの会社では「当会社は，本店を東京都○区に置く」とだけ規定しています。そのため，同一の市区町村の中で本店を移転するだけであれば，定款変更は不要であり，取締役の決定（取締役会設置会社の場合は取締役会決議）のみで本店移転ができます[1]。これに対して異なる市区町村に移転する場合には，「○区」の部分が変わるため，定款変更をしなければならず，そのために株主総会を開催しなければなりません。

なお，本店移転の登記を行う際には，本店移転を決議した取締役決定書または取締役会議事録を添付する必要がありますが，当該議事録には，「平成○年○月○日に移転する」というように，移転の日付が明確に記載されている必要がある点に注意してください。「平成○年○月○日までに移転する」や「平成○年○月を目安に移転する」などと決議した場合には，当該議事録の他に，現実の移転年月日を証する書面を提出する必要があります。

(2) 法務局の管轄が同じか，別か

法務局の管轄が同じ区域での移転（管轄内移転）であれば，当該法務局に本店移転の登記を申請するだけで足りますが，管轄が異なる地域への移転（管轄外移転）の場合は，新旧両方の本店所在地を管轄する法務局に対して本店移転登記の申請を行う必要があります。

管轄外移転の場合には，移転元の法務局に対して移転元・移転先両方についての本店移転登記の申請をし，移転元の法務局を経由して移転先の法務局の手続が行われます。添付書類が変わるわけではありませんが，申請書を移転元用

1　定款で番地まで本店所在地を定めた場合には，同一市区町村内での移転にも株主総会決議が必要となります。

と移転先用に用意しなければならない点，登録免許税が倍になる点（管轄内移転であれば３万円ですが，管轄外移転の場合は移転元・移転先それぞれについて３万円なので合計６万円），管轄内移転と比べて登記の完了に時間がかかる点が異なります。

第Ⅳ章 ビジネス上必要な文書の作成

QⅣ-1 利用規約の作成

ウェブサービス・アプリのリリースにあたり，利用規約を作ろうと思いますが，どのような規定を盛り込んだらよいですか。作成にあたって気をつけるべきことと，典型的な条項の内容を教えてください。また，利用規約の同意はどのように取得すればよいですか。表示しておくだけで大丈夫でしょうか。

A 利用規約の作成にあたっては，サービスにあった利用規約を作ることが重要です。そのために，利用規約の典型的な条項の意味を正確に理解し，当該サービスに必要となる規定を漏れなく盛り込むことが必要となります。

また，利用規約はサービス運営者とユーザーとの間の「契約」ですので，ユーザーに利用規約を適用するためには，ユーザーから適切に同意を取得しておく必要があります。

解説

ここ最近は利用規約の重要性が意識され始めたためか「サービスのローンチにあたってしっかりとした利用規約を作っておかなければならない」と考える起業家の数は格段に増えたように思います。とはいえ，利用規約の条項の意味を正確に理解している起業家はまだまだ少数であり，インターネットで拾ってきた他のサービスの利用規約を，意味をあまり理解しないまま利用しているケースも少なくありません。

以下では，利用規約の典型的な条項について解説します[1]。

(1) サービスにあった利用規約を作る

個別の条項の説明に入る前に，「サービスにあった利用規約を作る」ことについて，少しお話します。

そもそも利用規約を作る目的とは何でしょうか。利用規約を作る目的は，①裁判になったときサービス運営者が責任を負わないようにするため，②裁判に発展する前のクレームの段階で紛争を解決するため，の2点が大きいと考えます。③ユーザーがサービスを利用する際のルールをユーザーに示すことでサービス運営者が意図するようにサービスを使ってもらうため，という目的もありますが，この目的のためであれば，利用規約よりも「サービスの使い方」といったページをユーザーの見やすい場所に表示しておいたほうが効果的です。これらの目的を達成するためには，利用規約の内容がそのサービスに合致していることが必要不可欠です。

例えば，Facebook や Instagram のような SNS サービスの場合，サービス運営者としては，ユーザーによる有害な投稿があればその投稿を削除したり，そのユーザーのアカウントを停止したいと考えると思いますが，勝手にこうした措置を行うと，逆にユーザーから「何で削除したんだ！」などとクレームがなされたり，紛争に発展する可能性もあります。そのため，SNS サービスでは，有害な投稿を行う行為を禁止行為として利用規約に明記しておき，禁止行為に該当する投稿についてはサービス運営者が自由に削除できるといった規定を設けておくことが非常に重要となります。

また，フリーマーケットや EC（Electronic Commerce）のサービスでは，「誰と誰の間に，いつ，どのような契約が成立するのか」，「代金の支払はどのように行うか」，「商品に傷などの瑕疵があった場合はどうするのか」，「返品は

1　AZX 総合法律事務所のホームページには利用規約のひな型を無償で公開しているので，こちらも合わせてご覧ください（http://www.azx.co.jp/modules/docs/index.php?cat_id=41）。

なお，利用規約については，雨宮弁護士が共同で執筆した『良いウェブサービスを支える「利用規約」の作り方』（技術評論社，2013）にわかりやすくまとめているので，より詳しく知りたい方はこちらもご覧ください。

いつまで受け付けるか」など，SNSサービスとは異なる売買契約に関する規定を追加する必要があります。特に，サービス運営者があくまで売買のプラットフォームを提供しているだけのプラットフォーマーにすぎないのか，一度売主から商品を買い取って買主に販売しているのかという点は，利用規約上もユーザーにわかりやすく明記したうえで，それぞれの形態に沿った規定を設けることが必要となります。例えばプラットフォーマーの場合には，売買契約はあくまでユーザー間で締結されるものであり，その間でトラブルが生じたとしてもサービス運営者は一切責任を負わないという免責規定を設けることが必要となりますし，サービス運営者が売主となる場合には，法律上売主としての責任を負うことを前提としたうえで，その責任を限定する規定などを設けていくことになります。

⑵　各条項の解説

⑴で，サービスにあった利用規約を作ることが重要であると述べましたが，そのためにはサービスについて理解していることはもとより，利用規約の典型的な条項とその法的な意味を正確に理解しておくことが重要となります。条項の意味がわからないと，それが自分たちのサービスに必要な規定なのかがわかりませんし，どこをどのように変えたらよいのかもわかりません。具体的な記載例は前述したAZX総合法律事務所の無料ひな型をご参照いただくとして，本書では各条項の留意事項について解説します。

①　登録手続およびID等の管理の規定

サービスの利用のためには，何らかのユーザー登録を要求するのが一般的です。実名ではなく匿名で利用できるサービスや，登録拒否をする想定がほとんどないサービスであっても，何らかの違反行為等を行った場合に，登録取消しを行い違反者に対するサービス提供の停止を行えるようにしておくためには，その前提として，「登録」という形式をとっておくことが必要となります。

登録に関する規定には，登録にあたり提供するべき情報，本人自身が登録するべき旨，登録拒否事由等を定めることが多いです。また，登録事項に変更が生じた場合には，ユーザーが自ら変更事項をサービス運営者に通知する義務を課す規定もあわせて設けておくことが一般的です。

登録拒否事由の中でよく問題になるのが，未成年者の登録の問題です。日本の民法上は，20歳未満は未成年者とされ（民法4条），未成年者の法律行為については親等の法定代理人の同意がない場合には原則として取消し可能となります（民法5条）。法定代理人が目的を定めて許した財産の処分，営業を許可された未成年者がその営業に関して行った行為，未成年者が詐術を用いて成年者と信じさせて行った行為などは，取消し対象となりませんが，多くのユーザーを抱えるサービスでは，このような例外要件への該当性を逐一チェックすることは通常困難ですので，親等の法定代理人の同意がない場合には取消し可能となるという原則を前提に考えておく必要があります。その関係で，利用規約上は，未成年者で親等の法定代理人の同意がないことを登録拒否要件と定めておき，登録の際に年齢を入力させ，20歳未満の場合には，法定代理人の同意の有無も入力させることも考えられます[2]。しかし，本当に法定代理人の同意があるか否かを確認することは実務上は困難ですので，このような規定を設けていても，リスクは残らざるを得ません。

なお，登録に際して，IDやパスワードを付与する場合には，これらに関する規定も入れておくのが一般的です。具体的には，IDやパスワードを第三者に利用させることを禁止する規定，IDやパスワードの管理はユーザーの責任であり，第三者が利用したことについてサービス運営者は責任を負わない旨の規定，IDやパスワードが盗用された場合のユーザーの通知義務などを定めておくことが考えられます。

2　このステップをとっていることで，未成年者による申込みが「未成年者が詐術を用いて成年者と信じさせて行った行為」に該当する可能性が高まりますので，その意味ではこのステップは重要です。

②　利用料金の規定

有料サービスの場合，利用料金は，利用規約に基づく契約の根幹的な内容の１つなので，ユーザーが利用料金を明確に認識したうえで，それに同意を行っている必要があります。この関係で，利用料金を利用規約において明記しておくのが最も安全ではあるのですが，利用料金を柔軟に変更していきたいという意図から，利用料金を利用規約に明記せず，サービス運営者が別途定める料金とするなどの形で規定する場合もあります。こうした規定も有効であると考えられますが，もし利用料金について争われた場合には，ユーザーが「別途定める料金」に同意したことを立証する必要がありますので，課金が発生するたびに，料金の金額等を明確に表示して同意をさせるなどのステップを取り入れるなど，「別途定める料金」をユーザーが課金前に正しく認識したうえで同意していたと主張できるよう，表示方法等を工夫する必要があります。

なお，有料サービスの場合には，特定商取引法上の通信販売（特定商取引に関する法律２条２項）に該当することが多く，その場合には，一定の事項を広告に表示することを要求される場合があります（同法11条。QⅣ－３参照）。

③　禁止事項に関する規定

残念ながら，ユーザーの中には，サービス運営者が望まない方法でサービスを利用するユーザーが一定数います。そのようなユーザーに対応するために，利用規約の中に禁止事項を定めておき，これに違反した場合は，サービスの利用停止やユーザー登録の解除といったペナルティを課すことができるよう，規定を設けておくことが重要です。禁止事項だけ規定している利用規約を見ることがありますが，それだけでは適切な対応ができない場合があるので，ペナルティもセットで規定しておくことが重要です。

どのような禁止事項を盛り込むかを考えるにあたっては，当該サービスでどのようなトラブルが生じる可能性があるのかを考えてみる必要があります。他社サービスの利用規約をそのまま流用するのはよくありませんが，類似のサービスや類似の機能を持ったサービスがどのような禁止規定を設けているか見てみると，参考になります。

また，法令に配慮した禁止事項を設けることも重要です。例えば，もともと出会いを目的としたSNSを作ろうとしていたわけではないのに，ユーザーが「出会い系」に該当するような使い方をしたせいで，「インターネット異性紹介事業を利用して児童を誘引する行為の規制に関する法律」の規制対象となる可能性があるといった，法令に関するリスクがあるため，これを避けるために，異性交際に関する情報を送信する行為を禁止事項として規定して，そういったやり取りがなされていることを発見した場合には投稿を削除することができるようにしておくなどの対応をとることがあります。

禁止事項は，その記載が具体的であればあるほど，ユーザーに対して「あなたのこの行為は禁止事項の第○号に該当しているので投稿を削除しました」と言いやすくなり，ペナルティを受けたユーザーの納得度も高まり，紛争の早期解決に繋がります。とはいえ，サービスローンチの段階で，今後起こりうる全ての禁止事項を明記することは現実的には困難です。そのため，サービスローンチの段階で考えつく禁止事項を列挙したら，最後に「その他当社が不適切と判断する行為」などという条項（包括的な条項なので「バスケット条項」ということもあります）を入れておくと何かと便利です。この規定に基づいてペナルティを課した場合に，それが裁判上も有効と判断されるかは予測が難しいところではありますが，このような規定がない場合と比較すると，有効にペナルティを課すことができる可能性は高まると考えられます。バスケット条項はユーザーの納得度も低く，あまり使いすぎるのは好ましくありませんので，バスケット条項を使わざるを得ないような事態が発生した場合にはただちに利用規約を改正して，当該行為を禁止事項として個別に明記することもセットと考えたほうがよいでしょう。

④　登録取消手続の規定

登録取消の規定は，③で述べた禁止事項に対するペナルティとして重要な規定です。ペナルティ以外にも，サービス運営者が，サービス自体を廃止したい場合や，何らかの理由でユーザーの登録を取り消す必要性が生じる可能性もあるため，サービス廃止の規定やサービス運営者からの任意の登録取消しの規定を設けることも考えられます。

また，特に有料サービスの場合には，ユーザーがサービスから離脱したいときのためにユーザーからの登録取消しやサービス利用停止についての規定を設ける必要があります。

なお，ユーザーが登録を取り消した（または取り消された）場合や，サービスの利用を停止した（またはサービスが廃止された）を廃止した場合に，残っていたユーザーのポイントやアイテムの処理をどうするかという点が問題となる例もあることから，ポイントやアイテムの有効期間等も含めて，登録取消しやサービス廃止の際に問題が生じないように利用規約において何らかの手当てをしておく必要がないかについても検討する必要があります。

⑤　免責条項

サービス運営者の責任を免責したり，サービス運営者が一定の事項を保証するものではないという非保証を明記することも，利用規約の重要な役割の１つです。

例えばECプラットフォームサービスの場合，サービス運営者としてはあくまでプラットフォームを運営しているだけであり，そこに登録している個々のEC事業者の行為をサービス運営者が監督できるわけではありませんので，EC事業者の行為についてサービス運営者が責任を負わない旨の免責規定を設けておくことが考えられます。

上記のようなプラットフォーム型のサービスの場合，サービス運営者はあくまで場を提供しているにすぎず，取引等はユーザー間で直接行われますので，その間で何かトラブルが発生した場合にはユーザー間で解決するというのが原則となります。もっとも，特にCtoCのプラットフォームサービスの場合には，ユーザーとしてはあくまで「サービス運営者」が運営しているサービスという意識が強く，一般的な通販と同じように，何かあった場合にはサービス運営者が責任を持ってくれると考えているケースが多く見られます。ユーザー間でトラブルがあった場合にサービス運営者がどこまで保証するかはサービス運営者のビジネス判断事項ですが，保証できない事項についてはしっかりと利用規約に明記して，免責を受けられるようにしておきましょう。

また，サービスの中断・停止や，機器や設備の不具合に基づいて，ユーザーに生じた損害について，責任を負わない旨を定めておくことも重要です。特に，第三者のシステムを利用してサービス提供を行う場合には，当該第三者のシステムに関して生じた損害については責任を負わない旨を定めておくことが考えられます（他社のサービスのIDを利用したログイン機能を提供している場合に，当該他のサービスがダウンしているためにサービスにログインできなかった，というような場合もこれに該当します）。なお，この点との関係で，定期点検や緊急事態のためにサービスの中断・停止を行うことができる旨の規定も別途定めておいたほうがよいと考えられます。

サービスが他企業のビジネス上利用されるような場合には，他企業が自己の事業において当該サービスを利用することが法令や業界団体の規則等に抵触する可能性も否定できません。例えば，広告規制のある業種については，SNSサービスで広告とみなされる行為を行うことは法令違反の問題を生じさせる可能性があり，また，健康食品等の販売業者がSNS内で効能効果に関する情報発信をすることは薬機法に抵触する疑いがあります。特にこうした利用が想定される場合にはサービス運営者がこれらについて責任を負わないよう免責事項を定めておくようにしましょう。

⑥　知的財産権に関する事項

知的財産権に関する規定には，(i)自社サービスの知的財産権に関する規定と，(ii)ユーザーが投稿した文章・画像等に関する知的財産権に関する規定があります。

(i)では，サービス提供に関するソフトウェア等の知的財産権等がサービス運営者またはサービス運営者にライセンスを許諾している者に帰属する旨を確認的に規定したうえで，リバースエンジニアリング等の侵害行為を明確に禁止する旨を規定することが考えられます。

(ii)を規定するにあたっては，「ユーザーが投稿した文章・画像等の著作権をユーザーに帰属させるか，それともサービス運営者のものとするか」，「仮にユーザーに著作権を帰属させる場合，サービス運営者はどの範囲でユーザーが投稿した文章・画像等を利用できるような規定とするか」を考える必要があります。近年，利用規約がいわゆる「炎上」した事案が話題となることがありますが，炎上事案の多くはこの権利帰属に関する条項が原因で炎上しているので，この条項をどのように定めるかは特に注意する必要があります。

例えば，ユーザーが文章・画像等を投稿した時点で，それに関する全ての権利をサービス運営者に無償で譲渡すると規定されていたあるサービスでは「このサービスを利用すると自分の投稿した内容がサービス運営者のものになってしまう」という話が広がり，炎上してしまいました。炎上したサービス運営者も，おそらくユーザーの投稿を利用して勝手に自社製品を開発しようとは思っておらず，サービスの宣伝等に使用したかった程度ではないかと思いますが，利用規約の文言上は「無償で全て譲渡」となっているため炎上してしまったのでしょう。このように，最近はユーザーの権利意識も高くなっていますから，ユーザーが投稿した文章・画像等の権利を無償でサービス運営者に譲渡するという規定は反感を買う可能性が高く，原則として避けたほうが良いです。

著作権をユーザーに帰属させた場合でも，サービス運営者が一定の範囲で当該著作物を利用することができる，という規定を設けることは可能ですし，そのような規定をしているサービスもたくさんあります。この「一定の範囲」は「無制限」から「本サービスの宣伝および広告に必要な範囲で」といった限定を設けている場合までさまざまですが，サービス運営者が利用できる範囲がより限定的であるほうがユーザーにとっては安心ですし，炎上する危険性も低くなります。もっとも，あまり限定してしまうと，将来のビジネスの展開を阻害してしまう可能性もありますので，注意が必要です。また，炎上を防止するためには，「ユーザーが公開範囲を限定した投稿については，ユーザーの同意なく当社が第三者に開示することはありません。」などのように，ユーザーに配慮した規定を設けることも効果的です。

⑦ 契約上の地位の移転に関する規定

利用規約では，契約書の一般条項と同様に，利用規約に基づく契約上の地位および権利義務の譲渡には他方当事者の同意を要する旨を規定しているものが多いですし，このような規定がない場合であっても，日本法では，契約上の地位の移転には原則として相手方の同意が必要となります。しかし，M&A 等でサービスの運営主体を第三者に移転させる必要が生じる可能性があるところ，そのような場合にユーザーから個別に同意を取得しなければならないのは煩雑です。M&A の手法として，合併や会社分割等の包括承継を選択する場合には，契約の相手方の同意を得なくとも契約上の地位が移転しますが，事業譲渡を選択した場合には，契約の相手方の同意を得ない限り契約上の地位が移転しないのが原則です。そのため，サービス運営者が将来，事業譲渡を行う場合に備えて，サービス運営者は契約上の地位を事業の譲受人に移転させることができる旨，および，ユーザーが事業譲渡に伴って契約上の地位を移転させることについて，あらかじめ同意する旨を利用規約に規定しておくことが考えられます。

⑧ 消費者契約法について

ユーザーが消費者である場合には，消費者契約法により，消費者に不利な条項は無効とされる場合があります。例えば，「会社は一切の責任を負いません」といった包括的な免責条項は，消費者契約法８条により無効となるリスクがあります。利用規約に記載すること自体が違法というわけではありませんが，全面的に無効となると多額の損害賠償義務を負う可能性があるため，仮に消費者契約法が適用される場合でも賠償の範囲を制限する旨の規定や，賠償額の上限を定める旨の規定を定めておくことが重要です。賠償額の上限を定める旨の規定は基本的には消費者契約法でも無効とはされていませんが，事業者側の故意または重過失による責任については，一部であっても免除および制限は無効とされていますので，この点はご注意ください[3]。

(3)　同意を適切に取得する

①　同意を取得する

サービス運営者がユーザーに対して「利用規約に従ってください」と言えるのは，ユーザーがその利用規約に「同意した」からです。法的に言えば，サービス運営者とユーザーの合意によってユーザーとサービス運営者との間に利用規約の内容に従った利用契約が締結されることになり，その契約があるからこそユーザーは利用規約の内容に拘束されることになります。したがって，原則としてユーザーの同意を取得していない利用規約（単にウェブサイト上に掲載しているだけの利用規約）に基づいてユーザーに対して権利等を主張することはできません。「本サービスを利用したことによって本規約に同意したものとみなします」という規定が設けられていることもありますが，この規定の有効性も同様に疑義があります。当該規約の掲載場所やサービスの内容によっては，ユーザーが利用したことをもって本規約に同意するという黙示の同意があったと判断されるケースもあり得ると考えられますが，同意を否定されるリスクがあることには変わりありませんので，同意をきちんと取るようなフローとしておきましょう。

同意の取得の方法は，利用規約を表示させたうえで，「上記の利用規約に同意します」というチェックボックスを設けるか，「上記の利用規約に同意して本サービスに申し込みます」という同意ボタンを設けることが望ましいです。Appleなどは，これに加えて，利用規約全文を読まないと（一番下までスクロールさせないと）同意ボタンが押せない，という仕組みとしており，より同意があったことを強く推認させる作りになっています。

3　他にも，「同種の消費者契約の解除に伴い当該事業者に生ずべき平均的な損害の額を超える」損害賠償の額を予定した条項又は違約金を定める条項（消費者契約法９条）や，消費者の利益を一方的に害する規定（消費者契約法10条）は無効となる可能性があるため，注意が必要です。

また，利用規約はできれば同意取得ページに全文表示させたほうが望ましいですが，利用規約のページにリンクを貼る形で対応するケースもあります[4]。ただし，この場合はリンクがわかりやすく明示されていること，リンクをクリックするとコーポレートサイトのトップに飛ぶのではなく直接利用規約のページに飛ぶ仕様となっていること，およびリンク切れが生じていないことに注意してください。

【図表】 同意の取得

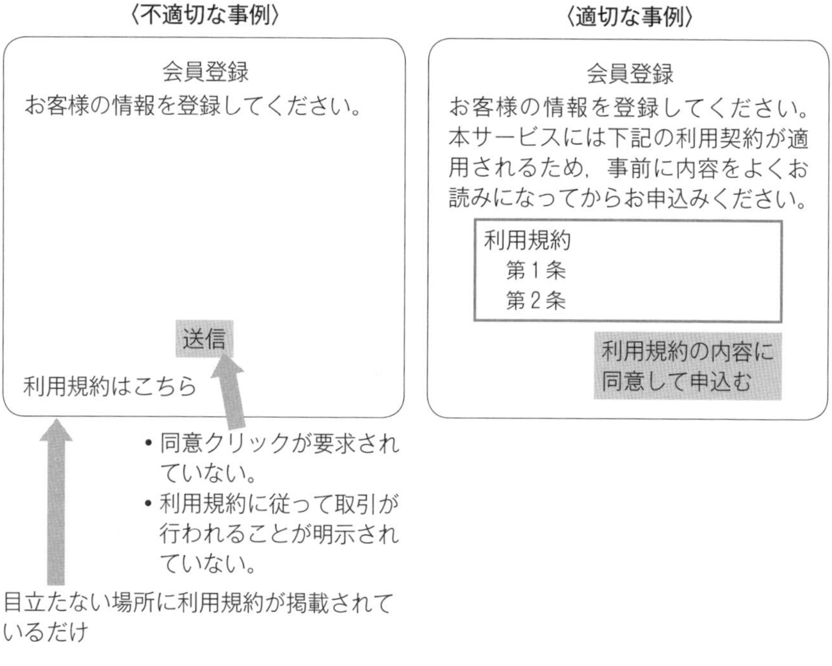

〈不適切な事例〉

会員登録
お客様の情報を登録してください。

送信

利用規約はこちら

- 同意クリックが要求されていない。
- 利用規約に従って取引が行われることが明示されていない。

目立たない場所に利用規約が掲載されているだけ

〈適切な事例〉

会員登録
お客様の情報を登録してください。
本サービスには下記の利用契約が適用されるため，事前に内容をよくお読みになってからお申込みください。

利用規約
第１条
第２条

利用規約の内容に
同意して申込む

② ログデータを残す

ユーザーが利用規約に同意をしたというログデータを残しておくことも重要です。サービス運営者がユーザーに対して利用規約に基づいて損害賠償等を請

4 「電子商取引及び情報財取引等に関する準則」i22以下

求する場合，サービス運営者としては，そのユーザーが利用規約に同意したということを立証する必要があります。通常の契約書であれば契約書に契約締結日が書いてあり，相手方のサインや押印もなされていますのでこの点の立証は容易であることも多いですが，利用規約の場合は，同意取得のフロー（ウェブサイトのキャプチャーなど）と，当該ユーザーの「同意ボタン」を押したログを示すことによってユーザーが確かに利用規約に同意したということを立証することになります。なお，ユーザーが同意した利用規約がいつの時点のものかという利用規約のバージョン管理もきちんと行っていると，紛争になったときに当該ユーザーがどの利用規約に同意したのかが明確になり，余計な混乱が生じなくて済みます。

③　利用規約を変更する

上記のとおり，利用規約はサービス運営者とユーザーとの間の「契約」であり，契約は，相手方の同意なしに変更できないのが民法上の原則であるため，サービス運営者が利用規約を変更した場合でも，変更前の利用規約に同意しているユーザーとの間で，自動的に変更後の利用規約に従った契約が成立するわけではありません。

一部の利用規約では，(i)「当社は自由に本規約を変更することができ，変更した場合には変更後の規約が適用されるものとします」といった規定が定められているケースもありますが，その有効性には疑問があります。ユーザーにとって有利な変更であれば，この規定に基づいて勝手に利用規約を変更してもクレームが生じる可能性は低いと考えられますが，ユーザーに不利な変更を行う場合には，登録時の契約成立と同様，変更内容についてはユーザーの認識と同意が必要であると考えたほうが安全です。しかし，実務上，利用規約の変更を行うにあたって個別にユーザーから同意を取得するのは煩雑であり，また，ユーザー数が多い場合には個別に同意を取得するのが現実的ではない場合がほとんどです。

そのため，(i)の規定よりも有効性が高いと考えられる規定として，(ii)「当社が本規約を変更した場合にはその旨をユーザーに通知します。ユーザーが当該通知を受領後，本サービスを利用した場合には，本規約の変更に同意したものとみなします」といった規定を定めることが考えられます。ただし，このようなみなし規定を定めている場合でも，変更後の利用規約を認識していないユーザーにはみなし規定の適用を主張することは難しいと考えられるので，特に重要な変更をする場合は，変更後最初にユーザーがログインした際にポップアップで利用規約を表示するなど，確実にユーザーが変更後の利用規約を認識したといえる状況にしておくことが望ましいです。

(4) 利用規約か契約書か

特にB向け（法人向け）のサービスの場合，利用規約（約款）形式と契約書形式のどちらがよいでしょうか，という質問を受けることがあります。

結論からいうと，利用規約形式でも契約書形式でも，どちらも法的な効力という意味では変わりはありませんので，どちらで締結しても構いません。ただし，下記のようなメリット・デメリットがあるので，その特性をよく理解していずれの形式とするのかを選択してください。

契約書	利用規約
ユーザーに対して直接営業に行き，紙ベースで申込をしてもらう場合に向いている。	Webで申込を受け付ける場合に向いている（直接訪問する場合には，申込書＋利用規約（約款）とする方法も可能）。
○代表印で押印されていれば，同意の有効性を争われる可能性が低い。 →高額な取引にも対応可能	×従業員が勝手に「同意」ボタンを押す可能性もあるため，決裁権限のない者が勝手に同意したと主張される可能性がある。 →高額な取引には不向き
×条項の修正を求められる可能性が高い。	○条項の修正を求められる可能性が事実上低い（修正を求められても，比較的断りやすい）。
○どのような企業でも抵抗感はない	×大企業だと，Webで申し込むということに抵抗感が強い場合が多い。また，サービス運営者側の押印が残らないため，別途「受注書」のような書類を要求されるケースもある。

QⅣ-2　プライバシーポリシーの作成

プライバシーポリシーを作成する際には，どのような点に気を付けるべきですか。

A　プライバシーポリシーは，個人情報保護法の内容を踏まえたうえで利用目的や第三者提供等に関する事項も含め，適切な内容とすることが重要です。

解説

(1)　個人情報保護法とプライバシーポリシー

個人情報保護法において，「プライバシーポリシーを定めなければならない」という明文規定はありません。しかし，個人情報保護法においては以下のように「利用目的」，「第三者提供」，「保有個人データに関する事項」等に関する規制があり，これらの事項について，一定事項の公表が義務づけられたり，あらかじめ公表することが有益な場合があるため，これらの事項をプライバシーポリシーとしてまとめて公開しておくのが一般的です。

また，現在ではホームページを保持している会社の大半はホームページ上でプライバシーポリシーを掲載しており，プライバシーポリシーを掲載していないと外部から「個人情報保護に関する意識が低い会社だな」と見られかねないため，この意味でもプライバシーポリシーの作成は必要と言えます。

なお，平成27年９月３日に改正個人情報保護法が成立しましたが，執筆時点では完全施行に至っていないため，本書では現行の個人情報保護法に基づく規制について記載するにとどめ，改正個人情報保護法は対象外としています。もっとも，改正個人情報保護法が施行された後は，改正法の内容に則った対応を取る必要があります。

(2)　利用目的について

個人情報取扱事業者は，個人情報を取り扱うにあたっては，その利用目的をできる限り特定しなければならず，あらかじめ本人の同意を得ないで当該利用目的の達成に必要な範囲を超えて個人情報を取り扱ってはなりません。また，その後の利用目的の変更も自由に認められるわけではなく，利用目的を変更する場合には，変更前の利用目的と相当の関連性を有すると合理的に認められる範囲を超えて行ってはならず，また変更後の利用目的については本人に通知し，または公表しなければなりません。

したがって，プライバシーポリシーに利用目的を定めるにあたっては，現在の利用目的はもちろん将来の変更可能性も考慮する必要があり，かつ，できる限り特定しなければなりません。例えば，「事業活動に用いるため」，「提供するサービスの向上のため」などという目的は具体的に利用目的を特定していないと判断される可能性があるため，「○○事業における商品の発送，関連するアフターサービス，新商品・サービスに関する情報のお知らせ」等具体的に利用目的を特定しておくことが望ましいと言えます。

なお，利用目的は上記のとおりできる限り特定しなければならないのですが，「その他，上記利用目的に付随する目的のため」との規定も念のため定めておくことが通常です。ただし，このようなバスケット規定の有効性には疑義がありますので，できる限り具体的に列挙しておくことが重要です。

(3) 第三者提供

個人情報取扱事業者は，原則としてあらかじめ本人の同意を得ないで個人データを第三者に提供してはなりません。そのため，第三者に提供することを予定している場合には，プライバシーポリシーにおいて明示するのみでは足りず，あらかじめ本人の同意を得なければならないのが原則です。しかし，以下の場合には，プライバシーポリシーにおいて一定事項を明示しておくことにより，本人の同意なく第三者への提供が例外的に認められます。

① オプトアウト

プライバシーポリシーにおいて，本人の求めに応じて当該本人が識別される個人データの第三者への提供を停止することを定めているような場合において，一定の事項をあらかじめ本人に通知し，または本人が容易に知り得る状況に置いているときには，本人の同意がなくとも当該個人データを第三者に提供することができます。この場合，プライバシーポリシーにおいては，(i)第三者への提供を利用目的として記載しておくこと，(ii)第三者に提供される個人データの項目，(iii)第三者への提供の手段または方法，(iv)本人の求めに応じて当該本人が識別される個人データの第三者への提供を停止することを規定する必要があります[1]。

②　共同利用

個人データを特定の者と共同して利用する場合において，一定の事項をあらかじめ本人に通知し，または本人が容易に知り得る状態に置いているときには，当該共同利用者への提供は，個人情報保護法上の「第三者への提供」にあたりません。

この共同利用をしようとする場合は，プライバシーポリシーにおいて，(i)共同利用をする旨，(ii)共同して利用される個人データの項目，(iii)共同して利用する者の範囲，(iv)利用する者の利用目的および当該個人データの管理について責任を有する者の氏名または名称について規定したうえで，本人が容易に知り得る状況においておく必要があります。

なお，(iv)は共同利用者の中で第一次的に苦情の受付，処理，開示，訂正等を行う権限を有する事業者をいい，共同利用者の内部の担当者をいうのではありません（つまり，一般的には社名を記載することになります）。この共同利用を行うことがある場合としては，グループ企業で総合的なサービスを提供するために利用目的の範囲内で情報を共同利用する場合や，フランチャイズの本部

1　ただし，かかるオプトアウトの制度を利用する場合，プライバシーマークを取得することができないため，プライバシーマークの取得が必要となるビジネスにおいては，オプトアウト制度の利用には慎重になるべきです。

とフランチャイジーの間で顧客情報を共同利用する場合などが考えられます。

③ その他「第三者提供」に該当しない場合

個人情報保護法においては，個人情報取扱事業者が利用目的の達成に必要な範囲内において個人データの取扱いの全部または一部を第三者に委託する場合（例えば，百貨店が注文を受けた商品の配送のために宅配業者に個人データを渡す場合）や法令に基づく場合などには，本人の同意がなくとも第三者への提供が認められています。

これらの事項については，あらかじめ公表等をしておくことは個人情報保護法上要求されていないので，記載する場合は，記載方法に留意する必要があります。

すなわち，プライバシーポリシーの閲覧者を安心させるために「第三者提供は以下の場合にのみ行います。」などと記載されているケースが見受けられますが，この場合に個人情報保護法上第三者提供できる場合が全て網羅されていないと，会社側が法律上認められる提供の範囲を自主的に制限していると解釈されるおそれがあるので，そのような記載とする場合には必ず最後に「その他個人情報保護法上第三者提供が認められている場合」などの文言を定めておいたほうがよいでしょう。

(4) 保有個人データに関する事項

保有個人データとは，個人情報取扱事業者が開示，内容の訂正，追加または削除，利用の停止，消去および第三者への提供の停止を行うことのできる権限を有する個人データを意味し，この保有個人データについては，一定の事項を本人の知り得る状態（本人の求めに応じて遅滞なく回答する場合を含む）におかなければなりません。

そこで，プライバシーポリシーにおいては，(i)当該個人情報取扱事業者の氏名または名称，(ii)全ての保有個人データの利用目的，(iii)個人情報保護法上の開示等の求めに応じる手続，(iv)個人情報取扱事業者が行う保有個人データの取扱いに関する苦情の申出先等について定め，本人の知り得る状態においておく必要があります。(iii)に関しては，開示等の求めを受け付ける方法として一定の事項を定めることができるため，プライバシーポリシーにおいて(ア)開示等の求めの申出先，(イ)開示等の求めに際して提出すべき書面の様式，その他開示等の求めの受付方法，(ウ)開示等の求めをする者が本人またはその代理人であることの確認の方法，(エ)保有個人データの利用目的の通知，または開示をする際に徴収する手数料の徴収方法を定めておき，本人確認を十分行うことができるようにしておくことが考えられます。

(5) プライバシーポリシーの設置場所

プライバシーポリシーは，個人情報保護法18条1項による個人情報の利用目的の「公表」や，同法24条1項に基づき保有個人データの利用目的を「本人の知り得る状況」におく必要がある関係上，例えば会社のウェブ画面中のトップページから1回程度の操作で到達できる場所へ掲載しておくべきと考えられます。一般的には，ホームページのフッターにプライバシーポリシーへのリンクを設置しておくケースが多いです。

また，本人の「同意」を要する場合は，プライバシーポリシーに第三者に提供する旨を記載しているだけでは不十分であり，プライバシーポリシーとは別に明確な同意のプロセスをとるなどの対応が必要となる点に留意する必要があります。

(6) スマホアプリのプライバシーポリシーについて

一般的には，一企業においては，全ての個人情報の取扱いについて共通で定めた1つのプライバシーポリシーを策定していることも多いのですが，スマートフォン用のアプリケーション（スマホアプリ）については，共通のプライバシーポリシーとは別個作成しているケースも多く見受けられます。これは，経済産業省が公表した，「スマートフォンプライバシーイニシアティブ」(http://www.soumu.go.jp/menu_news/s-news/01kiban08_02000087.html）において，個別のアプリケーションごとにプライバシーポリシーを作成することが推奨されているためです。

したがって，スマホアプリのビジネスを行う場合には，このような対応をとることも検討したほうがよいでしょう。

QⅣ－3 特定商取引法に基づく表示

特定商取引法に基づく表示を作成する際には，いかなる点に気をつけるべきですか。

A 特定商取引法に基づく表示の作成においては，特定商取引法上記載が求められている事項を網羅的に記載することが必要となります。

解説

新聞，雑誌，インターネット等で広告し，郵便，電話等の通信手段により申込みを受ける取引は，特定商取引法上の「通信販売」として規制を受けます。

当該規制の１つとして，通信販売の広告を行う際には以下で述べる事項を表示しなければなりません（同法11条，同法施行規則８条・９条。以下「特定商取引法に基づく表示」）。

(1) 表示が必要な事項

特定商取引法上，表示が必要とされる事項は以下のとおりです。

①販売価格，役務の対価，送料

②代金（対価）の支払の時期・方法

③商品の引渡時期もしくは権利の移転時期または役務の提供時期

④商品もしくは指定権利の売買契約の申込みの撤回または売買契約の解除に関する事項（返品の特約がある場合はその旨）

⑤事業者の氏名（名称），住所，電話番号

⑥事業者が法人であって，電子情報処理組織を利用する方法により広告をする場合には，当該販売業者等代表者または通信販売に関する業務の責任者の氏名
⑦申込みの有効期限があるときには，その期限
⑧販売価格，送料等以外に購入者等が負担すべき金銭があるときには，その内容およびその額
⑨商品に隠れた瑕疵がある場合に，販売業者の責任についての定めがあるときは，その内容
⑩ソフトウェアに関する取引である場合には，そのソフトウェアの動作環境
⑪前記⑧から⑩まで以外に商品の販売数量の制限等，特別な販売条件（役務提供条件）があるときには，その内容
⑫広告の表示事項の一部を表示しない場合であって，請求によりカタログ等を別途送付する場合，それが有料であるときには，その金額
⑬電子メールによる商業広告を送る場合には，事業者の電子メールアドレス

①販売価格，役務の対価は，商品・サービスにより異なるので，実際は，「商品等の購入ページに表示」のように記載することになります。

④返品特約は，表示がなければ，商品の引渡しを受けた日から起算して８日を経過するまでの間，契約の申込みの撤回またはその売買契約の解除を行うことができるとされています（同法15条の２）。したがって，返品を受け付けないのであれば，返品特約の表示を正確に行う必要があります。

⑵　表示が省略できる場合

原則として上記⑴のとおり表示が必要とされますが，①消費者からの請求によって，これらの事項を記載した書面（インターネット通信販売においては電子メールも可）を遅滞なく提供することを表示し，かつ，②実際に請求があった場合に遅滞なく提供できるような措置を講じている場合には，上記②，③，⑤，⑥，⑨の事項を省略できることになっています（特定商取引法11条但書，同

法施行規則10条)。

ベンチャーにおいては，マンパワーが足りないことから，電話での問い合わせが簡単に行われると困るとして，⑤の電話番号の記載を省略しているケースが多く見受けられます。ただし，電話番号の記載を省略した場合でも，上記のとおり請求があった場合には電話番号を遅滞なく提供しなければならない点に留意する必要があります。

表示が省略できる場合については，販売価格・送料その他消費者の負担する金額を全部表示するか否かで省略できる内容が異なっています。この点については，経済産業省の「消費生活安全ガイド」の通信販売についてのページ(http://www.no-trouble.go.jp/search/what/P0204003.html) で解説されているので，ご参照ください。

(3) 表示の方法

法律上は，1つのページにまとめて表示されることが求められているわけではありません。もっとも，消費者にとっては1つのページを閲覧すれば全て情報を得られるというほうが便利なので，1つのページに記載されることが望ましいといえます。現に，多くの事業者が特定商取引法に基づく表示のページを設けているのも，このような理由によるものと思われます。なお，ホームページ上のフッターに特定商取引法に基づく表示のリンクを掲載しておくのが一般的です。

(4) プラットフォームビジネスの場合

プラットフォームビジネスの場合，プラットフォームを提供する自分自身に特定商取引法に基づく表示が必要かという点だけでなく，プラットフォームの利用者も特定商取引法に基づく表示をする必要があるかという点に気をつける必要があります。

例えば，いわゆるインターネット上のショッピングモールサイトにおいては，消費者に対して直接商品を販売しているのはショッピングモールに出店している各店舗の運営者であるため，個々の運営者ごとに特定商取引法に基づく表示を行わなければなりません。

この場合，法律上直接表示を行う義務を負うのは各店舗の運営者ですが，自らがショッピングモールを運営しているような場合において，各店舗が法律を遵守していないという事態は避けるべきであると言えます。

したがって，このような場合には，例えば特定商取引法の表示のひな型を提供するなど，プラットフォームの利用者が特定商取引法の表示を適切に行えるようにするための施策を取るべきと言えるでしょう。

(5)　適用除外

通信販売であっても，一定の場合には特定商取引法の規制の適用対象外とされています（特定商取引法26条）。この適用対象外となる場合の代表例は特定商取引法26条1項1号で，簡単にいうと，事業者相手のビジネスにおいて，事業者が営業のため，または営業として契約するものについては特定商取引法の適用はありません。

したがって，事業者のみを相手としてビジネスを行う場合には，特定商取引法に基づく表示には不要ということとなります。

QⅣ－4　契約書の必要性と種類

創業して以来，会社のさまざまな取引で契約書の締結を求められますが，交渉にも時間がかかり，いちいち契約書を作成するのがとても面倒です。なぜ，契約書を作成する必要があるのでしょうか。

A　契約書は主に，①当事者間の合意の内容を明確にし，②合意の内容を証拠として残すために必要になります。また，法令や契約により，契約書等の書面を作成することが求められる場合もあります。

解説

(1) 契約書はなぜ必要か

契約といえば，必ず契約「書」といった書面により成立するものと考えがちですが，実は契約は，(2)で説明する例外を除き，書面を作成せずとも当事者間の意思の合致さえあれば成立します。例えば，コンビニで商品を買うことも売買契約の一種ではありますが，いちいち契約書を作成したりしません。

では，なぜ契約書は必要となるのでしょうか。契約書を作成する目的は，主に，①当事者の合意の内容を明確にして，②合意の内容を証拠として残す，ということにあります。

① 合意の内容を明確にする

例えば，コンビニで商品を購入する際には，購入する商品とその価格が明確になっていれば，大きな問題は起きないため，契約書まで作成して合意の内容を明確にする必要性は高くありません。

一方，他社との間で秘密保持契約（NDA）を締結するといった場合には，そもそも何を「秘密情報」とするのか，例外的に開示が許される場合はあるのか，秘密保持義務は何年間存続するのか，秘密情報を漏洩した場合にはどのような責任を負うのかといったさまざまな点を明確にしておく必要があります。

② 合意の内容を証拠として残す

コンビニで商品を購入する際には，金額がそれほど高額でないことや少なくともレシートという証拠は残ること，また即時に取引が完了することなどから，契約書まで作成して証拠として残しておく必要性は高くありません。

一方，取引について検討をするために他社に対して自社の重要な秘密を公開するといった場合，そのような秘密情報が漏洩されてしまうと取り返しのつかない大きな損害を受けてしまう可能性があります。そして，単に口頭で「お互いに秘密にしましょうね」といった話をしておくだけでは，実際に秘密情報の漏洩があった場合に言った言わないの争いになってしまう可能性もあります。

そのため，秘密保持契約書（NDA）を作成して，合意の内容を証拠として残しておく必要性があります。

このように，当事者の合意内容を明確にして，合意の内容を証拠として残すために契約書が必要になるといえます。

(2)　書面によることが法令や契約上求められる場合

前述したように，契約は書面を作成せずとも当事者間の意思の合致さえあれば成立するのが原則です。ただし，以下のような場合には，例外的に書面等によることが法令や契約上求められるため，契約書等を作成することが必要になります。

①　書面でないと効力が生じない場合

法律により書面で契約を締結しないと効力を生じないとされている場合があります。例えば，保証契約は書面（または電磁的記録）で行わなければ効力を生じません（民法446条2項・3項）。その他にも，例えば，労働協約は書面で作成され，署名または記名押印してはじめて効力を生じます（労働組合法14条）。

②　書面の作成，交付，保存等が義務づけられている場合

法律により一定の書面の作成，交付，保存等が義務づけられている場合があります。例えば，下請法においては，親事業者は発注にあたって下請事業者に対して発注内容等を記載した書面（下請業者の承認を受けた場合は電磁的記録も可）を交付する義務があるほか，取引に関する記録を書類として作成・保存することが義務づけられています（下請法3条・5条）。

③　当事者が書面によることを合意している場合

契約書に「本契約の内容は，当事者の書面による合意によってのみ変更することができる。」といった規定が置かれている場合があります。そのため，契約書の内容を変更するような場合には，もとの契約書をチェックして，その内

容に従って書面で行う必要があります。

(3) 契約書の種類

では，具体的にはどのような種類の契約書を締結することになるのでしょうか。

会社は実にさまざまな種類の契約書を締結することになるため，その全てを網羅的に列挙することは難しいですが，ベンチャーにおいては，一般的に以下のような種類の契約書を取り扱うことが多いです。その他にも，例えばウェサービスにおいて利用者に同意してもらう利用規約などもこれに基づく契約が成立することになります（QⅣ－1参照）。

① 日常の取引等において締結する契約書

秘密保持契約書（NDA），業務委託契約書，販売代理店契約書，ライセンス契約書，賃貸借契約書，共同開発契約書，OEM 契約書など。

② 従業員の雇用等に関する契約書

雇用契約書，秘密保持等に関する誓約書，労働者派遣契約書，新株予約権の割当契約書など。

③ 株主との間の契約書

投資契約書，株主間契約など。

④ 会社法関係，M&A 等に関する契約書

取締役・監査役との間の責任限定契約書，総数引受契約書，事業譲渡契約書，合併契約書，株式譲渡契約書など。

例えば，上記のうち「業務委託契約書」とはいっても，その具体的な内容としてはソフトウェア開発委託の場合もあれば，コンサルタント業務の委託の場

合もあり，それぞれ規定しておくべき内容は異なります。重要なのは「○○契約書」といった契約書の種類やタイトルではなく，その具体的な条文の内容です。契約書のひな型を利用する場合であっても必要に応じて修正を加えるなど，その取引の実態にあった契約書を締結することが重要です。

QⅣ-5　契約書の形式面

あまり契約書を作ったことがないため，どのような点に注意して作成すればよいかわかりません。契約書の具体的な内容の他にも，形式面として注意すべき点はありますか。

A　契約書の形式面としては，下記のような点に注意する必要があります。

解説

(1)　必ず書面である必要があるのか，FAX やＥメールではダメか

契約といえば，必ず契約「書」といった書面により成立するものと考えがちですが，実は日本法においては当事者に契約を締結する意思さえあれば，口頭であっても契約は成立します。もちろん，FAX やＥメールでやりとりをすることで契約を結ぶことも可能です。

ただし，一定の場合には書面によることが法令や契約上求められることに注意が必要です（QⅣ-3参照）。

なお，特にパソコンなどを利用した電子的な方法により契約を締結する場合には本当に本人が操作しているのかを確認することが難しく，他人によるなりすましのリスクが高いです。そこで，電子署名法等に基づく電子署名を利用することも考えられます。

(2)　タイトルに何か決まりはあるのか

「契約書」，「合意書」，「協定書」，「約定書」など，さまざまなタイトルがあ

Q１：必ず書面である必要があるのか？　FAX やＥメールではダメか？

印紙

Q２：タイトルに何か決まりはあるのか？

●契約書

Q３：印紙を貼らないとどうなるのか？

●株式会社（以下「甲」という。）と●株式会社（以下「乙」という。）とは，以下のとおり合意したので，●年●月●日付で本●契約書（以下「本契約」という。）を締結するものとする。

Q４：当事者は「甲」,「乙」と表記する必要があるのか？

第１条××
××××××××××××××××××××××××××××××××××××

第２条××
××××××××××××××××××××××××××××××××××××

Q５：一般条項としてはどのような内容を規定する必要があるのか？

第３条××
××××××××××××××××××××××××××××××××××××

Q６：原本は何通作成する必要があるのか？

本契約の成立の証として本書２通を作成し各当事者署名または記名押印のうえ各１通を保管する。

Q７：署名と記名はどう違うのか？

●年●月●日

Q８：必ず代表取締役がサインをする必要があるのか？

甲　：　●
●
代表取締役　●●●●　㊞

Q９：押印は実印である必要があるのか？認印でもよいのか？

乙　：　●
●
代表取締役　●●●●　㊞

りますが，どのようなタイトルをつけるかも特に制限はありません。最終的に契約の内容を決めるのは，タイトルではなく契約の本文です。そのため，あまりに内容とかけ離れたタイトルでなければ，どのようなタイトルにするかについてそれほど神経質になる必要はありません。

注意が必要なのは，「覚書」や「念書」といったタイトルにしたからといって，「契約書」とした場合よりも効力が劣るわけではないということです。本文の内容が実質的に契約であれば，契約書と同じ効力が認められます。そのため，事前に双方の意向を確認するために締結される基本条件を記載した書面などについて，法的拘束力を生じさせたくない場合には，その旨を明記しておく必要があるため注意が必要です。

⑶　印紙を貼らないとどうなるのか

契約書の書類によっては，収入印紙を貼付しなければならないものがあります（課税文書）。課税文書となるか否かについても，契約書のタイトルによって判断されるわけではありません。例えば，契約書のタイトルが「覚書」となっていたとしても，内容が借用証書（金銭消費貸借契約）であれば，収入印紙を貼付する必要があります。

どのような契約書が課税文書となるかについては，国税庁のホームページからダウンロードできる国税庁の「印紙税の手引」が詳しく解説しています[1]。

収入印紙を貼付していることは契約の成立要件ではないため，課税文書に収入印紙が貼付されていなかったとしても，その契約の効力自体が否定されるわけではありません。ただし，不備が発覚した時には，納付しなかった印紙税の額とその２倍に相当する金額との合計額に相当する過怠税が課されるため注意が必要です（印紙税法20条）。

1　https://www.nta.go.jp/shiraberu/ippanjoho/pamph/inshi/tebiki/01.htm

(4) 当事者は「甲」,「乙」と表記する必要があるのか

契約書では，当事者の一方を「甲」，他方を「乙」と表記する例が多く見られます。もっとも，この点についても特に決まりがあるわけではなく，本来は自由です。契約書をレビューしていると，明らかに「甲」と「乙」を取り違えて記載している条項を見かけることがあります。このようなミスを防ぐためには，「AZX 株式会社」であれば「AZX」と表記するか，「委任者」「ライセンサー」のように一見してどちらの立場なのかがわかるような形で表記する方法が効果的です。

なお，たまに自分の会社を「甲」と「乙」のどちらで表記したらよいかというご質問を受けることがあります。この点についても特に決まりはなく，自分の会社を「甲」と表記しているひな型等も多くみかけます。ただし，「乙」と表記されることを不快に思う相手方もいる可能性があるため，へりくだった立場にいる場合などには自分の会社を「乙」と表記しておくのが無難かもしれません。

(5) 一般条項としてはどのような内容を規定する必要があるか

どのような内容の契約書においても一般的に規定されることの多い条項としては，①準拠法および裁判管轄に関する規定，②譲渡禁止に関する規定，③存続条項，④完全合意，⑤誠実協議義務といった条項があります。

① 準拠法および裁判管轄

具体的には「本契約の準拠法は日本法とし，本契約に関連して生じた紛争については，東京地方裁判所を第一審の専属的合意管轄裁判所とする」といった規定です。

特に裁判管轄は重要であり，このような定めがない場合には原則として被告の所在地に訴えを提起することになります（民事訴訟法４条）。例えば，東京の会社が沖縄の会社に対して訴えを提起する場合には沖縄の裁判所に訴えを提起する必要があることとなり，時間的・費用的な負担がとても大きくなってしま

います。

②　譲渡禁止

具体的には「本契約の当事者は，相手方の書面による事前の同意なくして，本契約の契約上の地位または本契約に基づく権利もしくは義務につき，第三者に対する譲渡，担保設定，その他の処分をしてはならないものとする」といった規定です。

民法上は，債権は債務者の同意がなくとも自由に譲渡できるのが原則です（民法466条）。そのため，自分の知らない人に債権が譲渡されることなどを防ぐためには，上記のような譲渡禁止を定めておく必要があります。

③　存続条項

「第○条の規定は本契約終了後も有効に存続する。」といった形で，契約終了後も存続する規定の範囲も明確にするための条項です。秘密保持に関する規定などについては，契約終了後一定期間に限り存続することを定めることもあります。

④　完全合意

「本契約は，本契約に含まれる事項に関する本契約の当事者間の完全な合意を構成し，口頭または書面によるとを問わず，当事者間の本契約に定める事項に関する事前の合意，表明および了解に優先する。」といった形で，契約の内容はそれまでの話し合い等に優先することを明確化するための規定です。

⑤　誠実協議義務

「本契約に定めのない事項および解釈の疑義については，法令の規定ならびに慣習に従うほか，両当事者誠意をもって協議解決を図るものとする。」といった形で，契約上定めのないトラブルが発生したような場合に誠実に協議することを義務づける規定です。ただし，あくまで協議することを義務づけるにすぎないことから，紳士協定的な効果に留まります。

(6) 原本は何通作成する必要があるのか

通常，当事者全員の記名押印等のある契約書（以下，「原本」といいます）を当事者の人数分作成して，それぞれが1通を保管するとされていることが一般的です。しかし，原本を何通作成するかについても法律に決まりがあるわけではなく，当事者の人数が多い場合などには当事者の一部のみが原本を保管し，他の当事者はこれをコピーした「写し」を保管するといった取扱いにすることもあります。

課税文書であれば，契約書の原本を数通作成した場合にはそれぞれに印紙税がかかりますが，原本を複写機でコピーしただけものについては印紙税がかかりません。そのため，当事者の一部はこのような「写し」を保管するものとすることで，印紙税を節約することができます。

ただし，契約の成立が裁判で争われた場合には，「写し」は「原本」よりも証拠としての価値が低いと判断される可能性もあるため，自分が「写し」を持つことでよいかは慎重に検討する必要があります。また，原本をコピーした「写し」についても，「写し」に署名・押印がなされていたり，「正本や原本と相違ない」との契約当事者の証明がなされていたり，「写しであることを証明する」との記載がなされているような場合には，契約の成立を証明するものとして印紙税がかかるため注意が必要です。

(7) 署名と記名はどう違うのか

署名とは，自筆のサインのことです。記名とは，印字されているもの，すなわちワープロやゴム印で氏名を記したものです。

日本においては契約書に代表取締役等が署名をすることはあまりなく，「記名＋押印」ですませることが多いです。印鑑登録の制度があり，印鑑証明書記載の代表印が押印されていれば当該会社の代表取締役が押印していることが担保されるためです。ただし，署名のほうが記名に比べて本人が作成したという信憑性は高く，自筆のサインをすることで自覚を促す効果もあると考えられるため，相手方が個人の場合などには署名を求めることも考えられます。

⑻　必ず代表取締役がサインをする必要があるのか

会社が当事者となる場合には，会社を代表して契約を締結する権限を有する者が契約書にサインをすることが必要になります。会社の代表取締役には法律により会社を代表する権限が与えられているため，多くの場合は代表取締役にサインをしてもらうのが安全であるといえます。

もっとも，部長や課長といった会社の使用人も会社から権限を与えられていれば，契約を締結できます。ただし，このような権限が与えられているかは，通常外部の人間は知ることができません。そのため，普段あまり取引がない会社の部長や課長にサインをしてもらうような場合には，内部の権限規程を確認させてもらうなどしてその契約を締結する権限を有しているかを確認したほうが安全であると考えられます。

⑼　押印は実印である必要があるのか，認印でもよいのか

実印とは，印鑑登録されている印鑑のことです。認印とは，印鑑登録がされていない印鑑，いわゆる三文判のことです。契約書の押印は実印でなければならないといった決まりはなく，実印による押印であっても，認印による押印であっても，契約書の効力には影響を与えません。

もっとも，実印と違って認印はお店などで簡単に購入できてしまうため，権限のない者が他人になりすますなどして押印をするリスク，つまり偽造のリスクが高まる可能性はあります。そのため，重要な契約書では実印を用いることが多く，それが実印に間違いないという確証を得るために印鑑証明書の添付も求めるのが安全です。

QⅣ-6　契約書レビューのコツとテクニック

取引の相手方から契約書のひな型が送られて来たのですが，何をすればよいかわかりません。どのように対応するのがよいでしょうか？

A　相手方からドラフトを受領した場合，①ドラフトの内容に，自社にとってリスクとなる内容が含まれていないかを確認したうえで，②受け入れ難い内容が含まれている箇所を修正したうえで先方に返答することとなります。今回は，①について特にリスクが大きい規定を，②について修正のテクニックをお伝えしたいと思います。

解説

(1)　リスクが大きい条項について

契約書にはさまざまな内容が定められますが，下記の条項は特にベンチャーにとってリスクが大きいものですので，これらの条項が入っていないか慎重に確認しましょう。なお，以下の契約書の記載例において，「甲」は取引先を，「乙」は自社を意味します。

①　競業禁止規定

> 乙は，本契約が存続する間および本契約の終了後１年間は，甲の事前の書面による承諾を得ることなく，自らまたは第三者をして，本契約に基づく業務提携と競合する事業を行ってはならない。

競業禁止（競業避止という言葉もよく使われます）規定は，読んで字のごとく，競合する事業を行うことを禁止する規定です。大企業との業務提携などの場合，上記のような規定がドラフトに入れられることが珍しくありません。

競業禁止規定は，ビジネスを大きく制約するので，このような規定が定められているとIPO審査やM&Aのデューディリジェンス（以下，「DD」といいます）の際に問題視される場合があります。したがって，このような規定が定められている場合，まずは削除を交渉すべきです。しかしながら，相手方との力関係次第では，受け入れざるを得ないケースもあります。このような場合には，例えば，

> 乙は，本契約が存続する間および本契約の終了後1年間は，甲の事前の書面による承諾を得ることなく，自らまたは第三者をして，本契約に基づく業務提携と競合する事業**（○○を意味する。）**を行ってはならない。

と加筆して，行ってはいけない「競合する事業」の範囲を明確にすることで，影響を最小限に留めることが考えられます。例えば，上記○○に「インターネットオークションのプラットフォーム事業」などと記載することで，単なるECのモールサイトは競業の範囲に含まれないと明確にすることが考えられます。

②　任意解除規定

> 甲および乙は，相手方に対し，1カ月前までに書面で通知することにより，本契約を解除することができる。

例えば，自社が行っているメインのサービスが他の会社からライセンスを受けているソフトウェアを使用している場合，ライセンス契約に上記の規定が定められていた場合，自社のサービスは相手方の通知から1カ月後に終了しなければならないリスクに常に晒され続けます。

したがって，自社のビジネス上必要不可欠な内容に関する契約の場合には，上記の規定は削除を交渉するべきです。

条項を削除することで，契約を解除されないよう注意していても，そもそも契約の期間が短ければ期間満了で契約が終了してしまう可能性もありますので，

契約期間に問題がないかどうかもあわせて慎重に検討する必要があります。

少し上級編になりますが，特に海外の会社との契約においては，Change of Controlの条項（＝会社の支配者が変わった場合には，契約を解除されてしまう条項）が定められているケースも多いので，M&Aを考慮に入れているベンチャーでは，このような規定がないかについても確認しておきましょう。

⑵　今すぐ使える契約修正のテクニック

「この規定，自社に不利だから修正したい」と思っても，契約書に慣れていないと，どのように修正したらよいのかわからないという話をよく聞きます。そこで，初心者でも簡単にでき，それなりに効果のある契約書修正のテクニックをお伝えします。

①　賠償額に上限を定める

> 乙が，乙の故意または過失により，甲に損害を及ぼした場合には，乙はその損害を賠償する責任を負う。

故意または過失によって相手方に損害を与えた場合には，損害を賠償しなければならないという規定で，これ自体不合理なものではありません。しかし，実際問題として，資金に余裕のないベンチャーとしては，青天井で賠償義務を負うことは難しいので，下記のような形でリスクヘッジを試みるのが望ましいです。

> 甲および乙は，故意または過失により，相手方に損害を及ぼした場合には，その損害を賠償する責任を負う。**ただし，本契約についての乙の賠償責任は，損害賠償の事由が発生した時点から遡って過去●カ月間に本契約に基づき乙が甲から現実に受領した対価の総額を上限とする。**

留意すべき点としては，この修正を提案した場合，

> 甲および乙は，故意または過失により，相手方に損害を及ぼした場合には，その損害を賠償する責任を負う。ただし，本契約についての**甲および乙の賠償責任（本条に基づくものを含むがこれに限られない。）**は，損害賠償の事由が発生した時点から遡って過去●カ月間に本契約に基づき乙が甲から現実に受領した対価の総額を上限とする。

と，甲乙が平等となるような内容で再提案されるケースが多いです。したがって，あらかじめ修正案が双方にとって平等な内容になっても問題ないか検討したうえで提案するようにしましょう。例えば，業務委託契約では，受託者側が委託者側に対して賠償義務を負う可能性のほうが，委託者側が受託者側に対して賠償義務を負う可能性よりも高いので（委託者側は基本的にお金を払う以外の義務は負っていないため），あなたが受託者側であれば，平等な内容に修正される可能性があるとしても上限を定める旨の修正案を提案したほうがよいことになります。

②　義務を努力義務に変える，努力義務を義務に変える

> 乙は，乙のサービスのユーザーが甲の権利を侵害することを防止しなければならない。

契約書上は上記のように，こちらの義務を定める規定が多く出てきますが，相手方が作成したドラフトには，100％実現することが難しい規定が定められることも珍しくありません。このような場合には，

> 乙は，乙のサービスのユーザーが甲の権利を侵害することを防止**するよう努め**なければならない。

または，

> 乙は，乙のサービスのユーザーが甲の権利を侵害することを防止するための努力をしなければならない。

と修正する方法があります。「努める」または「努力」という言葉を使うことにより，結果的にこちらのサービスのユーザーが甲の権利を侵害してしまった場合でも，ただちに契約違反とはならないことになります。

反対に甲にやってもらわなければ困る事項に「努める」または「努力」という言葉が使われていた場合には，「しなければならない」，「するものとする」などの語尾に変更する必要があります。

③ 「合理的な」という言葉を追加する

> 乙は，本契約に基づく業務を履行するにあたっては，甲の指示に従わなければならない。

業務委託契約等では，上記のような文言が入っているケースが多く見受けられますが，依頼者とはいえ，無条件に指示に従わなければならない契約書の記載はリスクとなりえます。

このような場合には，

> 乙は，本契約に基づく業務を履行するにあたっては，甲の合理的な指示に従わなければならない。

などと追加することが考えられます。「合理的に」が何かという問題は残るのですが，元の内容と比較すると自社のリスクは減少していると言えます。

④　平等な内容にする

> 乙は，甲の秘密情報を，甲の事前の書面による承諾なく第三者に開示してはならない。

相手方から提出される契約書のひな型は，基本的には相手方に有利な内容となっています。そのため，上記のように，自社が一方的に義務を負う内容となっているケースも少なくありません。

このような場合には，

> **甲および**乙は，**相手方**の秘密情報を，**相手方**の事前の書面による承諾なく第三者に開示してはならない。

と直すことが考えられます。「乙」を「甲および乙」と，「甲」を「相手方」と修正するテクニックは汎用性がありますので，是非使ってみてください。

⑤　「知る限り」という言葉を挿入する

> 乙は，本契約締結日現在，第三者の特許権，実用新案権，商標権，意匠権，著作権その他の知的財産権を侵害していない。

資金調達の場合に締結する投資契約には，上記のように第三者の知的財産権を侵害していないことについての表明保証条項が定められることが一般的です。一見至極まっとうな内容にも思えますが，あらゆる特許等の内容を確認するのは困難だと思われます。

このような場合には，

乙は，**乙の知る限り，**本契約締結日現在，第三者の特許権，実用新案権，商標権，意匠権，著作権その他の知的財産権を侵害していない。

と修正して，後で権利侵害が判明しても，自社がそのことを知らなければ表明保証違反とはならないようにしておきましょう。

⑥　相手方の免責事由を限定する

取引先から自社の提供しているサービスの利用者を紹介してもらうという契約においては，以下のような規定が定められていることがあります。

乙と乙のサービスのユーザーとの間で生じた紛争については，乙が全て責任を負うものとし，甲は一切の責任を負わないものとする。

サービスについては基本的にサービス提供者（乙）と利用者の間の問題なので，当該規定は一見問題なさそうにも思えるのですが，このような文言からすると，例えば，取引先（甲）がユーザーに対して，自社（乙）のサービスについて間違った知識を教えていたことが原因で自社（乙）とユーザー間でトラブルになった場合でも，取引先（甲）が責任を負わないようにも読めます。

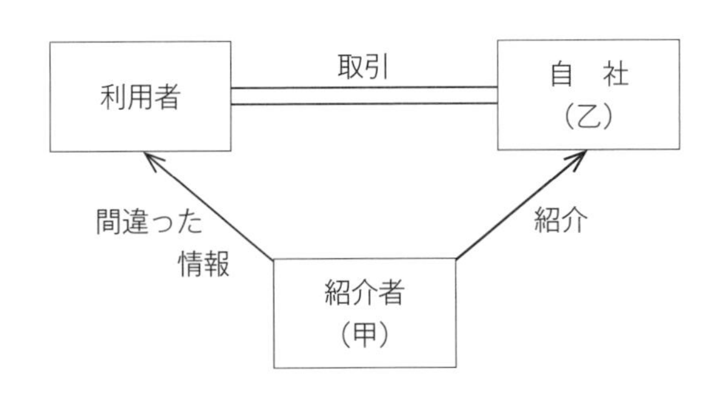

したがって，このような場合には，

乙と乙のサービスのユーザーとの間で生じた紛争については，乙が全て責任を負うものとし，甲は一切の責任を負わないものとする。**ただし，当該紛争が甲の責めに帰すべき事由による場合にはこの限りではない。**

とただし書を追加することで，取引先（甲）がユーザーに対して，自社（乙）のサービスについて間違った知識を教えていたような場合には責任を追及できる余地を残しておきましょう。

QⅣ－7　NDAのチェックポイント

新しくX社と共同でサービスを開発したいのですが，交渉の前にX社から「NDA（秘密保持契約書）」の締結を求められました。これはどういった契約書でしょうか。友人の起業家には，交渉の前にはNDA（秘密保持契約書）を結ぶのは当然だと言われたのですが，とりあえず結んでしまって大丈夫でしょうか。

A　NDA（Non-Disclosure Agreement，秘密保持契約書，機密保持契約書ともいう）は，自社の「秘密情報」を相手方が第三者に開示・漏洩することを防ぐための契約書です。

交渉などで自社の秘密情報を開示する場合には，開示に先立ちNDAを締結することが一般的です。取引先から提示されるNDAは一見するとどれも似たようなものに思えますが，秘密情報の定義が異なっていたり，独占交渉権などのイレギュラーな規定が入っていることもあるため，注意が必要です。

解説

本来なら自社のみで保持したい秘密情報を，事業上の必要から他社に教えざるをえないことがあります。例えば，「他社と製品を共同開発するにあたり，自社製品の仕様や技術を開示する」，「自社が開発している新商品の生産を工場に依頼するにあたって工場に詳細を提示する」といった場面です。

このような場面では，秘密情報を開示する前に，いわゆる「NDA（秘密保持契約書，機密保持契約書）」を締結し，相手方に対して秘密情報の第三者への開示・漏洩や，目的外使用などを禁止しておくことが一般的です。では，どのような点に注意する必要があるか，見ていきましょう。

⑴ 開示者？受領者？

自社が主に秘密情報を開示する側なのか，それとも受領する側なのかという点を最初に検討しましょう。

例えば，NDA の文面上は「甲および乙は秘密情報を第三者に開示してはならない」と規定されていたとしても，こちらが相手方の秘密情報を受け取るだけであり，こちらからは秘密情報を提供しないのであれば，実質的には秘密情報を受け取るこちら側だけが秘密保持義務を負うことになります。そのため，秘密保持義務の内容があまりに厳しい場合には，義務を軽くするよう修正を求めることが考えられます。

他方で，こちらからも秘密情報を開示する場合で，こちらから開示する秘密情報のほうが相手方から受け取る秘密情報よりも多い，または重要性が高い場合には，秘密保持義務の内容は厳しくしておくべきです。

このように，主に開示者となるのか，受領者となるのかによって，同じ NDA でも内容は全く異なってきます。この視点は，これから解説する各項目でも頻繁に登場する視点ですので，NDA をチェックする際には，まずはこの視点を思い出すようにしてください。

⑵ 秘密情報の定義

「秘密情報の定義」とは，要は「どのような情報が秘密情報となるか」です。そもそも秘密情報に該当しなければ，秘密保持義務を負わない（開示者側からすると，第三者に開示されてしまう）ため，「この NDA において，どのような情報が秘密情報となるか」は重要です。

秘密情報の定義には，大きく分けて①秘密情報の範囲を限定しないタイプと，②秘密情報の範囲を限定するタイプの２種類があります。

①　秘密情報の範囲を限定しないタイプ

このタイプの規定の例としては，次のような文言があります。

> 秘密情報とは，本契約の当事者が相手方より開示された，○○，△△，□□その他の事項に関するあらゆる情報を意味する。

上記の例では，相手方から開示された全ての情報を「秘密情報」として扱っています。もっとも，文字どおり「全ての情報」を秘密情報とする規定は，対象範囲が広すぎて無効となるリスクがあるため，一定の例外事項（公知の情報，開示前にすでに知得していた情報，開示後に第三者から取得した情報など）を規定しておいたほうがよいと考えます。

自社が主に情報を開示する側なのであれば，こうした規定としておくことで，自分が開示した情報が全て「秘密情報」として取り扱われるため，有利になります。これに対し，自社が主に情報を受領する側である場合には，自社が受け取った相手方の情報全てを秘密情報として取り扱わなければならず，管理が煩雑になったり，うっかり秘密情報を漏洩してしまう可能性が高くなり，不利といえます。

②　秘密情報の範囲を限定するタイプ

このタイプの規定の例としては，次のような文言があります。

> 秘密情報とは，本契約の当事者が相手方より開示されたあらゆる情報のうち，書面その他の開示媒体に開示される際に秘密である旨が明示された情報（口頭による開示の場合には，開示後○日以内に書面で情報の内容を特定し秘密である旨が通知された情報）を意味する。

このように，相手方から開示された情報のうち，「秘密である旨が明示」された情報だけを「秘密情報」として扱うタイプです。口頭で開示する場合には，開示の際に秘密である旨が明示されたか否かが不明確になる可能性があることから，上記の例の括弧書きのように，口頭で開示した後に改めて書面で通知することを求めることもあります。

主に情報を開示する側にとっては，秘密情報である旨の明示を忘れてしまうと秘密情報として保護されなくなってしまうため，①秘密情報の範囲を限定しないタイプと比べると一般的には不利となります。これに対し，主に情報を受領する側にとっては，秘密にすべき情報が明確になるので有利となります。

大企業とNDAを結ぶ場合には，大企業が情報管理をしやすいように，②のタイプのNDAを希望してくる場面が多く見られます。

(3) 秘密保持，目的外使用の禁止

NDAの最大の目的は，秘密情報が第三者に開示・漏洩されたり，他の目的に使用されたりすることを防ぐことにあります。したがって，NDAを締結するのであれば，①第三者に開示または漏洩してはならない（秘密保持），②秘密保持契約に使用目的を明示したうえで，当該目的以外に利用してはならない（目的外使用の禁止），の2点が規定されているかは，必ず確認しましょう。

秘密保持契約書という名前のとおり，①の「秘密保持」はどのNDAにも規定されているのですが，意外と忘れやすいのが②の「目的外使用の禁止」です。NDAを締結して情報を開示する相手方は，自社の競合企業であることも少なくありません。そのような相手との間で①秘密保持だけのNDAを締結してしまった場合，例えば協業目的で開示した自社の秘密情報を相手方の独自製品の開発に使用されてしまっても，NDAの違反とはいえないことになってしまいます。

(4) 複製の可否

秘密情報の複製に関する規定には，大きく分けて，①複製を自由に認める，

②一定の目的の範囲内であれば複製を認める，③複製には常に相手方（開示者）の同意を必要とする，の３パターンがあります。

情報を開示する側の場合には，一般的には③が有利ですが，秘密情報をパソコンに保存したり，コピーすることも「複製」にあたるため，その都度，同意を求められると，かえって煩雑になる可能性もあります。そのような場合には②にすることも考えられます。

なお，複製を認める場合には，契約終了時または開示者が要求したときに，秘密情報のみならず，その複製物についても破棄・返却する旨の規定を設けておくとよいでしょう。

(5) 契約書の存在・交渉過程の非開示

NDA を締結しているという事実そのものや，当該相手方と交渉しているという事実，また，交渉過程も，開示する情報と同様に，第三者に開示または漏洩してはならないとする規定を設けることがあります。海外の NDA にはよく入っている規定ですが，日本でも M&A や事業提携など，交渉している事実そのものの機密性が高い案件では，NDA にこのような規定を設けることが重要となることがあります。

NDA の存在や交渉過程は，「相手方から開示された事実」ではありませんから，そのままでは秘密情報には含まれません。そのため，この条項がない場合，自社と交渉しているという事実を，自社のライバル会社に伝えて，より有利な条件を引き出す材料に使われてしまうかもしれません。こうした事態を避けたい場合には，この条項が必要となります。

(6) 秘密情報の返却，廃棄

NDA の有効期間中であったとしても，相手方が当該情報を保有していることがリスクとなる場合もあります。そのため，NDA の有効期間が終了した場合はもとより，開示者が求めた場合にはいつでも，受領者は秘密情報（およびその複製物）を返却，廃棄するという規定としておいたほうが安全です。

大企業のNDAでは，廃棄した場合には開示者に対して廃棄証明書を交付することを義務として規定している場合もあります。情報の重要度が高い場合にはこのような規定を設けることも意味がありますが，都度書面を発行することは煩雑でもあるため，そこまでする必要があるかはケースバイケースでしょう。

⑺ 契約終了後の存続

NDAでは，有効期間終了後も，一定期間（契約終了後1年～5年程度）は秘密保持義務が継続するという存続条項を設ける場合があります。期間を限定せず，契約終了後も秘密保持義務が存続するという規定となっているNDAもありますが，自社が秘密情報の受領者側である場合には，期間を限定しておいたほうがよいでしょう。

⑻ イレギュラーな規定（独占交渉権，競業禁止など）

相手方から提示されたNDAに，独占交渉権（その取組みについて，当該相手方以外と交渉してはならない）や，競業禁止（当該相手方と同一または類似の事業を行ってはならない）が規定されている場合があります。

こうした規定は会社の事業活動を制限する可能性のある非常にリスクのある規定ですので，注意が必要です。こうした条項が入ったNDAにサインしてしまった後に，「このような話は聞いていない」と主張したとしても，NDAに明確に記載されている場合にはかなり不利になりますので，相手方から「一般的なNDAですから」と言われても，必ず内容を確認してからサインしてください。

⑼ 違反があった場合

通常，契約違反があった場合には，契約の解除をしたり，相手方に損害賠償を請求します。もっとも，NDAに違反して秘密情報が開示・漏洩されたとしても，①NDAを解除しても意味がなく（逆に，相手方の秘密保持義務がなくなってしまうため），②損害賠償は損害の立証が難しいことから，結果として責任追及ができないケースもあります。違反があった場合への対策として，特に重要なNDAであれば違反した場合の違約金を定めておくことも考えられますが，通常の取引に用いるNDAでは一般的ではありません。そのため，NDAを締結した場合でも安心せず，開示する情報は最小限にとどめておいたほうが安全です。

QⅣ－8　業務委託契約書のチェックポイント

業務委託契約書を締結するにあたって，どのような点に注意したらよいですか。

A　まずは委託する業務の内容・報酬といった基本的な条件を明確にすることが重要ですが，その他にも，知的財産権の取扱いや損害賠償に関する規定に注意が必要です。

解説

業務委託契約書は，企業が行う業務を外部の第三者に委託するための契約です。物の製造やシステム開発の委託といったように成果物がある場合のみならず，コンサルタント業務や保守業務の委託のように必ずしも成果物がない業務を委託する場合もあります。その利用範囲は幅広く，企業にとって最も頻繁に締結することになる契約の１つであるといえるでしょう。

では，このような業務委託契約書を締結するにあたって，どのような点に気をつける必要があるか見ていきましょう。

(1)　委託する業務の内容及び範囲の明確性

業務委託契約においては，「依頼したはずの業務内容と異なる」，「その範囲までは依頼を受けていないはずだ」といったことから，紛争が生じることがあります。したがって，業務委託契約書を作成する場合においては，業務の内容および範囲をできるかぎり明確に記載しておくことが，後の紛争を予防するためには重要です。

もっとも，実際には契約を締結する時点においては，業務内容の詳細までは決まっていない場合も多くあります。そのような場合は，具体的な業務内容をどう決定するのか，その決定の手続を契約書に定めておく方法も考えられます。

(2) 報　酬

業務委託契約においては，固定金額を定める方法の他にもレベニューシェア（将来発生する売上や利益等を分配する形で報酬を支払う方法），タイムチャージ（作業時間に応じて報酬を支払う方法）など，さまざまな報酬の定め方が考えられます。したがって，委託する業務の性質を考慮して，適切な報酬の定め方を選択するとともに，その支払期日，支払方法を明確に規定しておく必要があります。

(3) 諸費用の負担

旅費，通信費など委託された業務を行うにあたって受託者に生じた費用を，報酬とは別に委託者に対して請求できるのかを明確にしておく必要があります。

(4) 再委託

① 委託者の場合

委託者としては受託者自身による業務遂行を期待している場合も多く，このような場合は再委託には事前の書面による同意が必要である旨を明記しておく必要があります。また，再委託を許容する場合においても，再委託先の一切の行為について受託者が責任を負う旨を契約書に明記しておいたほうがよいと考えられます。

② 受託者の場合

受託者としては，自由に業務を再委託できるとしておくことが最も有利です。

しかし，そのような規定は委託者に受け入れてもらえない場合も多く，そのような場合には，現時点で具体的な再委託先が予定されているかを確認し，予定されている場合には少なくとも当該再委託先に対する再委託は許容される旨を明記しておくことが考えられます。

(5)　納入および検査等

物の製造やシステム開発を委託する場合のように，受託者が一定の成果物を作成することを業務内容としている場合があります。このような場合は，作成する成果物の内容を可能な限り特定するとともに，完成した成果物の納入方法，検収手続，危険負担，所有権の移転時期および瑕疵担保責任について明確に定めておく必要があります。また，受託者である場合には，みなし合格の規定（委託者が検収期間内に合否の通知をしない場合など，一定の場合には検収に合格したものとみなす旨の規定）も設けておいたほうが安全です。

(6)　知的財産権の取扱い

①　委託者の場合

委託者がお金を支払っている以上，成果物の知的財産権も当然に取得できると勘違いをしている方も多いですが，契約書に何も規定していない場合には，委託した業務に伴って発生した知的財産権は，委託者に移転しないのが原則です。したがって，委託者としては，知的財産権が移転する旨を明確に定めておく必要があります。

知的財産権の移転を規定するにあたっては「著作権法27条（翻訳権，翻案権等）および28条（二次的著作物の利用に関する原著作者の権利）に規定する権利」についても移転する旨を明記しておく必要があります。これらの権利については，特別に明記しておかないと留保されたものと推定されると著作権法に定められるためです（著作権法61条２項）。また，著作者人格権については契約によっても移転しないため（著作権法59条），受託者は著作者人格権を行使しない旨の不行使特約を定めておく必要があります。

②　受託者の場合

受託者としては，知的財産権は一切移転しないとしておくことが最も有利です。しかし，現実的には委託者に受け入れられないことが多く，また受託者が持っていても使い道がない知的財産権である場合もあります。

そこで，原則として知的財産権は，委託者に移転するとしたうえで，受託者としては一定の範囲で知的財産権を留保しておく形とするケースがあります。具体的には，委託業務の着手前から有していた知的財産権や他の案件に流用できるような知的財産権については委託者に移転せずに留保されるものとし，委託者には納入した成果物を使用するために必要な範囲で利用権限のみ与える形で規定することが考えられます。

(7)　損害賠償についての定め

①　委託者の場合

委託者が業務委託契約に基づき負っている債務は，報酬を支払うという金銭債務です。そして，仮に委託者が金銭債務の支払いを怠った場合でも，損害賠償の額は利率により定まります（民法419条1項）。したがって，委託者の場合には損害賠償の範囲に制限を設けておく必要性は低いといえます。

むしろ，受託者に損害賠償を請求する場合のことを考慮すると，損害賠償の範囲を広げておくことが委託者には有利です。具体的には，「直接損害および通常損害のみならず，逸失利益，事業機会の喪失，データの喪失，事業の中断，その他の間接，特別損害，派生的損害および付随損害を含む全ての損害」について損害賠償請求できる旨を定めておくことなどが考えられます。

②　受託者の場合

受託者が負っている債務に債務不履行があった場合，例えば委託している業務が期限どおりに完成しなかった場合には，ビジネス上の損失を含め，委託者にはさまざまな損害が発生する可能性があります。そこで，受託者としては委託者から損害賠償の請求を受けた場合に備えて，(i)なるべく責任を負う損害賠償の範囲を制限するとともに，(ii)無制限に損害賠償の額が膨らむことのないよう上限額を設けておくことが考えられます。

具体的には，例えば，(ア)損害賠償の範囲は直接かつ通常の損害に限り，逸失利益，事業機会の喪失等の間接的な損害は含まないものとし，また，(イ)損害賠償の額は業務委託料の総額を上限とするといった規定を設けることが考えられます。特に定めない場合には，民法の規定に基づき，基本的に債務不履行と相当因果関係が認められる範囲で賠償義務を負うことになり，当事者が特別の事情を予見しまたは予見することができたときは，特別の事情によって生じた損害についても賠償義務を負うことになります。

(8)　その他の留意点

①　偽装請負

形式的には請負（委託）契約としているが，実態としては労働者の派遣または供給であって，受託者の従業員が委託者の指揮命令下に移るような場合を「偽装請負」といい，職業安定法等に違反して違法になります。特に，受託者の従業員が長期的に委託者のオフィスで業務を行うといった場合には，偽装請負と判断されないように注意する必要があります。

具体的にどのような事情を考慮して「偽装請負」と判断されるかについては，厚生労働省が発表している「労働者派遣事業と請負により行われる事業との区分に関する基準」[1]が参考になります。

②　下請法の適用

業務委託契約が下請法の適用を受ける場合があります。下請法の適用の有無は，①資本金による区分と②取引内容により決まりますが，詳細については公正取引委員会の「下請法関連パンフレット」[2]が参考になります。ベンチャーは，

1　http://www.mhlw.go.jp/bunya/koyou/gigi_outou01.html
2　http://www.jftc.go.jp/houdou/panfu.html

資金調達により資本金が会社の規模に比して高くなっているケースが多く，下請法の親事業者に該当しやすいので注意が必要です。

下請法が適用される場合には，親事業者である委託者には，注文書の交付義務，書類作成・保存義務等の一定の義務が課されることに加え，下請代金の減額，不当な給付内容の変更，不当なやり直し等の一定の行為が禁止されます。特に，契約書の規定内容との関係では，以下の点に注意する必要があります。

(i) 法定記載事項

下請法の適用がある場合には，親事業者は，法令に定められた一定の記載事項を記載した書面を下請事業者に交付しなければならないとされます（下請法3条）。したがって，記載事項を網羅する形で業務委託契約書を作成するか，網羅しない場合には別途書面を交付する必要があります。なお，下請事業者の承諾を得た場合には，書面による交付に代えて，電子メール，ウェブ等の電磁的記録で提供することも可能です[3]。

(ii) 支払期日

業務委託料の支払期日は，下請法の適用があるケースでは，委託者が受託者の給付を受領した日（「検収完了後」ではなく「受領した日」からである点に注意）から起算して60日の期間内において，かつ，できる限り短い期間内において，定められなくてはいけません（下請法2条の2）。したがって，例えば委託業務の報酬を一定の事業からの売上のレベニューシェアにより支払うといった内容にする場合には，かかる支払期日に関する規定との関係で下請法違反となるリスクがあるため注意が必要です。

3　このような電磁的記録による場合には，あらかじめ下請事業者に対して使用する電磁的方法の種類（電子メール，ウェブ等）および内容を示して，書面または電磁的方法による承諾を得ておく必要があります（下請法3条2項，下請法施行令2条1項）。

(iii)　瑕疵担保責任の期間

下請法の適用があるケースでは，瑕疵担保責任の期間は納入後１年の限度にしておいたほうが安全です（こちらも「検収完了後」ではなく「納入後」から１年である点に注意）。

納入後１年を超えて瑕疵担保責任を負わせることは，不当なやり直しの禁止（下請法４条２項４号）に違反する可能性があるためです。

QⅣ-9　ライセンス契約書のチェックポイント

ベンチャーにとって「ライセンス契約」が重要と聞きましたが，どのような内容の契約でしょうか？どのような点を意識して，契約書を確認する必要があるのでしょうか。

A　ライセンス契約は，企業が，技術，設計などのノウハウを提供したり使用したりする際の使用条件を定めた契約です。

(1)対象物，(2)利用態様，(3)独占・非独占の別，(4)ライセンス料，(5)報告義務，帳簿等の提出請求権，事業所への立入権，(6)競業禁止規定の有無，(7)保証，免責，(8)ライセンス期間および(9)ライセンス契約終了時の取扱いについて確認することが重要です。

解説

ライセンス契約はベンチャーにとって最も基本的な契約書の１つです。IT系企業では，自社が保有する技術やノウハウを他の企業に提供したり，他の企業からその技術等の提供を受けるにあたり，ライセンス契約を締結することが必要です。また，多くのバイオ系ベンチャーでは，ライセンス契約が事業活動の根幹であると言っても過言ではありません。さらに，飲食系ベンチャーは商標権のライセンスが重要となります。

したがって，ライセンス契約のチェックポイントについて学んでおくことは，ベンチャーの経営者にとってとても重要です。

では，どのような点に注意しながらライセンス契約を確認すべきか，見ていきましょう。

なお，以下では，ライセンスの許諾を行う側を「ライセンサー」，ライセンスの許諾を受ける側を「ライセンシー」として説明します。

⑴ 対象物の特定

まず，ライセンスの対象物を適切に特定することが重要です。これは当たり前のことですが，①対象物がさらに改良された場合に，その改良物もライセンスの対象に含まれるのか，②対象物について異なる形態が想定される場合（例えば，オブジェクト・コードとソース・コード等）にどの形態について、ライセンスが許諾されているのかを明確にしておく必要があります。

IPOにあたり，ライセンス契約を重要な契約として開示する場合には，契約の対象物が不特定であると問題となることがありますので，しっかりと対象物を特定しておく必要があります。

⑵ 利用態様の特定

単にライセンスといっても，あらゆる利用が許される場合と利用形態や利用目的が制限されている場合があります。ライセンス契約において，利用態様が細かく列記されるケースもありますが，自社がライセンシーである場合には，自社が予定している利用態様が全て包摂されているかを慎重にチェックする必要があります。たまに，再許諾権の有無が明記されていないライセンス契約がありますが，ライセンス対象物を組み込んだ製品を顧客に販売する場合などを想定しているのであれば，再許諾権の有無はその後の事業展開に大きな影響を及ぼす可能性がありますので，この点を明確にしておくことが大切です。また，利用に関してテリトリーが設定される場合もあるので，かかるテリトリーが自社の想定と合致しているか，慎重にチェックしましょう。

(3) 独占／非独占の明確化

ベンチャーのライセンス交渉においては「独占」か否かが重要な交渉テーマとなることが多いですが，この「独占」という用語自体は法律で規定されているわけではありません[1]。したがって，この「独占」の意味について，明確にする必要があります。

特に，①ライセンシー以外の第三者が当該ライセンス対象物を使用することができるのか，②ライセンサー自身がそのライセンス対象物を使用することができるのか，の２点を明確にします。

また，「独占」に関し，特定の製品，利用目的，テリトリーなどについて，例外が定められている場合もあります。独占権に例外が設定されている場合，当該契約がIPO時に重要な契約として開示対象となる場合には，単に「独占」とだけ記載すると不十分な開示になってしまう可能性もありますので，その独占権の例外については何らかの開示を行わなければならない可能性があります。ビジネス上独占権の例外として許容できることと，それが一般的に開示対象になってよいこととは多少異なる考慮が働くため，重要なライセンス契約において独占権の例外が設定される場合には，この点も意識しておく必要があります。

一方，ライセンサーとなる場合において，ライセンシーに「独占権」を付与すると，ライセンサーは，ライセンシー以外からライセンス料を得ることができなくなってしまいます。

そのため，独占権を認める場合（かつ，収益に応じたロイヤルティを支払う形態の場合）には，一定額のライセンス収入を確保するという観点から，ライセンシーが支払わなければいけないライセンス料の最低額（＝ミニマムロイヤルティ）を定めておき，基本的には，収益に基づき算出したライセンス料を支払わせることにしつつも，当該ライセンス料がミニマムロイヤルティを下回っ

1　特許法や商標法等においては，「専用実施権」，「専用使用権」という概念があり，専用実施権または専用使用権が設定されると，その範囲では特許権者や商標権者自身も権利を実施または使用することができず，ライセンスの許諾を受けた者は文字どおりその権利を専用することができるようになります。

た場合でも，ミニマムロイヤルティの支払いを義務づけるとともに，条件不達成の場合に，①契約を解除できるようにしたり，②独占権を非独占権に変更できるようにしておく必要がないか，検討することが重要となります。

⑷ ライセンス料の設定

主要な形態として，契約締結時の一括払いの実施料などの定額ライセンス料の形態，一定期間ごとに収益に応じたロイヤルティを支払う形態，ライセンスを利用した事業の段階等により設定されたマイルストーン支払いの形態などがあり，これらを折衷したものや，上記のミニマムロイヤルティなどの条件が組み合わされる場合などがあります。

いずれがよいかは，見込まれる収益や具体的な金額およびロイヤルティ率等に応じて個別に判断することになります。

もっとも，IPO との関係で特に問題となるのは，当該ライセンス料の定めが会社にとってリスクとして開示するべき性質のものかという点です。例えば，バイオベンチャーがライセンシーとなる場合，創薬開発段階等に応じてマイルストーンが設定される場合があります。このマイルストーンの設定自体は不合理ではありませんが，創薬が開発され，適切な認可を取得し，売上が発生する前の段階で，マイルストーンに基づく巨額のライセンス料を支払うことは，まだ資金的な余力がないベンチャー企業にとってはリスクとなります。また，売上に連動しないミニマムロイヤルティの設定も場合によっては，リスクとなる場合があります。このようなマイルストーンやミニマムロイヤルティの存在についてはIPO にあたり開示対象となる可能性があるため，将来多額のライセンス料の発生が予定されている場合は，特にIPO 時の開示の可能性も考慮したほうがよいと考えます。

なお，長期間分のライセンス料をまとめて前払いするケースでは，期間途中でライセンス契約が終了した場合の返金の取扱いを明確にしておく必要があります。

⑸　報告義務，帳簿等の提出請求権，事業所への立入権

一定期間ごとに収益に応じたロイヤルティを支払う形態の場合，ライセンス料はライセンシーの収益に左右されるので，支払われるべきライセンス料を正確に把握するため，ライセンサーがライセンシーの収益等を確認できるようにしておくことが重要となります。

そのため，ライセンサーとしては，ライセンシーに，収益等を正確にかつ正直に記録させ，これを保管させるとともに，その内容をライセンサーに報告させることが考えられます。

また，ライセンサーが正確なロイヤルティが支払われているか調べる手段を確保するため，①ライセンシーの収益に関する帳簿を検査することができる権利や②ライセンシーの事業所に立ち入り，必要な調査を行うことができる権利を定めることを検討しておくとよいでしょう。

さらに，帳簿等の検査の結果，ロイヤルティの支払いの不足が明らかとなった場合には，その不足分の支払いの他，一定の違約金を請求できる旨を定めておくケースもあります。例えば，不足分と同額の金額を違約金として規定しておくことなどが考えられます。

⑹　競業禁止規定の有無

自社がライセンシーの場合には，類似品の取扱い等を禁止する競業禁止規定が要求される場合があります。特に，独占権の付与を受ける場合には，ライセンサーにとっては，他のライセンス収入の途が閉ざされることになるので，競業禁止を要請する動機が強くなります。契約書の条項の表題において競業禁止という題名がなかったとしても，よく読むと競業が禁止されていることもあるので，この点は特に気をつける必要があります。

ビジネス上，競業禁止規定を受け入れざるを得ない場合でも，競業禁止規定は会社の事業活動を制約するため，取扱いが禁止される類似品の範囲を明確にすることが重要です。

競業禁止規定は，IPOにあたり，その解消を指導されたり，その存在を開示

する必要が生じる可能性があります。また，IPO の審査にあたり，会社の利益計画の基礎となっている現在または将来の事業がその競業禁止規定に抵触していないかがチェックされるのが通常です。IPO の審査にあたり，競業禁止規定に抵触しているものの，ライセンサー側もその点は了解しているので問題ないという主張がなされる場合もありますが，その場合には，基本的には，競業禁止規定を修正するか，そのライセンサー側から当該競業行為を認める旨の確認書を取得することが必要となり，このような対応が不可能であると，IPO の審査にあたり重大な影響を及ぼす可能性もあります。このような対応は会社側だけで完結するものではなく，相手方の行為が必要であるため IPO スケジュールとの関係で難しい場合もあります。

したがって，IPO を視野に入れているベンチャーとしては，可能な限り競業禁止規定を排除し，仮にビジネス上これを受け入れる場合には競業禁止規定に抵触しないように十分留意する必要があります。

(7) 保証，免責

ライセンス対象物についての保証の範囲や，ライセンサーが負担する責任の内容についても，契約上，重要なポイントとなります。

ライセンシーにとっては，ライセンサーの保証の範囲を広く確保しておいたほうが望ましいので，ライセンス対象物の適法性やライセンス対象物が第三者の権利を侵害しないことについて，ライセンサーにしっかりと保証させたうえ，このような保証違反があった場合には，契約の解除や損害賠償を請求できることを明記することが重要です。

一方，ライセンサーにとっては，特にベンチャーである場合には調査能力にも限界があるうえ，実際にライセンス対象物の適法性や第三者の権利を侵害していないかどうか調べたものの，契約締結時点において，違法の事実や侵害の事実が発見されなかったということもありえます。したがって，ライセンサーとしては，ライセンス対象物の適法性，瑕疵が存在しないこと，第三者の権利を侵害しないこと等について保証しない旨を定めておいたほうがよいでしょう。

仮に，このような保証を受け入れざるを得ない場合でも，上記のような事情を踏まえ，例えば，「ライセンサーが知る限り，ライセンス対象物が第三者の知的財産権を侵害していないこと」といった限定を付しておくのが望ましいと言えます。

また，ライセンス対象物をもとにライセンシーが他の技術や製品と組み合わせて加工等を行った商品やサービスから生じた問題については，ライセンシーがその責任を負うべきと考えられるので，このような商品やサービスについては，ライセンサーは責任を負わないことを定めておくことも大切です。

(8) ライセンス期間の確保

会社のビジネスの根幹となっているライセンスについて，その有効期間の確保はライセンシーの事業戦略上，重要であるのみならず，IPO との関係でも大切です。そのようなライセンスに関する契約書は，IPO にあたり開示される可能性があり，その際に有効期間は必須の記載事項となります。この期間が短い場合には，ライセンシーの将来の業績に重大な影響を及ぼす可能性があり，リスクとしての開示も必要となるかもしれません。

また，有効期間が長期間確保されていたとしても，容易にライセンサーから解除され得る規定が含まれている場合には，それもリスクとなるため，開示対象となる可能性があります。特にライセンサー側から提示された契約書においては，ライセンサーからの一定期間前の書面通知により，いつでも解除されるような規定が含まれる場合が多いので，この点注意が必要です。

(9) ライセンス終了時の取扱い

ライセンス契約終了時の手当ても考慮しておく必要があります。特に，ライセンスに基づき製品を製造して大量の在庫が契約終了時に存在する可能性がある場合には，ライセンス終了時の在庫の取扱いについて明確にしておくのが望ましいといえます。

また，サブライセンスを行っている場合には，何の手当てもないとライセンス終了時にそのサブライセンスも実行できなくなってしまうため，サブライセンスの取扱いも明確化しておくことが安全です。

以上が，あらゆるライセンス契約にほぼ共通する問題点の概要です。

もっとも，ライセンサー側とライセンシー側では留意するべき点は当然異なります。

また，実際の契約にあたっては，対象物の特殊性やその後の事業展開などを考慮してライセンス交渉を行い，適切な契約を締結する必要があります。

QⅣ-10 販売代理店契約書のチェックポイント

自社の商品を販売するために，他社に販売代理店となってもらおうと考えています。販売代理店と契約を締結する際に，どのようなことに気をつければよいですか。

A まず，販売形態が売買型か仲介型のいずれかにあたるか確認します。そのうえで，①対象物，テリトリー等の明確化，②独占，非独占の明確化，③仕切価格，手数料の設定，④引渡しに関連する諸規定，⑤瑕疵担保責任，製造物責任，⑥商標の取扱い，⑦二次販売代理店の設定，⑧販売代理店の各種義務，⑨販売代理店の競業禁止，⑩報告，監査，⑪紛争処理，⑫供給者の免責，⑬契約終了時の取扱いにつき，留意することが重要です。

解説

ベンチャーの場合は，商品やサービス（以下，「商品等」といいます）の開発が最重要課題となり，販売については自社のみで十分な体制を確保できず，販売代理店を活用せざるを得ないケースも多いです。そのため，ベンチャーにとって他社に販売活動をしてもらうことが成長の鍵となりますが，その際には，内容的に問題のない契約書を作成し，締結しておくことが大切です。

それでは，具体的にどのような点に注意すべきか見ていきましょう。

(1)　販売形態

①　売買型か仲介型か

一口に販売代理店契約といっても，大きく分けて，売買型と仲介型があります。前者の売買型は，商品等の供給者（以下，「供給者」といいます）が販売代理店にいったん販売したのち，販売代理店が顧客に転売する形態をとり，供給者・販売代理店間，販売代理店・顧客間それぞれで売買契約またはサービスを提供する契約が成立します。

一方，後者の仲介型は，販売代理店は商品等の販売の直接の当事者とならず，供給者に顧客を紹介し，供給者が直接顧客と契約を締結することで，販売代理店は手数料を供給者から受領することになります。

②　売買型と仲介型の差異

売買型では販売代理店は顧客に対し契約の当事者として売買代金を回収することができます。一方，仲介型において，供給者の販売代金の回収の便宜または販売代理店への手数料の支払いの便宜から，販売代理店が供給者に代わり販売代金を回収し，回収した代金総額から販売代理店が受け取る手数料を差し引いた額を供給者に支払うといった定めがなされることがあります。顧客から任意に支払ってもらう限りは問題ありませんが，督促等の行為まで行ってしまうと，弁護士法72条の「非弁護士の法律事務の取扱い等の禁止」に該当し違法となる可能性がありますので，注意する必要があります。

販売代理店は，売買型では売買代金を売上として計上し，仲介型では手数料を売上として計上します。しかしながら，現実には，販売代理店としては，契約の当事者として責任を負いたくないという理由から契約書上は仲介型としつつも，売上を重視するあまり販売代理店が供給者に代わり顧客から代金を受領した場合，当該代金全額を自己の売上として計上してしまっているケースがあります。このようなケースでは，契約形態と会計の内容が整合せず，誤った取扱いがなされていることになります。

上場審査の場合には，実態に合った契約が締結されているか，会計処理が適切に行われているかが問題とされるため，このようなねじれた現象が生じている場合には契約書と会計の内容を整合させるための整備を行う必要があります。

以下では，ベンチャーが供給者として，販売代理店を利用する場合の留意点について解説します。なお，上記の売買型と仲介型の差異については，5ページの図表をご参照下さい。

(2) 対象物，テリトリー等の明確化

契約において対象物を特定することは重要です。例えば，ソフトウェア製品の場合，どのバージョンの製品について対象としているのか等を明確にしておく必要があります。また，販売代理店としての活動の場所的な範囲としての「テリトリー」を定めることがあり，ベンチャーの販売戦略において各販売代理店のテリトリーの明確化は重要となる場合があります。ただし，テリトリーの設定に関しては，独占禁止法との関係で公正取引委員会が定めている「流通・取引慣行に関する独占禁止法上の指針」（平成3年7月11日。以下，「流通・取引指針」といいます）において，販売地域に関する制限について一定の指針が規定されているため，この指針との整合性を検討しておくのが安全です。

(3) 独占，非独占の明確化

販売代理店契約においては，独占と非独占を明確にする必要があります。また，「独占」といっても，供給者自身も当該商品等を販売できない場合と，他の販売代理店を設定しないだけであり供給者自身はエンドユーザーへの販売は可能である形態があるため，「独占」とする場合には，いずれの形態であるのかを明確にする必要があります。

また，ノルマを達成する限りにおいて独占とし，ノルマを達成できなかった場合には独占権を喪失させる等の定めも考えられます。供給者にとって，独占的な販売権を販売代理店に付与することは，当該商品等の販売についてその販

売代理店に全面的に依存することとなり，その範囲で自己の事業活動が制約されることにもなるため，独占権の付与の条件については慎重に検討する必要があります。

⑷　仕切価格，手数料の設定

売買型の場合における販売代理店への販売価格（以下，「仕切価格」といいます）および仲介型の場合における手数料は供給者の収益を決定するものですので，販売代理店契約において最も重要な要素の１つです。

売買型の場合における仕切価格については，通常契約締結時において契約の対象となっている商品について特定の金額が定められるのが通常ですが，契約期間が長い場合には，経済情勢や競業の状況等によって仕切価格の見直しの必要が生じる可能性があるため，仕切価格の変更についての規定を設けることを検討しておいたほうがよいと考えます。

一方，仲介型の手数料は「総販売額の○％」と定められることが一般的です。この場合，総販売額および総販売額に一定の割合を乗じた後の手数料の額に消費税相当額が含まれるか否か明確にしておく必要があります。

ベンチャーにおいては力関係から相手方に最低購入量の設定を受け入れさせることが難しい場合がありますが，販売代理店に独占権を与える場合，売上の拡大について完全に依存してしまうことになるため，最低購入量の定めを設定しないと危険です。最低購入量を設定した場合，実際の購入量がその最低購入量に満たなかった場合の効果を明確にしておく必要があります。例えば，①最低購入量を強制的に購入させる，②最低購入量に満たなかった部分に相当する供給者の利益相当額を違約金として徴収する，③独占権を消滅させる，④契約を解除するなどの規定が考えられます。

売買型の場合，仕切価格の設定とともに，販売代理店の顧客に対する販売価格を規定する契約が見受けられますが，再販売価格の拘束は，書籍等の一定の商品を除き，独占禁止法に定める不公正な取引方法に該当し違法となるとされています。そのため，販売代理店による再販売価格については，供給者の提示価格を参考にしてもらうという程度を超えて，完全な拘束をすることは独占禁止法違反となる可能性があることに注意が必要です。

なお，一般的には，売買型では供給者は販売代理店から売買代金を回収することになり，仲介型では供給者が顧客から回収することになるので，仲介型では供給者が顧客からの回収リスクを負担することになります。

反対に売買型の場合でも，販売代理店が顧客から対価を受領した場合に限り，販売代理店が供給者への支払義務を負うと定めているケースもあるため，相手方のひな型で契約を締結する場合にはこの点に留意する必要があります。

(5) 引渡しに関連する諸規定

売買型の販売代理店契約においては，商品等を販売代理店に販売することから，商品等の引渡しについての規定を入れるのが一般的です。引渡しに関連し，検収，危険負担，所有権の移転時期についての規定も設けられることが一般的です。

供給者にとって，危険負担の移転はできるだけ早期（例えば，納入時）に，所有権の移転時期はできるだけ遅い時期（例えば，代金の支払完了時）とするのが有利です。

また，検収については，販売代理店において検収手続を迅速に行ってくれない場合や，検収の合否について明確な通知がない場合もあるため，納入後一定期間内に合否の通知がない場合，または販売代理店が検収目的以外に商品等を利用した場合には，検収に合格したものとみなすなどの規定を入れておいたほうが安全です。

(6) 瑕疵担保責任，製造物責任

販売代理店契約においては，瑕疵担保責任や製造物責任等の対象商品に関する責任の区分が重要な争点となることがあります。

まず，瑕疵担保責任については，商人間の売買に関する瑕疵担保責任は引渡しから６カ月と定められていますが（商法526条），これは当事者で伸長または

短縮できるので，売買型の販売代理店契約においてこの瑕疵担保責任の期間を明確に定めておくのがよいと考えます。

製造物責任については，自己が製造者，加工者または輸入者の場合は責任を負わざるを得ないと考えられますが，製造物責任が発生するおそれのある事情が発覚した場合には，損害賠償義務を負うことなく出荷を停止できる等の措置を講じることができる旨を規定しておいたほうがよいことがあります。また，自己が製造者，加工者または輸入者でない場合であっても，自己が製造者等であるかのような氏名等の表示を行った場合には製造物責任の主体となる可能性があるため（製造物責任法2条3項2号・3号），販売代理店がそのような表示をすることを禁止する規定を入れることを検討することも必要です。

(7)　商標の取扱い

販売代理店契約においては，その対象商品については，供給者所定の商標を付して販売させることが多く，それに付随して，商標を使用許諾することがあります。

この場合には，商標の使用態様，使用範囲等について規定することになります。商品のブランドについては自由とし，販売代理店のブランドでの販売を許容する場合もありますが，その場合には，自己の商品イメージを損なわないよう，使用されるブランドについて拒否権を規定するなどの配慮をしておいたほうがよいでしょう。

(8)　二次販売代理店の設定

販売代理店を設定した場合，その販売代理店がさらにその下に二次販売代理店を設定してよいとするか否かを慎重に検討する必要があります。ベンチャーにとって，自己の商品等を販売してくれることは望むところですが，対象商品等が複雑である場合や商品のブランドイメージを大切にしたい場合には，二次販売代理店の設定は慎重に考える必要があります。また，二次販売代理店が増えると，供給者のほうで二次販売代理店の販売方法に対する監視が行き届かず，間違った説明や強引な販売方法により対象商品のイメージ，ひいては供給者自身のイメージが低下してしまう可能性があります。

したがって，二次販売代理店の設定については，単に一律に許容・禁止するのではなく，二次販売代理店の設定について供給者の事前承諾事項としたり，研修を受講すること，販売代理店と二次販売代理店との間の契約内容は供給者の指示に従うことを条件としたりすることを検討し，その適否を慎重に判断する必要があります。なお，二次販売代理店の設定を許した場合には，販売代理店に対し，二次販売代理店の行為に対しての責任を負わせておいたほうが安全です。

⑼　販売代理店の各種義務

販売代理店契約においては，販売代理店に遵守させたい各種義務を規定するのが一般的です。典型的な例としては，①拡販の努力義務，②広告宣伝活動および販売促進活動についての規制，③購入者への説明義務，④包装物等の指定，⑤研修受講義務，⑥サポート義務，⑦購入者からのクレームの受付け等があります。

⑽　販売代理店の競業禁止

販売代理店契約においては，販売代理店が供給者以外の類似の商品等を取り扱うことを禁止する場合があります。特に，販売代理店に独占販売権を与える場合には，供給者の売上は販売代理店の営業努力に大きく依存することとなり，販売代理店が競合品を取り扱ったために営業資源が分散し，自社の商品等に対する販売力が弱体化することは避けるべきです。しかし，競争品の取扱いの制限は，流通・取引指針において一定の範囲で禁止されていることから，競業禁止規定を定める場合には，かかる規制との関係も考慮する必要があります。

⑾　報告，監査

供給者は商品等の販売状況を把握することが重要なので，販売代理店に対して販売実績を含め販売活動について報告する義務を課したほうがよいと考えます。

具体的には，仲介型の場合における手数料の請求期間と対応して期間ごとに集計して報告するなどの定期的な報告義務と，供給者が求めた場合に報告してもらう義務を定めることが考えられます。

報告義務を課すことに加えて，当該報告の正確性を確認する手段として供給者が販売代理店に対し監査（立入監査を含む）できるよう定めておいたほうがよいと考えます。

⑿　紛争処理

物やサービスの販売においては，購入者からのクレーム等，各種紛争が発生する可能性があります。この場合，一時的な紛争対応を供給者と販売代理店のどちらが行うか，万一損害賠償等を余儀なくされた場合にはその負担割合をどうするべきかなどをあらかじめ想定できる範囲で明確にしておくのがよいと考えます。

⒀　供給者の免責

供給者が販売する商品等は完璧である保証はなく，何らかの欠陥が内在している可能性があります。特にソフトウェア等についてはバグを完全になくすことは極めて困難なので，現状で商品等を供給すれば足り，当該商品に欠陥がないことや特定目的に適合することは保証しない旨を規定しておくことが考えられます。また，損害賠償額については，可能であれば，供給者が一定期間内に販売代理店に販売した商品等の代金相当額を上限とするなどの規定を設けておくほうが安全です。

⒁　契約終了時の取扱い

販売代理店契約はいずれ終了するので，終了する場合の規定を設けておく必要があります。円満に契約を終了することは，当該相手方との将来の取引のため，また，自社の信用の確保のために重要です。商品を扱う売買型の販売代理店契約の場合，契約が終了した時に販売代理店において在庫が存在していることがあるため，契約終了時における在庫の取扱いについて明確に規定しておいたほうがよいと考えます。一方，売買型のサービスの販売の場合には，販売代理店がサービスを提供できなくなることから，供給者がサービス提供に関する契約を引き継いだり，ユーザーと新しく契約を締結したりする必要が生じる場合もあります。また，販売代理店にサポート義務や購入者からのクレームの受付け等の役割を課していた場合，契約終了後これらの点についてどのように取り扱うべきかも検討しておく必要があります。

レベルアップ QⅣ-11 ジョイントベンチャー設立時の契約事項

このたび当社はX社と資本を出しあい，ジョイントベンチャー（合弁企業）を設立することになりました。ジョイントベンチャー設立時に留意すべき点や合弁契約で定めておくべき事項について知りたいです。

A 合弁契約は２つ以上の企業が共同で１つの独立した企業を設立し，そこに互いのリソースを投入することにより，１つの企業単体では持ち得ないノウハウや販路，資金，人員を結集させて効率的に事業を行えるところにメリットがあります。

しかし，単に契約上の関係でのみ結びつく業務提携等と異なり，１つの企業を共同運営していくことにはリスクも伴います。そこで，合弁契約では成立の時点から合弁関係を解消する際のことも視野に入れて，検討を行う必要があります。

それでは以下で具体的にみていきましょう。

解説

(1) 双方の持分（出資比率）

ジョイントベンチャーを開始するにあたり，まず検討すべき事項は，双方がどのような比率で株式を持つのかです。会社法上，原則として株主総会で過半数の賛成を得られれば決議できますので（特別決議事項については３分の２以上の賛成），出資比率が50％を超えると実質的に多くの事項を単独で決定できます。

双方の持分を50：50の比率とすることは一見平等でよいように思われますが，どちらも過半数を持っていない場合，両者の意見が対立すると意思決定ができません。したがって，双方が譲らず50：50となってしまった場合には，後で述べるデッドロック条項が重要になります。

また，一方当事者がコントロールを握る場合には，他方の少数派株主は合弁契約において重要な事項につき拒否権を定めるなどして，少数派株主が意思決定に関与できる機会を確保することが一般的です。

(2) ジョイントベンチャーの運営および役割

① 役員構成

役員の選任に関する事項も，重要な事項の１つです（役員という場合には監査役等も含まれますが，会社の意思決定の支配という観点からは取締役が最も重要であるため取締役について説明します）。会社法上，取締役会設置会社では重要な業務執行について，取締役会非設置会社では業務に関する事項について，原則として役員の過半数で決議することができます。したがって，何人の役員を選任できるかという点は重要であるため，合弁契約にはそれぞれの会社が何人の役員を選任する権利を持つかという点を定めます。

取締役の人数と出資比率を比例的に定めなければならないルールはありませんが，たとえば出資比率がＡ社60：Ｂ社40であれば，Ａ社からは３名，Ｂ社からは２名選任となるケースが多く見られます。このようなケースでは，Ｂ社の側は役員の過半数を取れていないため，実質的にはＡ社の判断で会社運営が進められてしまいます。そこで，自社から送り込む取締役が少数派となってしまう場合は，重要な事項については取締役の全員一致とすることや，後で述べる拒否権の対象事項とするよう交渉することが考えられます。そのようにして少数派であっても一定の事項にはコントロールを及ぼすことが可能になります。また，選任権のみ確保しても多数派により解任されるリスクもあることから，自らが選任した役員については相手方が解任できないような規定にしておくことも重要です。

また，言うまでもないことですが，企業にとって代表取締役は最も重要なポジションです。合弁当事者のうち，どちらが指名するかという点については，なにも定めなければ過半数の取締役を送り込んだ側が多数決で自社側の取締役を代表取締役に選任することになります。したがって，それと異なる定めをする場合は合弁契約に規定しておくことが必要になります。

② 少数派株主の拒否権

出資比率や役員構成で少数派となる側にとって重要な事項が「拒否権」です。前述のとおり，多数派は株主総会や取締役会で多数決で合弁会社の意思決定を行えるメリットを有していますが，多数派のみの意思決定で運営されるのでは，双方にとってジョイントベンチャーを設立するメリットがありません。したがって，少数派もジョイントベンチャーの運営に関わる機会を確保しておく必要があります。

自社が少数派株主である場合は，一定の重要な事項については，少数派株主の事前承認を要する規定を設けることや，多数派株主のみの賛成では決議できないよう決議要件を加重することを要求していくことが重要になります。たとえば，定款変更やM&A，増資等，会社の重要な意思決定に関わる事項は拒否権の対象にすべき代表的なものと言えます。さらに，少数派株主としては，重要な契約の締結や重要なポジションの人材の採用等を盛り込みたいところですが，多数派株主に受け入れられるかは，力関係等によりケースバイケースだと思われます。

他方，多数派株主の立場であれば，より多額の出資をしてそれなりのリスクを負っているため，できる限り多くの事項を自らがコントロールしたいと考えるのが通常です。したがって，拒否権を与える事項は最小限に抑えたいところです。このように双方の利害が対立するため，交渉が難航するポイントでもあります。

なお，契約上少数派株主の拒否権を設けたとしても，多数派株主がこれに違反して決議してしまった場合は法的には有効になってしまう可能性があります。そこで，一定の重要事項については，定款上も決議要件を加重し，自社が同意しない限り可決されないようにしておくことが考えられます。

③　不足資金の手当て

事業を継続しているうちにどうしても資金難に陥ることがあります。その場合，資金調達を借入れで行うのか，株式発行で行うのか，どちらの当事者が追加出資義務を負うのか，といった事項が重要となります。

まず，資金調達には金融機関からの借入れで行う場合（デット・ファイナンス）と，新たに株式を発行して当事者が追加で出資する場合（エクイティ・ファイナンス）が考えられます。デット・ファイナンスの場合には当事者間の議決権バランスに影響を与えないというメリットがありますが，貸借対照表の負債の部に計上されるという点や期限までに返済しなければならないという点がデメリットです。

他方，エクイティ・ファイナンスの場合は，一方当事者のみが株式を引き受ける場合，出資比率が変わってしまう問題があります。これがジョイントベンチャーで問題となるのは，当初の出資比率を前提として当事者の役割や役員構成等が決まっているため，出資比率が変わるならば全てを調整し直す必要があるのではという問題が生じるからです。そこで，原則としては双方の当事者が保有割合に応じて平等に新株を引き受ける権利を有する旨を定めることが多いです。また，両者の同意なく新株発行できないとするケースも多くあります。

(3) ジョイントベンチャーの解消に関する規定

合弁事業を始めるときは誰も解消するときのことなど考えたくはありません。しかし，ジョイントベンチャーが事業を行っていくうちに，方向性の違いから仲違いすることもあります。このようなときに，合弁当事者ができるだけ揉めずに関係を解消するためにも，あらかじめ解消する際の取り決めをしておくことは非常に重要です。

① 株式の譲渡に関する規定

双方が合弁関係を解消したいと考える場合には合意のうえ解散をすればよいのであまり揉めることは想定できません。しかし，一方当事者のみが解消したいと考えている場合は問題となります。

解消の方法としてまず考えられるのが，解消を希望する当事者が自己の株式を譲渡することです。この点，合弁契約には，相手方の事前承諾がない限り一切株式の譲渡を認めないとしているケースも多く，この場合は，一方の意思だけでは抜けられません。この場合，買取りの際の算定方法を定めておくことが重要です。そこで，一方当事者が抜ける場合には他方当事者が優先して買い取れる権利（一般には，先買権や優先買取権と呼ばれます）を定めるケースが見られます。これにより残存当事者が自らの望まない第三者と事業を行うことを防ぎつつ，一方当事者の投下資本回収の道も残すことができます。

② デッドロック

デッドロックという言葉は様々な場面で使用されますが，一般的には「膠着状態」のことを指します。合弁事業の場面において考えてみると，「両者の意見が対立して物事が決定できず前に進めなくなってしまった場合」です。合弁契約におけるデッドロック条項とは，「ある一定の事項について合意できず前に進めなくなってしまった場合，どちらかが株式を手放すか，解散する」という内容を定めておくものです。

デッドロックの効果は会社の解散または合弁からの離脱といったインパクト

が大きいものであるため，単に意見が割れたから，拒否権が発動されたからというだけでは，ジョイントベンチャーの趣旨にも反します。したがって，「ある一定の事項」について，例えば特に重要な事項についての不一致に限定したり，一定期間誠実に協議を行いそれでも合意に至らない場合に限定するなど，あくまでも最終手段として認識しておいたほうがよいでしょう。

③　解散請求権

その他，ジョイントベンチャーが債務超過に陥った場合や，連続して営業損失を計上したとき等には解散を請求できる旨を定めることがあります。この請求がなされた場合，他方当事者も解散に同意してくれる場合は問題ありませんが，他方当事者はまだ事業を継続したいと考えるケースもあるので，その場合は他方当事者が解散を請求した当事者の株式を買い取る旨を定めておくことが考えられます。このとき，株式の買取価格については別途協議するなどと定めているケースもありますが，価格についての合意が得られずに譲渡できないことも想定されますので，できれば初めにきちんと決めておいたほうが安全です。

基準の一例としては，当事者が出資した際の価格，直近の監査済貸借対照表上の簿価純資産に基づく１株当たりの純資産額，公平な第三者による算定価格等が考えられ，さらにその中で最も低い（高い）価格としておくことが考えられます。なお，株式譲渡価格が譲渡時の実際の株式価値と乖離している場合，税金の問題も発生するのでご留意ください。

⑷　その他

①　ジョイントベンチャーに必要な契約についての規定

その他，合弁契約に定められることが多い規定には，ジョイントベンチャーの事業に関連する契約に関する規定があります。これは合弁会社の事業を行っていくうえで不可欠なリソースについて，あらかじめ両当事者あるいは第三者から提供を受ける契約を締結しておく内容です（当該契約の締結が合弁契約の効力発生の条件となっていることが多いです)。例えば，合弁会社が使用するシステムについての使用許諾契約や，知的財産権のライセンス契約，従業員をジョイントベンチャーに出向させるための出向契約，資材の供給契約等が考えられます。

② 競業避止義務

また，当事者の競業避止義務についても定める例が多くみられます。合弁会社の運営中はその利益を奪い合うような事業をされては困ると考えるのは合理的です。したがって，条項を規定すること自体はそれほど抵抗なく受け入れられるものの，他方で自社のビジネスを制限することにもなるため，その範囲や期間，適用される地域等について慎重に検討する必要があります。

(5) まとめ

ジョイントベンチャーはうまくいけば双方のリソースを効率的に組み合わせて，一企業ではできないような事業を成し遂げることができます。しかし，他の企業と組むときは，うまくいかなかったときの対処法も考えておかなければなりませんので，解消時のことについても検討しておくようご留意ください。

QⅣ-12 景品表示法上の表示規制

商品やサービスの表示内容に関して，景品表示法上規制があると聞いたのですが，どのような内容の規制ですか。

A 景品表示法上，(1)商品やサービスの品質，規格その他の内容についての不当表示および(2)価格その他取引条件についての不当表示が禁止されています。

解説……………………………………………………

景品表示法とは，正式には「不当景品類及び不当表示防止法」といい，商品やサービス（以下，景品表示法上の用語にあわせて「役務」といいます）の品質，内容，価格等を偽って表示を行うことを規制する法律です。

消費者に対して，わかりやすく，かつキャッチーな表示を行うことは，有効な販売促進手段となり得ます。

しかしながら，商品や役務の内容や取引条件は，消費者が商品や役務を購入するかどうか判断する際の重要な情報となるので，その内容は正確に消費者に伝えられなければなりません。もし仮に，商品や役務の内容や取引条件について，実際よりも著しく優良または有利であると見せかける表示が行われた場合，消費者は，正常な判断ができなくなってしまいます。

そのため，消費者が不利益を被ることを防止するため，景品表示法は，不当な表示を行うことを規制しています。景品表示法が禁止している表示は，大きく以下の⑴優良誤認表示，⑵有利誤認表示，⑶その他誤認されるおそれのある表示の３つに分けられます。

⑴　優良誤認表示（景品表示法５条１号）

景品表示法５条１号は，商品や役務の品質を実際よりも優れていると偽ったり，競争事業者が販売する商品や役務よりも特に優れているわけではないのにあたかも優れているかのように偽って宣伝する行為を「優良誤認表示」として禁止しています。たとえば，①ノーブランドの牛肉であるのにブランド牛であると表示していたり，②中古車の売買で10万キロ走っているのに走行距離を３万キロであると表示していたり等が典型的な例です。

なお，消費者を騙す意図はなく，過失により誤って表示をしてしまった場合であっても，景品表示法により規制されることになりますので，注意が必要です。

また，優良誤認表示を効果的に規制するため，消費者庁長官は，優良誤認表示に該当するか否かを判断する必要があると認めるときは，当該表示を行った事業者に対して，期間を定めて，その表示の裏付けとなる合理的な根拠を示す資料の提出を求めることが認められます。この場合において，事業者が求められた資料を提出しない場合，当該表示は優良誤認表示とみなされます（景品表示法7条2項)。事業者から提出される資料が表示の裏付けとなる合理的な根拠を示すものであると認められるためには，①提出資料が客観的に実証された内容のものであること，②表示された効果，性能と提出資料によって実証された内容が適切に対応していることの2つの要件を満たす必要があると考えられています。したがって，商品または役務の品質，規格その他の内容についての表示を行う場合には，このような資料の提出が求められても対応できるよう，その分野において一般的に認められた方法により試験や調査を行ったり，または専門家等の見解や学術文献等を入手するなどして，裏付けをきちんと確保したうえで，その資料を保存しておくことが重要です。①について，どのような資料であれば客観的に実証された内容のものと認められるかについては，消費者庁の「不当景品類及び不当表示防止法第7条第2項の運用指針―不実証広告規制に関する指針―」をご参照ください。

(2) 有利誤認表示（景品表示法5条2号）

景品表示法5条2号では，商品や役務の取引条件について実際よりも有利であると偽ったり，競争事業者が販売する商品や役務よりも特に安いわけでもないのにあたかも著しく安いかのように偽る行為が「有利誤認表示」として禁止されています。例えば，①基本価格を記載せずに，「今なら半額！」と表示したが，実はもともと安価な商品であったため半額ではなかった場合，②折込チラシで「地域一番の安さ」と表示していたが実際には周辺店舗の価格調査をしていなかった場合，③販促キャンペーンで景品について「当選○本！」と表示していたが実際には当選本数は表示されていた本数より少なかった場合，④いわゆる「サクラ」が口コミを投稿していた場合等が典型的な例です。

こちらも，消費者を騙す意図はなく，過失により誤って表示をしてしまった場合であっても，景品表示法により規制されることになりますので，注意が必要です。

(3) その他誤認されるおそれのある表示（景品表示法5条3号）

景品表示法5条3号は，商品または役務の取引に関する事項について，一般消費者に誤認されるおそれがある表示であって，不当に顧客を誘引し，一般消費者による自主的かつ合理的な選択を阻害するおそれがあると認めて内閣総理大臣が指定する表示を禁止しています。これを受けて，①無果汁の清涼飲料水等についての表示，②商品の原産国に関する不当な表示，③消費者信用の融資費用に関する不当な表示，④不動産のおとり広告に関する表示，⑤おとり広告に関する表示および⑥有料老人ホームに関する不当な表示の6つの告示が定められています。

提供する商品や役務の内容が，これらの6つに関連する場合には，こちらの内容もあわせて確認するようにしましょう。

(4) インターネット上における広告表示に関する注意点

最近では，簡単に，商品や役務等に関する評判や噂などをまとめた「口コミ」情報を掲載するインターネット上のサイト（ブログや，口コミ情報を書き込めるグルメサイトなど）の評価が，消費者に大きな影響を与えることが多くなっています。そのため，ブロガーなどに対して，自身の商品や役務がことさら素晴らしいものであるかのような記事の執筆を依頼する事業者も増えています。

この場合，記事を書いているのは当該ブロガーですが，商品や役務を提供する事業者が，口コミサイトに口コミ情報を自ら掲載し，または第三者に依頼して掲載させた場合において，その掲載内容が，その事業者の商品や役務の内容または取引条件について，実際のものまたは競争事業者のものよりも著しく優良または有利であると一般消費者に誤認されるものである場合には，景品表示法上の不当表示として事業者が責任を負う可能性があることには，十分注意する必要があります。

(5) 景品表示法に違反した場合の効果

景品表示法に違反する不当な表示が行われている疑いがある場合，消費者庁は，関連資料の収集，事業者への事情聴取などの調査を実施する権限を有しています。調査の結果，違反行為が認められた場合，消費者庁は，当該行為を行っている事業者に対し，不当表示により一般消費者に与えた誤認の排除，再発防止策の実施，今後同様の違反行為を行わないことなどを命ずる「措置命令」を行う場合があります。また，違反の事実が認められない場合であっても，違反のおそれのある行為がみられた場合は指導の措置がとられることがあります。

また，優良誤認表示および有利誤認表示については，課徴金納付命令の対象となる場合があります（景品表示法８条)。

以上が，景品表示法における表示規制となりますが，実際に表示を行うにあたっては，景品表示法のほか，薬機法や食品衛生法上の表示規制にも注意する必要があります。

商品や役務について広く広告を出すベンチャーも多く見受けられますが，その際にはこれらの規制に反しないか慎重に検討するようにしましょう。

QⅣ-13 景品表示法における景品規制

商品やサービスを購入してくれた消費者に対して，景品を付与しようと思うのですが，提供することができる景品の内容には，制限はあるのでしょうか。

A 景品表示法では，提供することができる景品類の最高額，総額等を定めていますので，その範囲内で景品を付与する必要があります。

解説

購入者の一部に抽選で賞品を提供したり，購入者や来店者全員に商品券を提供したりすることは，ベンチャーにとって有効な販売促進手段となりえます。

しかし，過大な景品類の提供は，景品欲しさに本来不要であるはずの商品やサービスを購入させるおそれがあるなど，消費者の商品等を購入するかどうかの判断に悪影響を及ぼしてしまう可能性があります。

したがって，景品表示法では，過大な景品類の提供に対する規制を設けています。

そこで，以下では，具体的な規制の内容について説明していきます。

(1)　景品類とは

景品表示法2条3項は，「景品類」について，「顧客を誘引するための手段として，その方法が直接的であるか間接的であるかを問わず，くじの方法によるかどうかを問わず，事業者が自己の供給する商品又は役務の取引に付随して相手方に提供する物品，金銭その他の経済上の利益であって，内閣総理大臣が指定するもの」と定義しています。

具体的には，どのような場合に「景品類」に該当するのでしょうか。以下，上記条項を分解して見ていきましょう。

①　顧客を誘引するための手段として

まず，「顧客を誘引するための手段として」とは，提供者の主観的意図やその企画の名目を問わず，客観的に顧客誘引のための手段かどうかによって判断されます。したがって，事業者が，商品購入を促す目的を持っておらず，例えば，親睦，謝恩等のため，商品の容器の回収促進のため，または市場調査のアンケート用紙の回収促進のためという目的しか持っていなかった場合であっても，客観的にみて顧客誘引のための手段になっている場合には「顧客を誘引するための手段として」の提供と認められてしまう可能性があります。

また，新たな顧客の誘引に限らず，取引の継続または取引量の増大を誘引するための手段も，「顧客を誘引するための手段」に含まれます。

②　自己の供給する商品又は役務の取引

自己が製造しまたは販売する商品についての最終需要者に至るまでの全ての流通段階における取引が「自己の供給する商品又は役務の取引」に含まれることになっており，その対象が広範になっていますので，この点注意が必要です。

③　取引に付随して

取引付随性は景品表示法による規制の前提となる重要な要件となります。

基本的には，(i)取引を条件として提供する場合，(ii)取引を条件としないものの，主に取引の相手方に対し提供する場合，および(iii)取引の勧誘に際し提供する場合は，「取引に付随」する提供に当たると考えられています。

また，複数の商品や役務を合わせて販売する場合には，一方が他方に付随する景品類であると評価される可能性があるので，注意する必要がありますが，組み合わせ販売が明らかな場合や，組み合わせ販売が商慣習となっている場合，さらには組み合わせることにより独自の機能，効用を持つ１つの商品や役務になっている場合は，原則として取引に付随する景品類には該当しないものとされています。

その他，ホームページ上で実施される懸賞企画は，通常は懸賞への参加がただちに購入に繋がるわけではないことから，取引付随性を満たさないと考えられますが，応募者を商品やサービスの購入者に限定している場合や，購入しなければ正解やヒントがわからない場合には，取引付随性があると判断されますので，注意が必要です。この点，無料会員登録や資料請求のように，一連の過程において一切対価関係が発生しない場合には「取引に付随」しない可能性が高いものの，一方で，銀行口座の開設やクレジットカード契約のように，後に対価関係が発生する場合には，「取引に付随」すると考えられるため，具体的ケースに応じて慎重に取引付随性の有無を検討したほうがよいと考えられます。

なお，新聞，テレビ，雑誌，ウェブサイト等で企画内容を広く告知し，郵便はがき，ウェブサイト，電子メール等で申し込むことができ，抽選で金品等が提供される企画（いわゆるオープン懸賞）は，原則として，取引に付随しているとはいえないので，景品規制は適用されず，提供できる金品等に具体的な上限額の定めはありません。しかし，商品や役務の購入や店舗への訪問を条件とする場合は，景品として景品規制が適用されます。

では，インターネット上で行われる懸賞サイトがサービスページ等の商取引サイトを見なければ懸賞サイトを見ることができないようなホームページの構造であった場合はどうでしょう。この場合は，当該ウェブサイトへの訪問を前提としているため，上記の店舗への訪問と似た状況にありますが，ウェブサイトに関しては，懸賞に応募しようとする者がウェブサイトに訪問したとしても商品やサービスを購入することに，ただちにつながらないため，商品やサービスを購入しなければ懸賞企画に応募できない場合でなければ，オープン懸賞に該当し景品規制は適用されないとされています（「インターネット上で行われる懸賞企画の取扱いについて」平成13年４月26日公正取引委員会）。

④　物品，金銭その他の経済上の利益

具体的に景品類になり得るものについて，金銭，株券，商品券，饗応（映画，演劇，スポーツ，旅行その他の催物等への招待または優待を含む），および便益，労務その他の役務が含まれるので[1]，事実上あらゆる形態の利益の供与が規制対象となると考えておいたほうがよいでしょう。

また，(i)事業者が特段の出費をせず提供できる物品等または市販されていない物品等であっても，提供を受ける側から見て，通常，経済的対価を支払って取得すると認められるもの，および(ii)通常の価格よりも安く購入できる利益も「経済上の利益」に含まれますので，この点も注意が必要です。

⑤　景品類に該当しない経済上の利益

上記①から④の要件を形式的に満たす場合であっても，正常な商慣習に照ら

1　「不当景品類及び不当表示防止法第二条の規定により景品類及び表示を指定する件」（改正平成21年８月28日公正取引委員会告示第13号）参照

して値引またはアフターサービスと認められる経済上の利益や，正常な商慣習に照らして当該取引に係る商品または役務に附属すると認められる経済上の利益は，景品類に含まれないことになっています。

(2) 過大な景品類提供に対する規制

上記(1)の「景品類」に該当する場合には，懸賞に基づくか否かによって，大きく下記の２つに分かれます。

① 一般懸賞

景品類が「懸賞」に基づいて提供される場合は「一般懸賞」と呼ばれます。「懸賞」とは，くじ等の偶然性や特定の行為の優劣もしくは正誤によって景品類を提供することをいいます。例えば，抽選やじゃんけんにより提供する場合，一部の商品にのみ景品がついており外観からはわからない場合（「偶然性」によって提供するケース），クイズ等の回答の正誤や競技の優劣により提供する場合（「特定の行為の優劣もしくは正誤」によって提供するケース）等がこれにあたります。

景品類の提供が「懸賞」に基づく場合，(i)提供する景品類の最高額は，懸賞に係る取引価額の20倍（ただし上限10万円）を超えてはならず，かつ(ii)景品類の総額は，懸賞に係る取引予定総額の２％を超えてはならないものとされています。

ここで，景品類の額の算定は，景品類と同じものが市販されている場合は，市販の価格により，市販されていない場合は，提供者が入手した価格，類似品の市価等を勘案して，受領者がそれを通常購入することとしたときの価格により行われます。

また，「取引価額」は，購入額に応じて景品類を提供する場合は，当該購入額となり，購入額を問わない場合および購入を条件としない場合は，ケースに応じて最低取引額とされる場合や100円とみなされる場合等があります。

一方，「取引予定総額」は，懸賞販売実施期間中における対象商品の売上予定総額とされます。

その他，複数の事業者が参加して行う懸賞は「共同懸賞」と呼ばれ，限度額が上記とは異なりますが，紙幅の関係上，本書では省略します。

②　総付景品

一般消費者に対して懸賞によらないで提供する景品類は総付景品やベタ付け景品と呼ばれます。具体的には，商品・サービスの利用者や来店者にもれなく提供する金品等がこれに当たります。また，商品・サービスの購入の申し込み順または来店の先着順により提供される金品等もこれにあたります。

この場合，景品類の価額は，景品類の提供に係る取引価額の20%の金額（当該金額が200円未満の場合は200円）の範囲内であって，正常な商慣習に照らして適当と認められる限度を超えてはならないとされています（景品類および取引価額の算定は上記①と同様）。

ただし，商品の販売や使用，役務の提供のため必要な物品やサービス，見本や宣伝物，自己との取引で用いられる割引券類，および開店披露，創業記念等の行事で提供する物品やサービスは，正常な商慣習に照らして適当と認められるものであれば，この制限を受けないことになっています。

その他，業種に基づく個々の規制を受けることもありますので，実際に景品を出す場合には消費者庁のホームページを確認したり，専門家に相談したりしたほうがよいでしょう。

③　業種別告示

上記①や②に加えて，新聞業，雑誌業，不動産業，医療用医薬品業，医療機器業および衛生検査所業という特定の業種のみに適用される告示もありますので，このような業種に該当する場合には，その告示についても検討する必要があります。

④ カード合わせについて

「カード合わせ」とは，2以上の種類の文字，絵，符号等を表示した符票のうち，異なる種類の符票の特定の組合せを提示させる方法を用いた懸賞による景品類の提供のことをいいますが，このようなカード合わせの方法（例：菓子箱に1種類のカードが入っており，全種類を集めると景品類と引き換えられる）を用いた懸賞による景品類の提供は，すぐに当たるように錯覚させ，方法自体に欺瞞性が強い等の理由から，景品類の最高額や総額にかかわらず，全面禁止されています。

「コンプガチャ」と呼ばれる，オンラインゲームにおいて，有料ガチャによって絵柄の付いたアイテム等を販売し，異なる絵柄の特定の組合せを集めたユーザーに対し，特別のアイテム等を提供するという行為も「カード合わせ」に当たりうると考えられますので，景品表示法上問題となる可能性がある点に注意する必要があります。「コンプガチャ」については，「オンラインゲームの『コンプガチャ』と景品表示法の景品規制について」（平成24年5月18日消費者庁）および「コンプリートガチャ等に関するガイドライン」（平成25年1月29日一般社団法人ソーシャルゲーム協会）をご確認ください。

⑶ 公正競争規約

公正競争規約とは，景品表示法31条の規定に基づき，事業者または事業者団体が公正取引委員会の認定を受けて景品類または表示に関する事項につき自主的に設定する業界のルールをいいます。

このように公正競争規約は民間の事業者等による自主規制であることから，公正競争規約に参加していない事業者に直接適用されませんが，公正競争規約の内容が公正取引委員会の通達等において斟酌される場合があるので，いずれにしても公正競争規約のある業種の事業者はその内容を確認しておいたほうがよいと考えられます。

商品や役務について広く広告を出したり，キャンペーンで景品類を提供するベンチャーも多く見受けられますが，その際には上記各規制に反しないか慎重に検討するようにしましょう。

レベルアップ QⅣ-14 資金決済法（前払式支払手段）の基礎知識

Webサービスにおいて，毎回決済手続が必要なのは大変なので，ユーザーにポイントを購入してもらい，そのポイントを使うことでサービスを利用できる仕組みを考えています。このような仕組みを提供する場合には資金決済法に気をつけなければならないと聞きましたが，どのような法律なのでしょうか？

A　資金決済法（正式名称「資金決済に関する法律」）は，前払式支払手段，資金移動および資金決済の規制について定めた法律です。ご質問のケースにおいては，前払式支払手段に関する規制が問題となりますので，以下その規制内容を説明します。

解説

(1) 定　義

規制の対象となる前払式支払手段の定義は，資金決済法３条１項に定められており，①金額等の財産的価値が記載・記録されること，②金額・数量に応ずる対価を得て発行される証票等，番号，記号その他のものであること，③代価の弁済等に使用されることの３つの要件を満たすものがこれに該当するとされます。インターネット等を通じ，一度お金を払ってポイントを購入し，そのポイントを使用してサービスの提供を受ける仕組みとするビジネスは通常上記の３つの要件を満たすので，前払式支払手段に該当することとなります。

無償で付与されるポイントは，上記②の要件を満たさないので，前払式支払手段には該当しません。

(2) 規制内容

資金決済法は，前払式支払手段を自家型と第三者型に分類したうえで，両者について共通の規制を定めるとともに，それぞれの性質に応じた異なる規制を定めるという仕組みを採用しています。

① 共通の規制

(i) 表示義務

前払式支払手段発行者は，発行者の名称等一定の事項を発行する前払式支払手段に表示または利用者に提供する義務を負います（資金決済法13条）。質問のケースでは，(ア)電子メールでの送信等，(イ)インターネットを利用して利用者の閲覧に供する方法，によって情報を提供することとなります（資金決済法13条2項，前払式支払手段に関する内閣府令22条1項）。

(ii) 供託義務

前払式支払手段発行者は，いずれかの基準日（3月31日と9月30日）において，前払式支払手段の未使用残高が1,000万円を超えるときは，その基準日未使用残高の2分の1以上の額に相当する金銭を，基準日の翌日から2カ月以内に，発行保証金として主たる営業所・事務所の最寄りの供託所に供託する義務を負います（14条1項，資金決済に関する法律施行令6条，前払式支払手段に関する内閣府令24条1項）。なお，上記の供託義務については，銀行等と発行保証金保全契約を締結するか（15条），信託会社等と発行保証金信託契約を締結することで（16条1項），供託に代えることができます。

前払式支払手段の未使用残高に関して一点気を付けたいのは，有償ポイント以外に，キャンペーン等で無償ポイントを配布する場合です。例えば，通常100円で100ポイントを購入できるサービスにおいて，一周年記念としてユーザー全員に100ポイントを無償で配布するような場合です。この場合，無償ポイントについては，(ア)表示事項やデザインによって，対価を得て発行されたものと無償で発行されたものを明確に区別することが可能であること，(イ)帳簿書類上も，発行額，回収額，未使用残高について，対価を得て発行されたものと無償で発行されたものが区分して管理されていることのいずれも満たしている場合に限り，未使用残高に計上しないことができるとされます[1]。したがって，㋐または㋑のいずれかの要件を満たさない場合は，無償で配布したポイントも未使用残高にカウントされてしまうため，無償でポイントを配布する場合には，上記㋐および㋑の条件を満たすことを忘れないようにしましょう。

(iii)　払戻しに関する義務

前払式支払手段発行者は，前払式支払手段の発行の業務の全部または一部を廃止した場合，または前払式支払手段発行者が第三者型発行者である場合において登録を取り消された場合には，前払式支払手段の残高を払い戻す義務を負います（20条1項）。

他方で，前払式支払手段発行者は，上記の払戻し義務を負う場合および前払式支払手段に関する内閣府令42条で払戻しが許容される場合を除いては，原則として払戻しを行うことが禁じられます（資金決済法20条2項）。

具体的には，㋐基準期間における払戻金額の総額が，その直前の基準期間の発行額の20％を超えない場合，㋑基準期間における払戻金額の総額が，その直前の基準日未使用残高の5％を超えない場合，および㋒保有者が前払式支払手段を利用することが困難な地域へ転居する場合，保有者である非居住者が日本国から出国する場合その他の保有者のやむを得ない事情により前払式支払手段の利用が著しく困難となった場合のいずれかに該当する場合には，払戻しを行うことが可能です。

(iv)　その他の義務

前払式支払手段発行者は，行政の監督を受ける立場となり（資金決済法22条から29条まで），基準日ごとに，金融庁長官に対し報告書を提出する義務を負います（資金決済法23条1項）。

1　金融庁公表の事務ガイドライン第三分冊5．前払式支払手段発行者関係Ⅰ－2－1(3)

② 自家型前払式支払手段

自家型前払式支払手段とは，発行者（発行者と密接な関係者を含む）に対してのみ使用ができる前払式手段をいいます（資金決済法3条4項）。一般的なベンチャーにおいては，自社のサービスにのみ使用できる前払式支払手段を発行することが通常ですので，ベンチャーの場合には自家型前払式支払手段としての規制を受けるケースが多いと思います。

自家型前払式支払手段のみを発行する者は，発行を開始して以後，その基準日未使用残高が1,000万円を超える場合，最初に基準額を超えた基準日の翌日から2カ月を経過する日までに金融庁長官に対して届出を行う義務が生じます（資金決済法5条1項，前払式支払手段に関する内閣府令9条）。届出を提出した者は，前払式支払手段発行者とされ（2条1項，3条6項），上記①の(i)から(iv)までの義務を負うこととなります。

したがって，自家型前払式支払手段のみを発行する場合，基準日未使用残高が1,000万円を超えるまでは，資金決済法の規制対象とはなりません。

なお，ある者が，複数の自家型前払式支払手段を発行する場合，それぞれの自家型前払式支払手段について基準額を超えたかどうかを判断するのではなく，全ての自家型前払式支払手段の基準日未使用残高を合計した額について判断されることに留意する必要があります。

③ 第三者型前払式支払手段

第三者型前払式支払手段とは，自家型前払式支払手段以外の前払式支払手段をいいます（資金決済法3条5項）。第三者型前払式支払手段の発行の業務は，金融庁長官の登録を受けた法人でなくては，行うことができません（7条，104条1項）。登録を受けた者は，②と同様に前払式支払手段発行者とされ，上記①の(i)から(iv)までの義務を負います。なお，ある者が複数の前払式支払手段を発行する場合，その1つでも第三者型前払式支払手段であれば，登録が必要となることに注意が必要です。この場合，自家型前払式支払手段を含め，当該発行者が発行する全ての前払式支払手段が法の適用対象となります。

④　適用除外

前払式支払手段に該当する場合であっても，発行の日から６カ月未満[2]に限り使用できる前払式支払手段などについては，法の適用除外とされます[3]。したがって，資金決済法の適用を避けたいという会社においては，前払式支払手段の有効期限を発行の日から６カ月未満に限るよう設計することにより，上記①の(i)から(iv)までの義務を負わないこととすることが考えられます。ベンチャーの場合には，供託義務の負担を回避するため，この適用除外の制度を利用しているケースが多いです。

⑤　未使用残高が基準額（1,000万円）を下回った場合の取扱い

供託義務に関しては，ある基準日において供託義務を負うこととなった場合も，その後の基準日において未使用残高が基準額を下回った場合には供託義務はなくなり，発行保証金の全額を取り戻せます（18条１項）。ただし，さらにその後の基準日において，再び未使用残高が基準額を超えた場合には供託義務が生じます。その他の義務に関しては，一度前払式支払手段発行者となった者は，原則として業務の全部を廃止しない限り義務を負い続けることとなる点に留意が必要です。ただし，自家型発行者の報告書提出義務に関しては，基準日未使用残高が基準額以下となった場合には，次に同残高が再び基準額を超えることになるまでの間は，報告書の提出を要しないこととされています（23条３項）。

2　法令上「６カ月内」と規定され，６カ月未満の趣旨と解されています。堀天子『実務解説資金決済法』（商事法務，2011）290頁。
3　資金決済法４条，資金決済に関する法律施行令４条２項。

資金調達，ファイナンスにあたっての注意点

QV-1　資金調達方法の種類

事業展開のために資金が必要になったのですが，ベンチャーの場合，資金調達の方法には，どのようなものがありますか。

A　資金調達の方法は，現代では非常に多様かつ複雑になっていますが，大きく分類すると，借入や社債の発行等の負債（Debt）の形で調達する方法と，株式や新株予約権の発行等の資本（Equity）の形で調達する方法があります。

各方法にはそれぞれ特徴があり，また，これらの中間的な方法として社債を株式に転換できる新株予約権付社債の発行という方法もあります。各方法の特徴を理解して，自社にとってふさわしい資金調達方法であるかを慎重に吟味することが大切です。

解説

(1)　資金調達方法

会社による資金調達方法には，大きく分類すると以下の２つの方法があります。

①　負債の形で調達する方法（借入，社債の発行等）

②　資本の形で調達する方法（株式の発行，新株予約権の発行等）

この①負債と，②資本の最大の違いは，法律上の返還義務を負うか否かにあります。つまり，借入や社債の発行の場合は，会社は返済期日または償還期日に資金を返済または償還する法的義務を負いますが，株式発行の場合は，原則として調達した資金を出資者（株主）に返還する法的義務は負いません。

また，①負債と，②資本の違いを投資家の立場からみた場合，負債である借入（投資家の立場からは貸付）は，元本および利息の支払請求権を有するため，株式の場合と比べると相対的に回収リスクは低いと言えますが，他方で，リターンは利息のみとなります。また，利息には，利息制限法に基づく上限があります。

一方，資本増強の主な手段である株式は，基本的に株式の譲渡以外で投資した分の金額を回収することは難しく，貸付の場合と比べると相対的に回収リスクが高いものの，配当の他，キャピタルゲインが得られる可能性があります。また，キャピタルゲインの金額については，法律による上限はありません。

株式の発行により資金を調達する会社は，投資家がキャピタルゲインを得ることを目的として投資しているケースが多いことをよく認識しておく必要があります。具体的には，IPO や M&A 等による投下資本の回収可能性があることを前提として，投資家は株式の発行に応じますので，どこかの段階で IPO や M&A 等ができるように事業運営をしていく必要があります。

実務上，ベンチャーでは，(i)現金の返還義務を避けたい，(ii)投資家の高い期待収益率に応えられるビジネスモデルを有している，(iii)価値のある担保がない等の理由から，株式発行による資金調達が多く見られます。ビジネスモデルとの関係では，研究開発等が主たる資金使途であり，早期の黒字化が困難な可能性のある事業（IT，バイオ等）は，株式発行により資金を調達している例が多く，借入により資金調達をしている例はあまり見られません。一方，担保となる資産を有する事業（製造業等）や安定的な売上が見込める事業（飲食業，流通業等）は，借入による資金調達も多く見られます。

どの時点で，どのような資金調達方法を利用するかは，会社の資金調達面における重要な経営事項であり，通常は，資本政策という形であらかじめ計画を立てます。資本政策を立案する際には，事業計画が順調に推移するとどの時点でどの程度の資金需要があるか，事業用現金が確保できているか，創業者等の持株比率が満足できる内容となっているか，上場後の安定株主が確保されているか，最終的に投資家の期待に応えられる内容となっているか等の観点から検討します。

ベンチャーの経営者にとっては，売上の拡大や利益率の上昇，保有する経営資源の効率的な活用が主要な関心事と思いますが，適切な資金調達を行うことも重要な使命であることを認識しておくことが大切です。

⑵ 各資金調達方法の留意点

以下では，個別の資金調達方法において，実務上よく問題となる点を説明していきます。

① 負債の形で調達する方法

負債の形で調達する方法では，借入の場合も社債の場合も，担保を付すか否かを検討する必要があります。担保の具体的な内容としては，人的担保（連帯保証）や物的担保（抵当権，質権，譲渡担保等）が代表的なものとなりますが，最近では知的財産権を担保とする手法も見られます。また，社債に担保を付す場合，その担保が物的担保の場合には担保付社債信託法の適用を受けるため，担保の設定にあたって信託会社との間で信託契約を締結する必要があるので，注意する必要があります。

社債の種類については，普通社債の他，新株予約権付社債という種類の社債があります。この新株予約権付社債とは，新株予約権が付された社債を意味し，当初は社債であるものの，株式への転換が権利または義務になっています。一般には，新株予約権付社債の保有者（投資家）側が，行使の意思決定の有無やタイミングを決められるように設計されているため，投資家にとって他のファイナンス手法と比較して有利であることが多く，主に信用力の低い段階や資金調達の狭間を埋めるブリッジローンとして利用されます。新株予約権付社債については，QV-14にて解説していますので，ご参照ください。

②　資本の形で調達する方法

株式の発行については，種類株式または普通株式の選択の他，第三者割当または株主割当（株主全員に持株比率に応じて割り当てる方法）という割当先による分類があり，それぞれで，会社法上行うべき手続が異なってきます。特に，割当先の選択は重要です。例えば，ベンチャーが株式をベンチャーキャピタル（以下，「VC」といいます）に割り当てる場合は，投資契約や種類株式の内容を検討するのはもちろんのこと，割当先のファンドの性格や満期，担当者との相性等を慎重に見極める必要があります。VC は，自らが組成しているファンドの出資者に対して，ファンドの満期までにファンドの資産を現金化して出資者に分配する責務を負っており，ベンチャーが出資を要請する場合にはファンドの性格や背景事情を十分に理解する必要があります。また，事業会社に割り当てる場合は，業務提携と同時に行うことも多いですが，投資実行後に業務提携がうまく進まないケースも散見されるため，実際にどの程度シナジー効果等があるのかを慎重に見極める必要があります。

なお，株式の発行に関しては，デット・エクイティ・スワップ（Debt Equity Swap）という方法もあります。これは，会社に対して金銭債権等の債権を有している者が，当該債権を会社に現物出資して，株式の発行を受けるというものです。会社の負債を株式に変えることになります。

新株予約権を発行する場合については，新株予約権は通常はストックオプション目的で無償で発行されるケースが多いですが，投資家や事業会社に有償または無償で発行されることも少なくありません。例えば，ベンチャーが新株予約権を発行する場合として，ベンチャーがあらかじめ決められた一定の目標を達成した場合に新株予約権者が当該新株予約権を行使する義務を規定することで，当該目標の達成度合いに応じた投資を実現するケースがあります。

以上のほか，株式や新株予約権の発行に関する法律上の留意点として，社債と同様，金融商品取引法上の有価証券の募集に該当しないようにすることが非常に重要です。

③ 資産を現金化する方法

資金調達方法としては，上記の①負債の形で調達する方法と②資本の形で調達する方法の他に，資産を現金化する方法があります。具体的には，資産の売却として不動産を売却し，その不動産の賃貸借を受ける等のいわゆるオフバランス化の他，手形の割引やファクタリング等が挙げられます。

④ その他の方法

以上の資金調達の方法の他，子会社を設立してその子会社の株式を引き受けてもらう方法や，匿名組合を組成してその組合に出資してもらう方法は，事実上のファイナンス機能を果たすことがあります。ベンチャーに見られる手法の1つとしては，新規事業等の一部の事業のみを投資対象として匿名組合を組成し，出資者を募る方法があります。この方法では，金融商品取引法上，第二種金融商品取引業に該当する可能性があるため，同業務の登録を行っていない会社については，適格機関投資家等特例業務に該当する手法やみなし有価証券に該当しないようにする手法を用いなければならない点に留意する必要があります。

QV-2 投資契約書とは何か？

ベンチャーキャピタルから投資を受けるにあたり，投資契約を結んでほしいと言われました。なぜ投資契約は必要なのでしょうか。一般的に，投資契約にはどんなことが書いてありますか。

A 投資契約は，会社，経営陣，投資家の利害をあらかじめ調整しておくために必要です。一般的に，投資契約は，①投資に関する基本的な条件，②投資の前提条件，③株式に関する事項，④会社の運営に関する事項，⑤投資の撤退に関する事項，⑥一般条項により構成されています。

解説

(1) 投資契約の必要性

VC から投資を受ける際には，投資契約を提示されるのが通常です。これは今の時代では一般化しているため当たり前のように思うかもしれません。

しかし，投資契約は，株式を発行するために必須のものではなく，会社法上は必要なものではありません。創業メンバーが株式を取得するときや，エンジェルから投資を受けるときには，このような投資契約がないのが一般的です。実は，日本では，VC の投資でも1990年代後半のいわゆるネットバブルの時代にアーリーステージへの投資が活発化するまでは，投資契約なく投資をしているケースも多くありました。

ベンチャーへの投資の場合には，ベンチャーの成長のために必要な資金を主に株式への出資という形で拠出して，当該企業が成長し，株式公開（IPO）または買収（M&A）などに伴い株式を売却することで，売却益（キャピタルゲイン）を得ることを目的として行われることが通常です。

投資家としては，企業の将来的な成長に期待して資金を託すものであるため，この資金の使用に関して，企業が想定外のことを行わないよう，ある程度の約束をしてもらう必要があります。

特に，VC のようなプロの投資家は，ファンドという形で第三者の資金を集めてそれを運用しているため，自分たちのファンドに投資している投資家との関係でも，ファンドから投資をしたベンチャーの状況を適切に把握して，必要な行為を行う必要があります。

そのような中で，経営陣の意向と投資家の意向をすり合せる必要が生じる場面も多くあります。そのため，「契約」によって，ベンチャー，経営陣，投資家の利害をあらかじめ調整しておいたほうがよいと思われます。

投資契約は，基本的には投資家側から提示されることが多く，ベンチャー側にとっては制約が大きく，「できれば避けたい」と思いがちですが，他方で，一度株主になったら容易に関係を終了させることは難しく，長いお付き合いになることから，経営に関する事項，株式に関する事項などをあらかじめきちんと決めておいたほうが，その後の円滑な関係にとってはプラスになる面もあります。

(2) 投資契約の構造

投資契約を初めて見た起業家は，「う，何やらいろいろ難しくて怖そう…」という印象を受けるかもしれません。たしかに，多数の条文が並んでいるとその量に圧倒されてしまうこともあると思います。また，投資家側においても，自社が使用しているひな型や，他社からもらったひな型をなんとなく使用してしまっているケースもあるようです。

しかし，投資契約の基本的な構造を理解して，どの部分の規定なのか確認しながら読んでいくと，複雑そうに見えた規定も内容を理解することができるようになると思います。投資契約の基本的な構造は以下のような形になっています[1]。

① 投資に関する基本的な条件

株式の種類，株式数，株価，払込金額の総額等，投資に関する条件を定めるものです。

② 投資の前提条件

例えば，投資家に事前に提出した財務諸表が正しいことなど，一定の事項を投資家に対して表明し，保証する規定や，投資契約締結後払込みまでの間に，後発事象が生じていないことや，株主総会議事録など一定の書面を提出してもらうことを払込みの条件とする規定です。

1　AZX 総合法律事務所のホームページ上にタームシートを公開しているので，あわせて参考にしてください（http://www.azx.co.jp/modules/docs/index.php?cat_id=42）。

③　株式に関する事項

株式を譲渡することの可否や，他の株主が株式を譲渡する場合に自分が優先的に買うことができる権利（優先買取権），逆に他の株主が株式を売る場合に自分の株式も一緒に譲渡できる権利（譲渡参加権）など，株式の取扱いに関する規定です。

④　会社の運営に関する事項

取締役やオブザーバーの派遣，一定の重要事項についての承認や通知，財務諸表等の書類や情報の提供など，会社の運営に関する投資家の権利等を定める規定です。

⑤　投資の撤退に関する事項

万一，投資契約の違反があった場合等に投資家が株式を発行会社や起業家に売却して投資から撤退できることを定める規定です。

⑥　一般条項

秘密保持，有効期間，裁判管轄等の一般条項です。

投資契約の規定は，大まかに分けると上記の構成に分かれているため，各規定が何を目的とするものかをよく理解して，起業家と投資家の間で建設的な交渉を行うことが望ましいと考えます。

(3)　株主間契約との関係は？

日本のベンチャー業界では，従来，いわゆる「投資契約」という１通の契約書を提示されることが一般的でしたが，最近は，「株式引受契約」と「株主間契約」の２通に分けて提示されることが多くなってきました。米国ではむしろ後者のほうが一般的です。

投資契約は「契約」である以上，契約当事者しか拘束することはできません。例えば，社長の持株比率が30%，投資家の持株比率が10%の状態で，投資家，社長，発行会社の三者で投資契約を締結した場合，その契約で投資家の取締役選任権を定めても，契約当事者である社長と投資家では議決権比率が合計で40%しかなく，過半数に満たないので，投資家の指定した者が取締役に選任されない可能性があります。

また，投資家が，他の株主が株式を売却する場合に，優先買取権や譲渡参加権を行使したいと思っても，投資契約の当事者ではない他の株主による株式の売却については何ら権利行使できません。

したがって，「③株式に関する事項」や「④会社の運営に関する事項」については，社長以外の他の株主も契約当事者として拘束しておくべき場合があります。

そこで，①投資に関する基本的な条件，②投資の前提条件，⑤投資の撤退に関する事項については，投資家と発行会社の間で「株式引受契約」を締結し（日本では発行会社の社長も当事者となるケースが多いです），③株式に関する事項，④会社の運営に関する事項については，主要な株主を含んだ「株主間契約」を締結するのが合理的であり，株主の数が多くなってきた段階での投資案件では，このようなスキームが選択されることがあります。

また，M&Aの場合に，一定の株主の請求により当該M&Aに応じるべき旨を定めるドラッグ・アロング・ライト（**QV-5**）や，M&Aの場合において種類株式に優先的に対価を分配するべき旨を定めるみなし清算条項（**QV-6**）などについては，原則として「全株主」との間で締結する必要があるため，この部分だけを切り出して，全株主を当事者とする契約を作成する場合もあります。

ただし，日本では，各投資家の投資スタンスの違いで投資契約の条項が異なること，投資家ごとに迅速に稟議を通して投資決定したいこと，上記の株主間契約を作成するには“まとめ役”となるリードVC等が必要であり，これが曖昧なケースも多いことなどから，各投資家が個別に自らの投資契約を提示することも多いのが現状です。

このスタイルが必ずしも不合理というものではありません。ただ，この場合，上記のとおり，契約当事者しか拘束できないので，一定の限界があること，個別の投資契約の間の整合性に注意する必要があります。

【図表】　株式引受契約と株主間契約の構造

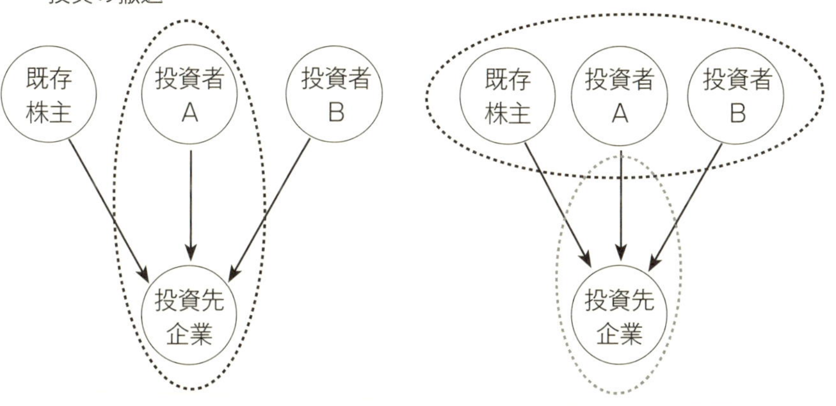

⑷　交渉にあたっての基本的な方向性

投資契約の交渉においては，起業家サイドは，①自己の経営の自由度をどこまで確保できるか，②想定外の責任を負うことにならないか，という観点から交渉することになります。

資本という形で投資を受けるためには，ある程度の拘束はやむを得ない面があり，調達する金額や投資家のシェアを考慮して，合理的な範囲に落ち着くよう適切に交渉していく必要があります。

その際，IPO や M&A までに今後も追加的に資金調達を行う予定があるのであれば，その後の投資家から要求される可能性のある事項も想定しつつ，今回の投資家にどこまでの権利を認めるべきか慎重に検討する必要があります。

投資家サイドは，①株主としての自己の権利を保全するため，また，②将来の Exit の際に合理的な利益を確保するためにどの程度の規定が必要かという観点から交渉することになります。

特に VC はファンドという形で他の投資家の資金を預かっていることから，ファンドの運営者としての善管注意義務を果たしているといえる程度の適切な契約を締結する必要があります。

しかし，他方で，投資家にとって，必要以上に有利な規定を入れてしまうと，逆に起業家サイドの自由度を不当に制約し，ベンチャーとして重要な経営のスピードと柔軟性を奪ってしまい，また，投資家と起業家の円滑な関係に悪影響が生じてしまうこともあるため，この点注意が必要です。

上記のような観点から，起業家と投資家の関係において，何が「フェア」といえるのかという点に関するコンセンサスをベンチャー業界で醸成していくことはとても重要であり，お互いにフェアといえる条件で早期に折り合って資金調達を完了し，起業家がビジネスに集中できる環境が構築されることが望まれます。

QV-3 表明保証条項

投資契約書をＶＣから提示されました。この中に「表明保証条項」という規定があったのですが，具体的にどのような意味がありますか。また，どのような観点からこれをチェックすればよいのでしょうか。

A 表明保証条項とは，会社および経営者が会社に関する一定の事項を投資家に対して表明し，保証する条項です。

起業家としては，この内容を投資家と読み合わせるなどして，きちんと確認し，例外事項があれば適切に対処することが必要です。

解説

(1)　表明保証条項の意味と機能

表明保証条項とは，例えば，①発行会社は，投資家に提出した財務諸表が公正な会計基準で作成され，財務諸表に記載されていない隠れた債務は存在しないことを表明し保証する，②発行会社に対して提起されている訴訟は存在しないことを表明し保証するなど，会社および経営者が会社に関する一定の事項を投資家に対して表明し，保証する条項です。

VC等の投資家は，投資を行う前に一定程度の調査（通常デューディリジェンスと呼びます。以下，「DD」といいます）を行いますが，それはあくまでも会社が任意で提出した資料や情報に基づくものであり，また時間および費用の観点からどうしても限界があります。

会社の設立段階から起業家と親しく付き合ってきた投資家であれば，ある程度会社の状況を把握できているかもしれませんが，資金調達ラウンドで急に声をかけられた投資家にとっては，上記の調査だけですべてを把握するのは難しく，投資契約において，重要な事項について保証してもらうことは重要です。

そのため，投資契約では，このような表明保証条項が規定されているのが一般的です。

投資家にとってのこの表明保証条項の主要な機能としては以下の点が挙げられます。

①　ペナルティー発動機能

表明保証の内容が真実ではない場合に，損害賠償請求や株式の買取請求を行って投資の撤退を図る機能です。

なお，法律論として少し細かいことを説明すると，表明保証された内容が真実と異なっていた場合，表明保証違反として「契約違反＝債務不履行」となるかという論点があります。そもそも表明保証とは，会社の状況を説明するものであり，この規定に基づいて会社が何かの行為をなすべき「債務」を負っているものではありません。

したがって，表明保証違反というのは，債務不履行ではなく，「詐欺」または「錯誤」の一種と考えられ，民法上の債務不履行に基づく損害賠償請求は難しく，不法行為に基づく損害賠償請求の対象になるだけではないかという議論が成り立つ可能性があります。そのため，表明保証違反があった場合の効果について，契約において明確に定めておかないと，責任の追及が難しくなる可能性があるため，投資家にとっては，表明保証違反の場合の損害賠償請求や株式買取請求を投資契約で明記しておくことが重要です。

② DDでは把握しきれない事項を補完する機能

投資契約において，表明保証条項を規定し，会社の経営陣に対して「この条項と異なる事情はないですね」と確認していくと，例えば，「実は，元従業員から未払い残業代の請求が来ているので，財務諸表に記載されていない隠れた債務に該当するかもしれません」，「商標権侵害の警告が過去に来ていたことがあります」などの回答を受け，表明保証の内容に抵触する事実の存在が判明することがよくあります。

本来は，DDにおいてこれらの事項の存在を調査しておくのが基本なのですが，ベンチャー投資の場合，時間と費用の観点から十分なDDを行えないケースも多く，この表明保証条項の確認によって，実質的にDDをある程度補完することができます。

したがって，投資家にとっては，表明保証条項については，特に起業家によく確認し（起業家と一緒に読み合わせを行うぐらいのほうがよいと思います），異なる事実がないか確認するのが賢明といえます。

この表明保証条項に後で違反が見つかった場合，上記①のペナルティー発動機能があるとしても，そもそも，そのような事態になっていること自体，投資の失敗といえます。

そのような違反の事実が投資前にわかっていたなら投資をしなかったということであれば，調査不足として，VCの場合はファンドの投資家に対する善管注意義務の問題が生じる可能性もあります。

契約書を提示する側からすると，いろいろ細かくチェックされて交渉されるより，あまり内容を深く考えずに，サインしてくれたほうがよいと考えてしまいがちですが，表明保証条項の場合，起業家がこの内容を確認せず，投資契約にサインをして，後で隠れた債務があることがわかったり，知的財産権が確保できていないといった事態が判明して，表明保証違反が明らかになると，投資家としても大きな損失を被ることになります。

したがって，投資契約における表明保証条項は，①ペナルティー発動機能よりも，②DD補完機能を重視して，投資家と企業家双方で内容をよく確認することをお勧めします。

⑵　起業家にとっての留意点

投資契約の表明保証条項について，起業家にとっての留意点としては，当然のことながら，「表明保証条項の内容を漏らさずよく確認すべき」ということです。

起業家サイドでは，「何だかいろいろ書いてあって面倒くさいな…。ま，いいか」と思ってサインしてしまうケースもあるようですが，これは厳禁です。

表明保証条項というのは，会社の事業がうまく行っているときは表面化しないケースがほとんどですが，会社の事業が想定どおりに進まず，VC等の投資家が，投資の撤退を考え始めて回収フェーズに入った場合は，「何か回収のネタがないかな。そうだ，投資契約の表明保証条項に違反していた事項があったはずだ！」ということで，厳しい回収攻撃にあってしまうケースもあります。

そのため，あまり自分にとってなじみのない契約文言であっても手を抜かず，きちんと確認することが重要です。

⑶　例外事項への対応方法

表明保証条項の確認は，会社の現状と合致しているかを確認するということになりますが，確認の結果は以下の３つに分かれるのが通常です。

①　正しい

② 異なる事実がある（例：実は商標権を他社に保有されている）

③ 自分ではわからない（例：「訴訟を提起されるおそれがない」か否かは，相手次第なので自分ではわからない）

①はそのままでよいですが，②，③は手当てが必要です。

「②異なる事実がある」ケースは，投資家にこのような事実がある旨を告げて，投資契約の表明保証条項に例外として明記してもらう必要があります。

例えば，上記の例では，「会社はその事業活動に必要な全ての知的財産権を保有している。ただし，○○の商標については商標権を取得していない。」と記載することになります。事実として商標権を取得していない以上，このようなただし書を記載せざるを得ず，投資家としては，このようなただし書がついても投資可能かどうかを判断することになります。

なお，この場合，起業家側が「商標の問題があるので，この条項は削除してください」と修正を要請する場合がありますが，条項全体を削除してしまうと，当該商標以外の表明保証までなくなってしまうため，通常，投資家は，条項全体の削除には応じてくれません。あくまでもただし書で例外事項を明記するのが正しい対応方法と言えます。

(4) 「知る限り」と「知り得る限り」

次に「③自分ではわからない」ケースは，「○○のおそれがない」という形の規定や，自分以外の取引先，関連会社，株主，役職員の状況に関する規定などでよく生じることがあります。

例えば，第三者から著作権侵害等を主張されるおそれがないかといわれると，言いがかりもあるかもしれないから，保証は難しいというケースや，取引先が反社会的勢力ではないことを保証しろといわれても，自分としては反社会的勢力ではないと思っているから付き合っているが，調査会社を使って調べたわけではないので，「保証」といわれると厳しいなどというケースです。

このような場合は「発行会社の知る限り」などの文言を追加して，自ら把握している範囲では正しいことを保証するという形に修正するのが一般的です。

例えば，「発行会社の知る限り，○○のおそれがない」などとします。このような形にすれば，自分が知らなかったことについては免責されることになります。表明保証条項の中には，このような「知る限り」を挿入するべき事項も数多くあるので慎重にチェックしましょう。

これに関して，投資家側から「知り得る限り」に修正するよう求められるケースもあります。これは，会社側として「知り得た＝合理的に調査すれば分かった[1]」事項については保証してくださいというものです。

「知る限り」では，知らなければ免責されるのに対して，「知り得る限り」では，知らなかったとしても，知らなかったことについて調査不足などの落ち度があった場合には免責されないということになります。

この点，どの程度の調査をするべきかは，対象事項の重要性や調査に要する一般的な費用や時間などを考慮して，発行会社の当時の具体的な状況に即してケースバイケースで判断されるので，多少曖昧な概念といわざるを得ない面があります。

しかし，妥協点としては，「知り得る限り」で妥結しなければならないケースも多いのが実情です。投資家と起業家の双方が上記の意味の違いを理解して，合理的に交渉を進めることが望まれます。

QV－4　取締役派遣条項

ＶＣから投資を受けるにあたり，取締役を派遣する権利を要請されました。なぜ，取締役の派遣を希望するのでしょうか。

A　VC が取締役の派遣を希望する理由は，主として①取締役会の意思決定が事業計画の遂行にとって適切なものとなるよう監視監督したい，②会社の情報を適切に把握しておきたいという点にあります。

1　より明確に「合理的に知り得る限り」と記載することを求められる場合もあります。

解説

(1) 取締役の派遣を投資家が希望する理由

投資家はなぜ取締役の派遣を希望するのでしょうか。その主要な理由は大きく以下の2点にあります。

① 取締役の意思決定の監視監督

取締役会の決定は，取締役の過半数の賛成により行われるため，投資家サイドの取締役が過半数となっていない限り，取締役会の意思決定をコントロールすることはできません。

したがって，投資家が1人だけ取締役を派遣しても，法的な意味では実効力は乏しいと言えます。しかし，取締役は，取締役会で発言できる立場にあり，取締役会という重要な意思決定の場において，株主サイドの視点をもった取締役が企業価値の向上に向けて発言することは，会社の経営に大きな影響を与える可能性があります。また，例えば，この1人の取締役が会社の企業価値の向上にとって適切な意見を述べているのに，それを無視して，他の多数の取締役が不適切な決議をしたような場合，会社法的には決議は有効であるとしても，不適切な決議に賛成した取締役は善管注意義務に違反したとみなされるリスクが高まります。取締役会で注意喚起や反対意見が出されていた以上，その点について「知らなかった」，「気づかなかった」という言い訳はできない状況になるからです。

その意味で，取締役として，取締役会に出席して，発言できることは，実質的な意味があり，投資家の監視機能を強化する面があるといえます。

② 情報の把握

VC等の投資家が取締役を派遣すれば，当該取締役が取締役会で開示された情報を得ることができるのはもちろんのこと，会社に対して必要な情報の開示を要求することもできます。取締役には他の取締役の監視義務があり，会社の情報を把握しているべきである以上，取締役から会社に関する情報の提供を要請された場合，会社としてそれを拒絶するのは困難であり，会社の情報を把握するという点でも，取締役を派遣することは有用と考えられます。

しかし，上記２点については，取締役会へのオブザーバーの派遣と投資契約での情報請求権で，ある程度代替補完できる面もあるため，投資家から取締役の派遣を希望された場合に，これを受け入れるべきかという点は慎重に検討したほうがよいと考えます。なお，VCにおいて，投資契約上，取締役派遣の権利を持ちつつも，実際には行使せず，オブザーバーにとどめているケースもよくあります。

(2)　ベンチャー側の取締役派遣受入れの留意点

次に投資家から取締役の派遣を受けるベンチャー側の留意点について説明します。

①　過半数のキープ

企業の重要な意思決定は，原則として取締役会で決定され，その意思決定は「過半数」の賛成でなされます。したがって，起業家サイドで取締役の過半数をキープしておくことはとても重要なことです。

しかし，例えば，起業家サイドで３名，投資家サイドで２名だった場合，起業家サイドでの方針の違いや内紛などで１人が投資家サイドに寝返ってしまうと，投資家サイドが過半数をとることになり，経営権を奪われてしまうことになります。

もちろん，取締役の選任は株主総会の普通決議（過半数の賛成）で行われるため，起業家サイドで持株比率を50％超キープしているのであれば，最終的には取締役会の構成を起業家サイドが過半数になるように修正することは可能です。

しかし，すぐに修正できるかというと，そもそも株主総会の招集については原則として取締役会の決議が必要なところ，上記の状況では，取締役会での株主総会の招集は期待できません。

会社法上，株主による招集も可能ですが，かなりの期間を要します。また，任期満了前に取締役を解任した場合，「正当な理由」がないと，解任された取締役は会社に対して損害賠償請求権を有することになります（会社法339条2項・QⅢ-10参照）。

したがって，タイムリーに取締役会の構成を修正することができない可能性があり，取締役会での過半数を失うことはかなりのダメージとなります。

また，議案について特別の利害関係を有する取締役は，議決に参加することができないため，起業家サイドでギリギリ過半数をキープしていても，議案によっては，「過半数」とならず，議決できないケースもあるので注意が必要です。

さらに，今回の資金調達ラウンドの後の取締役会の構成は適切な形でキープできたとしても，次の資金調達ラウンドで新たな投資家からまた取締役の派遣が要請される可能性もあります。

このようなことも考慮に入れつつ，投資家から取締役の派遣を受け入れた場合の取締役会の構成を慎重に考える必要があります。

②　派遣取締役との相性

VC等の投資家から派遣される取締役の人柄や能力等の観点からの「相性」はとても重要です。取締役である以上，取締役会で発言をし，一票を持つことになるため，会社の取締役のメンバーとして相応しい人になってもらうべきです。派遣取締役との相性が合わないと取締役会に無用な緊張が走り，場合によっては混乱することもあります。

筆者自身も，顧問先の社長から，「VC派遣の取締役との相性が悪く，会社の経営に著しい支障があるので，VCさんに派遣取締役の交代をお願いしたい」との相談を受け，社長と一緒にVCを訪問した経験があります。その件は，VC側が事情を理解してくれて，派遣取締役が交代となり，新しい取締役は会社の事業の発展に向けて各種アドバイスや人材の紹介なども行ってくれて非常に会社とうまくいきました。

そのためVCから取締役の派遣を受ける場合には，誰が来るのかをよく確認して，会社の経営陣の一人として受け入れ可能か慎重に検討したほうがよいと考えます。

(3) 投資家側にとっての取締役派遣の留意点

本書は，基本的には起業家向けに執筆したものですが，ベンチャー業界全体についての知識を共有する観点から投資家側にとっての留意点も記載します。

投資家側にとって取締役を派遣することに伴い留意するべき点は以下の5点です。

① 経営責任

取締役である以上，会社および株主全員に対して経営責任を負っています。取締役として賛成した議案に関して，それに基づき会社に損害が生じた場合には，経営責任が生じ，損害賠償義務を負う可能性があります。

この点のリスクヘッジのために，責任限定契約は必須と考えます[1]。また，役員賠償保険もできるだけ加入したほうが安全です。

② 利益相反

投資家派遣の取締役であっても，会社の企業価値の向上のために，取締役会で意見を述べ，意思決定をする義務があります。自分の派遣元の投資家は株主の1人にすぎず，取締役としての職務上，当該特定の株主だけの利害を優先することはできません。

1　責任限定契約は，会社法427条に基づき，定款の定めに基づき，業務執行を行わない取締役や監査役等と会社の間で締結することが認められています。この契約を締結することができる旨が定款に定められていることが必要となるため，VCから取締役の派遣を受け入れるにあたって，この点を定款変更する旨を出資の条件として求められることも多いです。

例えば，投資先の業績がうまく行かず，前回の資金調達の株価より下げてでも資金調達をせざるを得ない場合（いわゆるダウンラウンドの場合），それが自分の派遣元の投資家にとっては望ましいことではないとしても，会社の存続のために必要であると考えるのであれば，資金調達を進めるべきこととなり，実質的な利益相反状態が生じることになります。

このような利益相反状態は，資金調達の場面だけでなく，投資契約での拒否権条項に該当するような事項の決定などの場合によく起こり得ることです。

この場合，取締役会でどのように発言するべきか，決議において棄権するべきか，欠席するべきかなどを慎重に検討する必要があります。場合によっては，取締役を辞任したほうが安全なケースもあります。

③ 責任追及が困難となるリスク

投資家派遣の取締役が，取締役会において賛成した場合，当該投資家が，当該決議事項について，後に会社および会社の取締役に責任追及することは事実上困難となります。

この場合，投資契約の拒否権条項に形式的に抵触していたとしても，黙示に承認したと認定される可能性も高くなります。

VCから提示された投資契約の取締役派遣条項を見て，「取締役派遣？ベリー・ウェルカムです！　だって，これって人質ですよね。VCも一緒に責任を負ってくれるということですよね」という剛胆な起業家もたまにいます（VCに向かって直接このようなことは言わないと思いますが，筆者はベンチャー側のサポートも多く担当しており，この種の本音の発言をよく聞きます）。

④ 辞められないリスク

取締役派遣には，上記のようなリスクがあるため，投資先の状況によっては，取締役を辞任する必要が生じる場面があります。しかし，取締役を辞任しようとしてもできないケースがあります。

会社法上，取締役会設置会社は3人以上の取締役が必要です。定款で最低人数を引き上げることも可能です。取締役が退任したことで，この最低人数に欠員が生じる場合には，最低人数を満たす数の取締役が選任されるまで，当該退任した取締役は引き続き取締役としての権利義務を負うことになります（会社法346条）。

すなわち，辞任により取締役の最低人数を欠いてしまう場合には，実質的に辞任できないことになります。

したがって，投資家が取締役を派遣する場合には，当該派遣取締役が辞任しても，取締役の人数が足りるような状況としておく必要があります。

また，仮に取締役が４名で，経営陣が２名，VCのＡ社が１名，VCのＢ社が１名の取締役を派遣している場合，Ａ社の取締役が辞任すると，Ｂ社の取締役は辞任できなくなってしまいます。このような早い者勝ちの状況は，同じベンチャー業界でこれからも共同投資をする可能性のあるＡ社とＢ社にとっては，望ましい状況ではありません。

したがって，投資家サイドは取締役の構成には十分注意して取締役を派遣する必要があります。

⑤　情報開示についての善管注意義務の問題

上記で取締役派遣の理由として，会社の情報を適切に把握することを挙げましたが，その関係で注意するべき点があります。

取締役は，会社に対する善管注意義務があるため，投資家派遣の取締役といえども，取締役の職務として取得した情報を，一株主である自分の派遣元の投資家に何でも開示できるものではなく，開示する場合には，発行会社の了解を得る必要があります。

この点は，発行会社側も，投資家派遣の取締役に開示した情報が当該投資家内で開示されることは当然のこととして黙認していることも多いのですが，厳密にいうと上記のような問題があるので，運用上留意する必要があります。

投資契約でこの点の情報開示ができる旨を定めておくことも１つの方法です。

⑷ 投資契約または種類株式による選任権

投資契約において投資家の取締役の選任権を定める場合の留意点は以下のとおりです。

① 取締役の選任および解任は会社法上は株主総会の普通決議（過半数の賛成）が要件なので，規定の実効性を保つためには，総議決権の過半数を有する株主が投資契約の当事者となっている必要がある。

② 選任のみならず解任についても定める。すなわち，解任については当該取締役を指名した投資家の同意が必要である旨を規定する。

③ 責任限定契約や役員賠償責任保険についての規定を入れる。

④ 派遣取締役が退任した場合の登記義務を明確化しておく。

⑤ 派遣取締役が取得した情報を投資家に開示できる旨を規定しておく。

⑥ 取締役会の開催義務を明確化する（毎月１回以上定例取締役会を開催する旨を規定する例が多い)。

⑦ 投資家側からの取締役を派遣する権利の確保として，投資契約での規定のみではなく，種類株式による取締役選任権（会社法108条１項９号）を定める場合もある。

上記⑦は，特定の種類の株主総会で取締役を選任できる権利であり，定款で定め，これに反する会社の行為は無効となることから，契約より強力なものです。しかし，特定の投資家が名指しで指名権を有する形ではなく，特定の種類の株主の多数決で取締役が選任される形となるため，表面上はマイルドに見える場合もあります。

なお，この種類株式による取締役選任権を導入する場合には，①全ての取締役についてどの種類の株主総会で選任するかを規定する必要がある点，②種類株主総会の拒否権条項に取締役の選任を入れることができない点に注意が必要です。

(5)　望ましい取締役派遣に向けて

投資契約における取締役派遣条項という観点から，取締役派遣を検討すると，上記のような法律的な説明になってしまいますが，そもそも取締役とは何か？

という根本な問題に立ち返る必要があります。

取締役とは，会社の企業価値の向上に向けて，各個人の知見を出し合い，会社の重要な意思決定を行うメンバーです。全てのメンバーの意見が同じである必要はなく，むしろ，多様な意見を出し合って，それをもとに審議・検討をして，その時点での最良の意思決定に集約していく必要があります。

経験豊富なキャピタリストは，数多くのベンチャーをサポートし，ベンチャーがよく陥るワナや，ベンチャーがリスクをとってでも突き進むべきポイントなどをよく知っています。

そのようなキャピタリストが，取締役のメンバーとして，有益な意見を出し，取締役会の決議に参加することは，ベンチャーの成長にとっては望ましいことです。

投資先の企業から，「是非，取締役としてサポートしてください」と言われるのはキャピタリストとしては名誉なことであり，そのような形でVC等の投資家からの取締役派遣が増えることを期待したいと思います。

QV-5　ドラッグ・アロング・ライト

ＶＣから投資を受けるにあたり，「ドラッグ・アロング・ライトを認めるか，認める場合はどのような条件にするかは重要なポイントだよ」と聞きました。ドラッグ・アロング・ライトとは，どのような権利なのでしょうか。

A　ドラッグ・アロング・ライトはM&Aを強制することができる権利であり，主要な目的として，①少数株主に買収に応じることを請求できるようにする，②経営陣が買収に応じることを請求できるようにするという点があります。

①の目的は経営陣にとっても重要なので，「ドラッグ・アロング・ライトは

経営陣にとって絶対に受け入れるべきではない」というのは誤解があります。他方で②の目的の場合は，発動条件によっては経営陣にとって大きなリスクとなります。

したがって，ドラッグ・アロング・ライトの目的や発動要件について，十分に投資家と経営陣ですり合わせをして合意することが重要です。

解説

ドラッグ・アロング・ライト（Drag Along Right）とは，対象会社の買収に関して，一定の要件（例えば，優先株主の総議決権の3分の2以上の承認）を満たした場合，他の株主に対して買収に応じるべきことを請求できる権利です。会社の支配権の移転という「買収」を強制する権利であるため，ある意味とても強力な権利です。「強制売却権」,「売却請求権」,「売渡請求権」などという用語を使用している場合もあります。

(1) ドラッグ・アロング・ライトの目的と必要性

Exit機会を確保して投資の回収を行いたい投資家としては，適切なM&Aの機会があった場合には，そのM&Aを実行して自らの投資の回収を図りたいと考えるものであり，ドラッグ・アロング・ライトはこのような投資家側の意図から投資契約において規定することを要請されるケースが一般的です。

ドラッグ・アロング・ライトの主要な目的は以下の2つにあります。

① 少数株主に買収に応じることを請求できるようにする。

② 経営陣が買収に応じることを請求できるようにする。

① 少数株主への買収請求

買収（M&A）には，大きく分けて，(i)株式譲渡，(ii)株式交換，株式移転，合併等の企業再編行為，(iii)事業譲渡，会社分割等の事業の移転形態があります。

(i)の株式譲渡については，仮に99%の株主が買収に賛成したとしても，1株を保有している株主が，「自分は絶対に売らない！」と言い張ると，100%買収は困難となります。もちろん，それがごく一部の株主の問題であれば，買収の前後でスクィーズアウトなどを行うことも考えられますが，さまざまな法的対抗手段をとられる可能性を考えると，買収のスケジュールやコストに大きな影響を与える可能性があります。

(ii)および(iii)については，原則として株主総会の特別決議（3分の2以上の賛成）で実行可能です。その意味で(i)株式譲渡よりも少数株主の反対は致命的ではありませんが，反対株主の株式買取請求権等の少数株主の保護の制度もあるため，これを発動されると買収のスケジュールやコストに大きな影響を与える可能性があります。

このような事態は，会社の経営陣としても，買収を実行したいと思っている際には，大きな問題となります。

したがって，買収（M&A）の際に，少数株主に買収に応じることを強制できるようにしておくことは，投資家のみならず，経営陣にとっても重要なことと言えます。

ドラッグ・アロング・ライトの目的の1つは，このように，少数株主に買収に応じさせること（－少数株主をDragすること）にあります。

②　経営陣への買収請求

VC等の投資家は，ベンチャーに投資をして，IPOまたはM&Aの形で投資した株式を売却することでキャピタルゲインを得ることを目的に投資活動を行っていることから，Exit機会を確保することは最重要課題の1つです。特に，ファンドという形で第三者の資金を預かっており，ファンドの期限があるVCにとっては，この点は極めて重要です。

投資時点では，将来のM&Aの可能性について経営陣と合意をしていたとしても，投資からM&Aまでには数年の期間があるのが通常であり，その後の会社の状況や経営陣の考え方の変化などで，具体的なM&Aの時点で投資家側と経営陣とで意見があわない可能性があります。

このような事態は大きく分けると以下のような2つのケースに分かれます。

(i) 会社が順調に発展している状況において，VCとしてはよいM&Aのオファーがあったのでこれを実行したいが，経営陣としては，会社はもっと大きくなるはずなので，将来のIPOやもっと大型のM&Aを狙いたい。

(ii) 会社がうまく行かず，実質的な時価総額も小さくなってしまっており，VCとしてはファンドの満期の関係で株式を売却せざるを得ず，損切り覚悟でもM&Aを実行したいが，経営陣がねばってしまいM&Aに応じてくれない。

このような場合において，経営陣にM&Aに応じてもらうこと（＝経営陣をDragすること）がドラッグ・アロング・ライトのもう1つの目的ということになります。

各ディールにおけるこれらの目的と必要性がどの程度あるかをよく考えて，それにあった設計を考えるのが重要であり，起業家としては，投資家側が上記のいずれの意図をもってドラッグ・アロング・ライトを要請しているのかを理解して，うまく交渉する必要があります。

ドラッグ・アロング・ライトの目的を何にするかで，その発動要件の設計も異なってきます。

(2) ドラッグ・アロング・ライトの発動要件

投資契約においてドラッグ・アロング・ライトを定めることに関し，買収のオファーがあった場合に，どのような要件を満たした場合に，投資家が他の株主に対して買収に応じることを請求できるかという「発動要件」を検討することはとても重要です。これは上記に述べた「目的」によって変わってきます。

ドラッグ・アロング・ライトの目的が，①「少数株主に買収に応じることを請求できるようにする」ということであれば，発動要件としては，以下の例のような形で目的を達成することが可能です。

(i) 全株主の総議決権の○％以上の賛成があった場合

(ii) 優先株主の総議決権の○％以上の賛成があり，かつ，会社の取締役会で承認された場合なお，「○%」の部分は，「３分の２」，「80%」などとする例が多いです。これであれば，経営陣にとってもそれほどリスクはなく，むしろ，経営陣としても他の株主がM&Aに応じるべき規定を設けておいたほうが安全かもしれません。

他方で，投資家にとってのドラッグ・アロング・ライトの目的が，②「経営陣が買収に応じることを請求できるようにする」ことにある場合は，上記のような形だと，経営陣が反対すると実行が難しいためワークしないことになります。したがって，この場合は，シンプルに「優先株主の総議決権の○%以上の賛成がある場合」という要件が提示されるのが一般的です。しかし，これだと，投資家側の意向で会社の売却を余儀なくされてしまうことになり，経営陣としては，何とか合理的な内容に修正することを要請したいところです。

この場合に，ドラッグ・アロング・ライトの規定を入れるか否かというゼロか100かの交渉になってしまうと折り合いが難しくなってしまい，しまいには投資を受け入れるか否かという究極的な交渉になってしまいます。

でも，ここでちょっと立ち止まって，将来のM&Aの可能性については否定しない経営陣が，ドラッグ・アロング・ライトは困ると考える理由をもう少し考えてみましょう。

経営陣としてもたしかにM&Aも視野に入れているものの，上記の規定だと，投資家の意向で，自分の望まない時期に，望まない金額で売却を強制されてしまうから困るのです。

そうです。「時期」と「金額」の問題なのです。

ドラッグ・アロング・ライトの目的に照らして，この「時期」と「金額」を発動要件に織り込んでいき，両者の妥協点を検討していくことが考えられます。

例えば，投資家側としては，上場目標時期までにIPOできなかったらさすがにM&Aに応じてほしいと考えているなら，「ただし，○年○月○日以降に限り適用される」という形で，期限を設定することが考えられます。この期限については，上場目標時期だけでなく，ファンドの満期との関係で設定することも考えられます。

これによって「時期」をある程度制約することで妥協点を見つけやすくなります。

また，経営陣としては，無給に近い形で，24時間365日事業に邁進して，その挙げ句に小さなM&Aを強制されてほとんどキャピタルゲインがないという事態は避けたいと思うのは当然ですが，数億円もキャピタルゲインが生じるM&Aのオファーに対して，経営陣がもっと欲をかいて，投資家がExitの機会を失うのは逆にアンフェアな面もあります。

そこで，「ただし，買収で想定される時価総額が○億円以上の場合に限り適用される。」などとして，経営陣としてもそれなりに報われるM&Aの場合には買収に応じる形にすることが考えられます。

もちろん，上記の時期と金額を組み合わせて，例えば，上場目標期限までは，買収で想定される時価総額が一定額以上の場合に限り適用されるが，ある期限以降はそのような金額制限なく適用されると設計することも可能です。

このような形で，起業家と投資家が，M&Aの時期や金額について，よく話し合い，適切な形でドラッグ・アロング・ライトの発動要件が設計されることが望まれます。

【図表】 ドラッグ・アロング・ライトの発動要件

	目　的		発動権利者
①	少数株主にM&Aに応じさせる	▶	経営陣が加わっても不合理ではない ex. 種類株主の総議決権の3分の2 ＋取締役会決議
②	経営陣にM&Aに応じさせる	▶	投資者のみで発動できる必要がある ex. 種類株主の総議決権の3分の2

〈発動条件〉

金　額	ex. 一定の買収金額以上でのM&Aであること
時　期	ex. 上場目標期日以降

⑶　契約当事者の選択

ドラッグ・アロング・ライトを規定する場合には，契約当事者について検討する必要があります。

ドラッグ・アロング・ライトの目的が，①「少数株主に買収に応じることを請求できるようにする」ことにあるのであれば，反対する可能性のある少数株主を全て契約当事者にして拘束しておく必要があります。したがって，この場合は，全株主を契約当事者とする必要があります。

新株予約権等の潜在株式の保有者については，契約当事者にしておくケースと，新株予約権等の設計においてM&Aの場合の消滅等を規定しておくことで対応するケースがあります。

株主が多い場合に，全ての株主を「投資契約」の当事者とすると，全株主に投資契約の内容を開示することになってしまううえ，投資契約の内容のチェックの負担までかけてしまうのも不合理であるため，ドラッグ・アロング・ライトの規定とみなし清算の規定（この点はQV-6にて説明します）だけを抜き出して，別途，合意書等を作成するケースもあります。

ドラッグ・アロング・ライトの目的が，②「経営陣が買収に応じることを請求できるようにする」ことにある場合には，買収に応じてもらいたい経営陣のみを契約当事者にすればよいので投資契約にドラッグ・アロング・ライトの規定を入れれば足りることになります。ただし，実際には②の目的だけというケースは稀で，①のみ，または①と②というケースが多いため，上記のように全当事者を契約当事者とするべきケースが一般的です。

⑷　対価についての注意点

ドラッグ・アロング・ライトを発動する場合の対価の分配については，優先株式と普通株式が同じでよいのか，優先株式については，残余財産の優先分配のような優先権をつけるべきかを検討のうえ，適切に設計する必要があります。これは，ドラッグ・アロング・ライトの発動に基づく場合のみならず，M&Aのケース全般に関する問題です。この点はみなし清算条項についての説明

QV-6をご参照ください。

QV-6 みなし清算条項

優先株での調達が増えている現在，「みなし清算条項」という言葉をよく聞きます。この条項を理解するためのポイントを教えてください。

A みなし清算条項とは，M&Aの場合に，会社が清算したものとみなして対価の分配を行うための規定です。この規定があることで，会社が清算した場合に，優先株式が残余財産の優先分配を受けられることと同様に，M＆Aが生じた場合に投資家がM＆Aの対価について一定の優先的な分配を受けられるようになります。

みなし清算条項は，発動事由と対価の分配内容で構成されますが，実際にM&Aが起こった時にどのように分配されるのか，いくつかシミュレーションしてみるとイメージがわきやすいのではないでしょうか。

解説

QV-5でドラッグ・アロング・ライトについて解説しましたが，ドラッグ・アロング・ライトとほぼセットで規定されるものとして，M&Aにおける優先株主の優先的な分配を定める「みなし清算（Deemed Liquidation）」があります。

みなし清算条項の仕組み等をよく理解しておかないと，M&Aにおける対価の分配で，想定外の残念な結果になってしまう可能性があります。

そのため，少々複雑な面がありますが，M&Aが活性化している現状では，スタートアップの起業家もよく理解しておく必要があります。

⑴ みなし清算の意義と目的

みなし清算（Deemed Liquidation）とは，M&A（買収，合併等）の場合に，会社を清算したものと“みなして”対価の分配を行う規定をいいます。これは，優先株式の残余財産の優先分配権とパラレルに考えて，M&A が生じた場合に，優先株主が M&A の対価について一定の優先的な分配を受けられるように定めるものです。

例えば，優先株式において，残余財産について，１株あたり投資株価の10万円分につき優先的に分配を受け，さらに残余がある場合には，普通株式１株と同額の分配を受けられる形になっていたケースにおいて，会社について M&A が生じた場合に，同様に，優先株式が１株当たり10万円の対価の分配を受け，さらに残余がある場合には，普通株式１株と同額の対価の分配を受けられるというものです。

これは，M&A における対価の分配について，高い株価で投資した優先株主の権利および利益を一定の範囲で保護するためのものといえます。

例えば，創業チームが500万円出資して会社を作ったとします。その後資金調達を重ねて，会社の時価総額が順調に大きくなり，投資家Ａが，ポスト20億円の時価総額で２億円を出資し，これによって，仮に創業チームの持株比率が60%，投資家Ａの持株比率が10%になったとします。しかし，会社の事業が伸び悩み，ここで時価総額10億円の M&A を実行することになった場合，単なる持株比率で M&A の対価を分配すると，創業チームは６億円，投資家Ａは１億円の分配を受けることになり，創業チームは５億4,500万円の利益を得るのに対して，投資家Ａは１億円の「損失」になります。

このケースで，投資家Ａが優先株式で投資をしていた場合，残余財産の分配請求権として，出資金額１倍の「２億円」が優先分配額であり，さらに残余がある場合は普通株式と１株あたり同額の対価の分配を受けられるとすると，今回の10億円が M&A ではなく，10億円を残余財産として，会社を解散・清算した場合には，投資家Ａは，まず２億円分の分配を受け，さらにそのうえで，残余の８億円の10%である8,000万円の分配を受けられるため，合計で「２億8,000万円」の分配を受けられ，「8,000万円」の利益が生じることになります。

投資家Ａにとっては，M&A の場合でも，解散・清算の場合でも，会社が

IPO に至る前に投資が終了して Exit することになることに変わりはなく，そうであれば M&A の場合も，解散・清算の場合と同様に優先的な分配を受けるのがフェアな形とも考えられます。

このような形での M&A における優先分配を定めるものがみなし清算条項です。

【図表】 みなし清算条項の分配例

〈みなし清算条項なし〉

10%
90%
1 億
9 億
投資家Aの対価
1 億円
1 億円の損失

〈みなし清算条項あり〉

2 億
まず 2 億円を優先取得
0.8億
7.2億
残りを持株比率で取得
投資家Aの対価
2 億8,000万円
8,000万円の利益

IPO の場合には，投資家の投資時の時価総額よりも高い時価総額となるケースが一般的であり，IPO に伴って優先株式 1 株が普通株式 1 株に転換されて，単純な持株比率に相当する持分を有する形になっても，利益を得られるのが通常ですが，M&A の場合は，小規模な M&A もありうるため，高い株価で投資をした投資家にとっては，みなし清算条項のような優先分配を定めておくことが重要となります。

みなし清算条項は，単に投資家がより多くのリターンを得たいという利己的なものではなく，時価総額が高い状況で投資をする投資家の利害関係を考慮して，M&Aにおけるフェアな分配を実現するという意味で，ベンチャー投資においてはとても重要な規定です。

特に，日本のベンチャー業界でも徐々にM&Aが活発化しており，実際にM&Aが生じた場合に，起業家および投資家の双方にとって，想定外の分配結果が生じないように，投資の段階で，あらかじめきちんと議論をして取り決めをしておくことは，重要です。

(2)　みなし清算の発動事由

みなし清算条項は，①発動事由と②対価の分配内容で構成されます。

まず，発動事由については，対象となるM&Aが明確になるように定義する必要があります。株式譲渡，株式交換，株式移転，会社分割（株主に対価が分配される人的分割）等で既存株主の持株比率が50％未満となるようなケース（＝相手方が50％超を保有して支配するケース）を対象事由としての「買収」と定義するケースが一般的です。

事業譲渡や会社分割（会社に対価が分配される物的分割）の場合は，対価が株主に分配されないので，ストレートにみなし清算条項の対象にすることはできず，この場合は，会社を解散・清算したり，別途剰余金の配当をするなどの形で株主に分配する旨を定める必要があります。

この発動事由との関係で，シンプルに上記のようなM&Aの場合を対象とする場合と，ある一定の時価総額以下のM&Aのみを対象として，一定金額以上の金額のM&Aの場合にはみなし清算条項の対象としない場合があります。

IPOの場合には，みなし清算的な分配はなく，優先株式も普通株式に転換されることから，IPOに匹敵するような時価総額が高いM&Aの場合には，みなし清算条項の対象外とすることは，合理性があると考えます。

また，みなし清算の目的を，より大きなリターンというより，小規模なM&Aでの不合理な分配を避けたいということに主眼をおく場合には，上記の「一定金額」を，投資家が投資した場合の時価総額（上の例でいうと「20億円」）とすることも考えられます。

したがって，発動事由については，以下のようなパターンが考えられます。

(i) シンプルに全てのM&Aに適用する。

(ii) IPOに匹敵するような時価総額が高いM&Aの場合には適用除外にする。

(iii) 投資家が投資した時価総額を下回る等，金額が低いM&Aの場合にのみ適用する形にする。

スタートアップの起業家としては，このようなパターンがありうることを理解して，自分の会社にどのようなM&Aが起こりうるのかを想定しつつ，VC等の投資家と適切に交渉して行くことが必要と考えます。

(3) みなし清算時の対価の分配内容

対価の分配内容については，優先株式の残余財産の優先分配権と同様にするケースが一般的です。

理論上は，定款に定める優先株式の残余財産の優先分配と，みなし清算としてのM&Aでの対価の分配とは別である以上，両者を異なる設計とすることも可能です。

しかし，M&Aにおける対価の優先分配の定めについて，できるだけ税務上の問題が生じないようにするためには，１つの理由づけとして，定款に定める優先株式の残余財産の優先分配とパラレルにしておくほうが安全と考えられます。

実は，みなし清算条項については，税務上の問題を生じないかという点については，特段の法令，通達，判例等があるものではなく，実際にはケース・バイ・ケースで税務当局が判断する可能性あります。そのため，どのような形であれば，確実に安全であるかということは断言できないのです。

分配対象の対価が「現金」の場合は，単純にみなし清算条項において定められた優先的な分配金額に応じて分配すればよいのですが，株式等の現金以外の場合には，その「評価」が必要になるため，この点の取扱いも定めておく必要があります。

(4) 全株主を当事者とする必要性

みなし清算条項の設計において重要な点は，原則として，全株主を当事者とするべきという点です。

みなし清算条項は，優先株式を保有する投資家等の一定範囲の株主に優先的な分配をするものであり，この規定によって，M&Aの対価の分配額が変動します。例えば，普通株主が5名いる状態で，そのうち社長だけが，投資家との契約に基づいて，M&Aのみなし清算条項に同意していたとします。この場合にM&Aが生じ，その場合の単純な持株比率に応じた1株当たりの金額が50万円のところ，社長は投資家とのみなし清算条項によって優先株主の優先分だけ対価が減って1株当たりの分配金額が30万円だった場合，同じ普通株式なのに，50万円と30万円という1物2価の状況が生じてしまい，税務的に非常にリスクが高い状況となります。これは，普通株主だけの問題ではなく，買収する側としても，税務上の問題が生じる可能性があり，そもそものM&A自体の支障となる可能性もあります。

したがって，同じ種類の株式については，同じ金額の対価が分配される必要があり，そのためには全株主を当事者として拘束する必要があります。

しかし，株主が多い会社や，投資家が提示した契約への同意を取り付けにくい株主がいる会社などもあり，実際には，全当事者を拘束することが難しいケースもあります。この場合は，後述するように，定款に定めることである程度の対応を図っていくことが考えられます。

(5) 定款か，契約か？

みなし清算条項については，これを株主間の契約として定めることは，契約自由の原則から問題ないものと考えられます。

これを定款で定めることも一般的には可能であると考えられています。しかし，定款で定めた場合には，注意するべき点がいくつかあります。

まず，M&Aにおいて最も典型的なケースは，株式譲渡による買収ですが，株式譲渡は株主が行う取引であって，会社の関与は株式譲渡の承認程度です。これは会社の組織再編行為ではないため，株式譲渡の場合の株主間の対価の分配を会社の定款に定めた場合に，果たしてこれが本当に法的拘束力を有するか疑問があります。

また，合併，株式交換，株式移転，会社分割等の組織再編行為については，反対株主の買取請求権が発生するケースがあり，みなし清算条項を定めた場合に，これを排除できるか疑問であり，反対株主の買取請求権を発動されることで，実質的な分配対価が変わってしまったり，M&Aの実行に支障が生じる可能性があります。

また，対価の分配内容に関する部分で述べたように，対価が株式等の現金ではない場合には，その対価を「評価」する必要が生じますが，この評価に誤りが生じた場合には，誤った評価で分配を行った合併等の組織再編行為は，定款違反として無効になってしまうのか，誤った分配内容だけが無効で株主間で精算すればよく，組織再編行為自体は有効といえるのかという問題があります。

定款については，このような限界もあるので，みなし清算条項はできる限り全株主を当事者とする契約でも定めておいたほうがよいと考えます。

QV-7　会社の運営に関する事項

投資契約における会社の運営に関する事項には，どのような項目がありますか。また，どのような観点からチェックすればよいでしょうか。

A　投資契約における会社の運営に関する事項としては，①上場努力義務，②資金使途，③取締役およびオブザーバーの派遣，④誓約事項，⑤重要事項の事前承認および通知，⑥事後通知，⑥経営者の専念義務などがあります。

投資を受けたあと，会社を運営していく際に遵守すべき事項が定められているため，「投資を受ければそれで終わり」と思ってしまうと違反が生じやすいので，注意しましょう。

解説

投資契約における会社の運営に関する事項について解説します。これは，投資家として，会社の経営の健全性を維持して投資の成功確率を高めること，投資先の状況を把握して，ファンドの運営者として適切な対応を行う機会を確保することを主な目的として定められるものです。

⑴　上場努力義務

VC等の投資家が，ベンチャーに投資する場合には，投資の前提として，いつまでのIPOを目標としているのか，その目標のために経営チームが全力で頑張ることができるのかを確認し，ベンチャー側と投資家の意識をすりあわせることが重要です。

特にファンドという形で資金を預かっているVCにとっては明確なExitの目標なく投資をすることは困難と言えます。

そこで，投資契約において，このようなIPOの目標時期およびそれに向けてのベンチャーおよび経営者の努力義務を定めることを要請されるのが一般的です。

通常は「努力義務」という形で定めますが，その努力を怠れば投資契約違反となるものであり，ベンチャーおよび経営者においてこの約束の達成に向けて誠実に努力するべきこととなります。

また，このIPOの目標時期が，種類株式の取得請求権（対価を金銭とするもの）の発動時期やドラッグ・アロング・ライト（QV−5参照）の発動時期に連動することもあります。

また，「上場」にこだわらず，上場とM&Aの両方を含んだ「Exit時期」の合意と努力義務という形で規定することもあります。

⑵　資金使途

ベンチャーにおいて，資金調達をする場合には，開発費用，営業費用等の特定の資金的な需要があるのが通常であり，VC等の投資家も，その資金使途と必要性およびその必要性から考えられる必要調達金額を検討のうえ，投資を行います。資金使途の特定については，例えば，「特定のソフトウェアの開発」などと明確に限定される場合もあれば，もっと広めに「必要な人材の確保を含めた運転資金全般」などと規定する場合もあります。

仮に運転資金全般という広い資金使途を定めたとしても，投資金額を借入金の返済に充てることは想定しないとして，このようなものを除外するケースもあります。

資金使途の範囲について，あらかじめベンチャーと投資家の間でよく確認したうえで，その内容を投資契約に反映するようにしましょう。

(3) 取締役およびオブザーバーの派遣

取締役の派遣については，QV-4を参照してください。VC等の投資家において，取締役の派遣までは求めないとしても，オブザーバーを派遣して，投資先企業の取締役会等の重要会議に出席させて，その状況を把握するケースがよくあります。

オブザーバーは，会議での議決権を有せず，意見を言うことができるにとどまる形にするのが通常であり，このような形であれば，ベンチャー側としても大きな負担ではないので，受け入れるケースが多いです。ベンチャー側としては，オブザーバーは企業の重要会議に出席することから，その秘密保持の点に注意して，投資契約に秘密保持条項をきちんと入れる，または別途秘密保持契約を締結する等の対応を行うべきです。

(4) 誓約事項

投資契約においては，投資先会社の将来のIPO等の支障にならないよう適正な企業運営を約束してもらうとともに，投資家として必要な情報収集等を行うことを目的として，各種誓約事項が定められるケースが一般的です。主な誓約事項としては以下のようなものがあります。

①　適正な会計帳簿の維持

②　役員その他の関連当事者との取引の適正（アームズレングス・ルール）

将来のIPOにおいては，IPO前の一定期間の関連当事者取引は原則として開示対象となり，その取引の適正が特に審査対象となります。そのため，投資契約において，会社と役員その他の関連当事者との取引条件が適正であるべき点を明記するケースが多くあります。

③　投資家の質問権・情報開示請求権

投資家から質問や資料の提出要求を受けた場合，これに応じるという内容の規定です。VC等の投資家はファンドの出資者等に各種報告を行う必要もあり，ある程度包括的な情報開示の権利を要請されるケースが一般的です。

④　計算書類，税務申告書等の提出

⑤　最新の事業計画書の提出および内容の解説

⑥　反社会的勢力等との関係遮断

⑦　法令，定款，社内規則等の遵守

法令遵守は当然行うべきですが，これを投資契約に定めなかった場合は，株主である投資家は，違法行為を行った経営陣に対して会社に生じた損害を賠償するよう求めることはできても，投資契約違反として株式の買取請求等を行うことは困難となります。そのため，このような法令等の遵守義務を投資契約において定めるケースが多くあります。

(5)　重要事項の事前承認および通知

定款変更，合併等の組織再編行為，新株発行等の資本の変動を生ずる行為，

破産等の申立てなど重要度の高い事項について，投資家側が事前承認の権利（＝拒否権）を要求し，それを投資契約に定めるケースは一般的と言えます。

しかし，ベンチャー側にとっては，経営の自由度を制約されることになるため，できるだけ，合理的な範囲に限定することを要請することになります。この場合の論点としては，①拒否権を発動できる投資家の範囲を限定すること（例えば，一定以上の持株比率を保有する投資家のみとする，一定の種類の株式を保有する投資家全体の過半数とする），②一定範囲のストックオプションの発行など例外事由を設けることなど考えられます。

また，交渉によって，投資家側が要求する事前承諾事項のうち，一部を協議事項や通知事項にするケースもあります。なお，VC 等の投資家にとっては，「協議事項」とした場合は，それは事前承諾事項ではない以上，誠実に協議した結果同意に至らなくてもベンチャー側がその対象事項を実行できることになること，したがって協議事項は性質上は通知事項に近いことをよく理解しておくことが重要です。

VC 等の投資家にとって，この事前承認事項の設定について留意しておくべき点があります。それはあまりに細かい事項まで事前承認事項にしてしまうと，ベンチャー側の意思決定のスピードを奪ってしまいその企業の発展にとって阻害要因となってしまうということ，そして，それだけではなく，その細かい対象事項についても，VC 等が逐一賛否を明示する必要があり，何か問題が生じた場合には，ファンドの出資者に対して，なぜ賛成または反対したのかを明確に説明する必要が生じ，VC 等自身にとってもリスクとなる可能性があるということです。また，細かい事項まで承認事項にしたがゆえに，事前承諾の手続がなおざりになってしまい，実際は手続をしない黙認状態が続くと，重要なときに事前承諾がない点を主張した際に，黙示の承諾や権利濫用を認定されやすくなるとともに，そのような手続を行っていたことについてファンドの出資者に対する責任が発生する可能性もあります。したがって，事前承諾事項は，重要なものに限定したうえで，きちんと運用していくことが重要と言えます。

なお，投資契約の事前承諾事項と種類株式における拒否権（種類株主総会決議とすること）の大きな違いは，違反が生じた場合，前者は違反行為自体は有効であるが契約違反となり投資契約に定めるペナルティー（株式買取請求，損害賠償請求等）の対象となるのに対して，後者の場合は，定款違反として行為自体が無効となる点です。

⑹　事後通知

投資先であるベンチャーにおいて，訴訟等の紛争が発生した場合，破産等の申立てがなされた場合，監督官庁から営業停止等がなされた場合，災害により重大な損害が発生した場合などにおいては，投資家にて状況を把握しておく必要があるため，投資契約において，このような事項についての事後通知の規定が設けられることが一般的です。特に，適時開示ルールが適用される上場会社と違って，非上場の会社は，上記のような事態が生じても法令上の開示義務がないケースも多く，投資家側にとっては，投資契約において，契約上の義務として定めておくべき意義が大きいと言えます。ベンチャー側にとっても事後通知自体は大きな負担ではないので，受け入れてもリスクは大きくありません。ただし，通知対象事項を明確にすること，日々の企業経営の中でこの通知条項の存在を忘れずに，適切に通知を行うべきことに留意しましょう。

⑺　経営株主の専念義務

VC 等の投資家にとって，投資判断にあたって，経営者が誰であるかは極めて重要であり，ベンチャー投資においては，当該経営者に投資をしているという側面が強いのが一般的です。したがって，VC 等が経営者に対して，投資対象会社の経営に専念することを要請するのが通常であり，また，経営者側としても，VC 等からの投資を受ける以上，その期待に応えて，当該会社の経営に専念する覚悟が必要です。

投資契約においても，この点は明記されるのが一般的であり，具体的には以下の３点が規定されるのが通常です。

① 投資家の承諾なく，取締役を辞任したり，再選を拒否したりしないこと

② 兼任および兼職の禁止

③ 在任中および退任後一定期間（通常は１年から３年程度）の競業避止義務

上記③の競業避止義務については，その期間および競業の範囲が交渉上の論点となるケースが多いと言えます。

上記は，一般的に投資契約に定められることが多い，会社の運営に関する事項を解説したものであり，案件ごとにこれと異なる規定が定められるケースももちろんあります。これらの事項については，投資家にとっての必要性と，ベンチャー側にとっての経営の自由度の確保とのバランスを考えて，合理的な形にすることが重要です。

QV－8 株式に関する事項

投資契約における株式に関する事項には，どのような項目がありますか。また，どのような観点からチェックすればよいでしょうか。

A 投資契約における株式に関する事項としては，①新株等の優先引受権，②優先買取権／先買権，③共同売却権，譲渡参加権，④株式譲渡，⑤ドラッグ・アロング・ライトなどがあります。

株式に関する事項は，自己の持株比率の維持や株式の外部への流出の防止などの観点からとても重要です。

解説

投資契約における株式に関する事項について解説します。ベンチャーに投資した投資家にとって，株式に関する事項は，自己の持株比率の維持や株式の外部への流出の防止などの観点からとても重要であり，投資契約においても株式に関する事項が規定されるのが一般的です。

(1)　新株等の優先引受権

VC 等の投資家にとって，自己の持株比率を維持することは，単に議決権という支配権の維持の問題だけではなく，IPO や M&A 等の Exit における対価の何パーセントを確保できるかという点で重要な意味を有します。自己が有望であると発見しサポートしてきたベンチャーに対して，投資を実行して支えてきていることから，投資先において追加のファイナンスがあった場合，投資家自ら追加投資をしたいと考えるケースも多くあります。

そのため，投資契約において，投資先企業が，株式等を発行する場合には，投資家が自己の持株比率を維持する範囲で優先的に引き受けることができる権利を定めるケースが一般的です。

この新株等の優先引受権自体は不合理なものではなく，通常はベンチャー側が受け入れても大きなリスクはないと考えられます。ただし，以下の点については留意するべきです。

①　一定範囲のストックオプションの発行を除外する

VC 等の資金調達をして IPO を目指すベンチャーにとっては優秀な人材の確保のために段階的にストックオプションを発行していくことが一般的です。投資家の新株等の優先引受権は新株予約権等の潜在株式も対象とするのが通常なので，そのままだとストックオプションの発行もこの対象になってしまう懸念があります。したがって，会社が将来発行する予定のストックオプションは適用除外としておくことが重要です。

②　権利行使の期限を設定する

たまに新株等の優先引受権について投資家の権利だけが規定されるシンプルな契約条項がありますが，これだと，投資家が権利行使の可否を判断してくれないとファイナンスが進みません。したがって，新株等の優先引受権の権利行使の期限を明確に定めておくべきです。

⑵ 優先買取権／先買権（First Refusal Right）

優先買取権／先買権というのは，ある株主が自己の保有する株式を譲渡しようとする場合に，他の株主がそれを優先的に買い受けることができる権利をいいます。この優先買取権／先買権の主な目的は，①自己の持株比率を高める（＝追加投資をする）機会の確保，②発行会社の株式が第三者に流出することを避けることにあります。

これはVC等の投資家が株式を譲渡しようとする場合，他の投資家である株主が買い受ける場面を想定するものと，経営者が株式を譲渡しようとする場合に，VC等の投資家である株主が買い受ける場面を想定するものの2つがあります。前者については，「他の投資家」だけでなく，「経営者」も優先買取権／先買権を保有するケースも珍しくありません。譲渡を希望する投資家としては，同じ条件で売却できればそれでExitの目的を達成できるので，買受人が経営者であっても，特にリスクが高くなるものでもなく，他方で経営者としては，株式が第三者に渡るより，自己にてなんとか買い取りたいというニーズが高いため，合理的な面があります。

優先買取権／先買権については，一部の買取りは許さず，「全部」の買取りに限定する場合も多くあります。これは，上記目的の②の観点からは，譲渡対象株式を全て買い取らなければ意味がないと考えられること，実際の譲渡にあたり，一部だけ優先的に買い取られてしまうと，残りについて当初の譲受け希望者からすると取得できる株式数が減ってしまい，そうであれば取引を辞退する可能性もあり，そうなると譲渡しようとした株主は，想定していた譲渡対象株式を全て譲渡できなくなるリスクがあることなどを理由としています。そのため，まずは「全部」について買取りを表明させる形としたうえで，複数の株主が優先買取権／先買権を行使した場合には，権利を行使した株主間で按分して取得する形とすることが一般的です。この点は，法令による規制ではないので，上記①の目的を重視して，「全部」としない設計ももちろん可能です。

⑶　共同売却権／譲渡参加権（Co-sell Right ／ Tag Along Right）

共同売却権／譲渡参加権というのは，ある株主が自己の保有する株式を譲渡しようとする場合に，他の株主も自己の保有する株式を共同で売却する（＝当該譲渡に売主として参加する）ことを要求する権利をいいます。これは，株主間で株式の売却機会を共有し，抜け駆け的な売却を防止することが主な目的です。特にマイノリティーの投資家にとっては，投資先会社の株式の大半が，特定の第三者に譲渡されて親会社が変わったのに，自分だけ株主として取り残され，Exit の機会を逃してしまうことは避けなければならず，共同売却権／譲渡参加権は重要です。

一方で，このような権利を定めることは，譲渡を希望する株主からすると，他の共同売却者が現れることで，自己が売却できる株式の数が減るリスクがあります。

これについても，VC 等の投資家が株式を譲渡しようとする場合に，他の投資家である株主が共同で譲渡に参加する場面を想定するものと，経営者が株式を譲渡しようとする場合に，VC 等の投資家である株主が共同で譲渡に参加する場面を想定するものがあります。しかし，優先買取権／先買権の場合と異なり，経営者に共同売却権／譲渡参加権を認めることは一般的ではありません。VC 等はファンドの満期もあり，一定の時期までに株式を譲渡する必要があり，それが投資の段階から予定されているため，譲渡の機会を確保する必要性と合理性があります。一方，経営者は，会社をきちんと経営し続けていく責任があり，VC 等が株式を売却する場合に，自分も売却するというのは必ずしも合理的とは言いがたく，また，VC 等にとって共同売却者を増やすことは売却機会を損なうリスクがあるので，経営者には共同売却権／譲渡参加権が認められないのが一般的です。

ただ，当初から M&A を想定しており，経営者と投資家の共通認識として両者が同時に株式を売却することを確認しているようなケースでは，まれに経営者にも共同売却権／譲渡参加権が認められている場合があります。

共同売却権／譲渡参加権の設計にあたっては，権利行使があった場合に各株主が譲渡できる株式数をどう計算するかを明確にすること，譲受け希望者が譲受け株式数を増やした場合の取扱いを明確にすることなどに留意する必要があります。また，共同売却権／譲渡参加権は優先買取権／先買権とセットで規定されるケースが多く，前者を行使する株主と後者を行使する株主が混在する可能性を考慮して，混乱が生じないように適切に手続を定めることが重要です。

【図表】 優先買取権と共同売却権

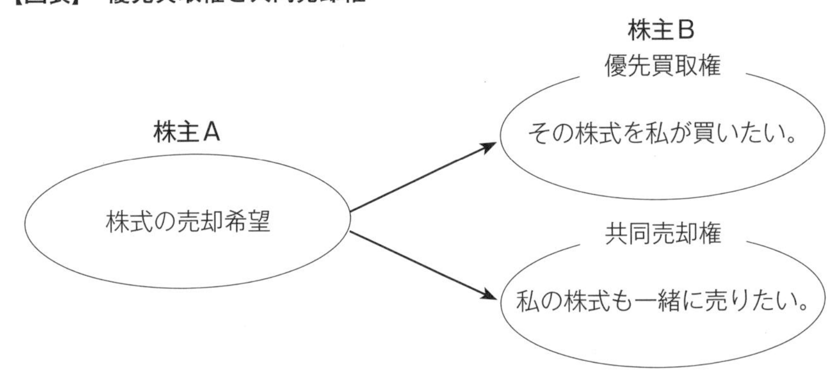

(4) 株式譲渡

投資契約においては，経営者による株式譲渡は，原則として投資家の承認が必要であるなど，一定の制約を受けるのが通常であり，これは投資を受ける以上ある程度やむを得ない面があります。

他方で，VC等の投資家については，株式譲渡の自由が明記されるのが一般的です。特にファンドの場合は，満期までに株式を売却して換金して，ファンドの出資者に分配する必要があることから，株式の譲渡の自由を確保することは重要です。この点に関して，ベンチャー側としては，①反社会的勢力等への譲渡や②競合先への譲渡は除外するよう要請するケースもあり，可能であれば，この点は交渉したほうがよいと考えます。

(5) ドラッグ・アロング・ライト／強制売却権（Drag Along Right）

ドラッグ・アロング・ライト／強制売却権（Drag Along Right）については，QV-5をご参照ください。

QV-9 株式買取条項

投資契約書をみたら，投資家が起業家個人に対して株式を買い取ることを請求することができる規定がありました。このような厳しい規定を受け入れるべきなのですか。ＶＣは「日本では一般的だよ」と言いますが，本当でしょうか。

A 現状においては，日本のＶＣのほとんどの投資契約には，株式買取条項が定められます。その意味と起業家として注意する点を正確に理解して，交渉しましょう。

解説

初めて資金調達をする起業家がVC等から提示された投資契約を見て，ビックリする条項の１つに株式買取条項があります。これは投資契約違反等の場合に，会社だけでなく，経営者個人が株式を買い取ることを請求できる投資家の権利です。その価格がとても経営者個人では対応できない金額になるケースがあることから，「こんな個人責任を要求するのはひどすぎる。おかしいのではないか。」と思ってしまいます。初めてこの規定を見た場合に，こう思ってしまうのは，たしかにやむを得ないと思います。しかし，現状では，日本のVCのほとんどの投資契約には，株式買取条項が定められているのが一般的なのです。

このような条項は，米国の投資契約では見られず，日本特有のものと言え，起業家個人に重い責任を負わせるべきではないというポリシーのもと，かかる条項を投資契約に入れないキャピタリストも一部にはいます。これは方針の問題なので，本書ではその是非を議論することはせず，日本のVCのほとんどの投資契約に株式買取条項が定められているのが一般的であるという事実を前提として，その意味を解説するとともに，起業家として注意する点を提示することで，日本の VC と起業家の交渉が合理的な形で円滑に進むよう貢献したいと思います。

(1) 株式買取条項が定められる理由

まずは，なぜ日本の投資契約において，株式買取条項が定められているかを理解する必要があります。株式買取条項は，典型的には，投資契約違反の場合に発動されます。ベンチャーまたは経営者が，投資契約に違反した場合，契約違反である以上，民法に基づく債務不履行としての損害賠償請求が理論上は可能です。この場合，損害賠償を請求する側にて損害額を主張立証する必要があります。

しかし，投資契約では，この損害額の主張立証が極めて困難なケースがあります。例えば，新株発行には投資家の事前承諾が必要であるという規定に違反して会社が新株発行をした場合や，投資家の取締役指名権を無視されて取締役の派遣を拒絶された場合に，投資家に生じた損害額を主張立証することは困難です。このように，投資契約の多くの規定については，違反された場合に損害額の主張立証をすることは困難なケースが多く，投資契約違反に対する明確なペナルティーとして株式の買取りを定める必要が生じます。

また，投資家にとって，投資契約に違反するような企業に対する投資を継続することは難しく，株式を売却する必要が生じ，この面からも株式の買取りを請求する必要が生じます。

この場合，株式の発行会社が株式を買い取ることができればよいのですが，日本の会社法では，自己株式の取得については，株主総会特別決議や他の株主の売却請求権等の手続規制と，買取金額は分配可能額の範囲内に限られるという財源規制があり，特にベンチャーの場合は，投資された資金を使ってビジネス展開をしており，分配可能額が存在しないケースがほとんどであることから，発行会社が自己株式を取得することは通常は不可能です。

そのため，やむを得ず，会社を実質的にコントロールしているはずの経営者である起業家に買い取ってもらうことになります。日本の投資契約の多くに，経営者個人も含めて株式買取条項が定められる主な理由はこのような事情によります。

したがって，株式買取条項は，投資契約の実効性を担保するために，やむを得ず設定されているものであり，それゆえに，多くのVCではこれが必須の規定になっている現実を理解して，投資契約の交渉に臨むのが賢明と考えます。

⑵　発動事由

株式買取条項を外すのはハードルが高いという前提で，経営者として可能な限りリスクを低減するには，株式買取条項の発動事由を，自分でコントロール可能な範囲に限定するべきです。

株式買取条項の発動事由として定められる典型的なものは以下の３つです。

①　投資契約違反

②　表明保証違反

③　株式上場の要件を満たしているのに上場しない場合

①の投資契約違反については，意図しないマイナーな違反で株式買取事由に該当することを避けるため，違反について是正要求があっても一定期間内に是正しない場合などに限定することが考えられます。また，対象を重要な規定に限定することも考えられます。

②の表明保証違反についても，「重要な点」についての違反のみを対象とするよう交渉することが考えられます。「重要な点」の定義は実務的には難しいのですが，そのような記載を入れておいたほうが安全です。また，そもそも表明保証違反にならないよう，表明保証条項（QⅤ-3参照）自体について適切に交渉する必要があります。

③の株式上場の要件を満たしているのに上場しない場合というのは，若い起業家からすると，「IPOできるのにしない場合などあるの？」と不思議に思う

かもしれませんが，社歴が長くなり，長年にわたり社長として自由に経営していると，IPO に向けて内部管理体制等を整備していく過程で窮屈に感じ，「面倒だから上場はやめる」と，上場をやめてしまうケースが実在します。また，市場環境の問題から IPO を延期するケースもあります。しかし VC にとっては，ファンドの満期までに IPO 等での Exit を確保することは極めて重要なため，IPO できるのであれば，きちんと IPO してもらわなければなりません。この③の事由については，経営者として，きちんと IPO するつもりがあるならば受け入れてもリスクが高いものではありません。

この他の事由を株式買取事由とするケースもありますが，経営者の努力によって該当することを回避できない事由については，経営者にとってはリスクが高いといえます。この場合は，なんとか「義務」ではなく，「協議」にしたり，買取りの価格を純資産ベースなど合理的な形にするなど交渉していくのがよいと考えます。

(3) 買取価格

買取価格は，以下に基づき定めるケースが多いです。一般的には下記のうち最も高い価格を買取価格と定義するケースが多いと言えます。なお，種類株式の場合に，買取請求時点で会社を解散・清算したとみなした場合に分配を受けられるべき残余財産の額を定めるケースもあります。

① 投資家の取得価額
② 財産評価基本通達に定められた「類似業種比準価額方式」に従って計算した金額
③ 直近の貸借対照表の簿価純資産に基づく金額
④ 直近の発行または譲渡の事例の価額
⑤ 第三者が評価した価額

実際は，株式買取条項が発動される事態の場合には，「①投資家の取得価額」

が主張されるケースが多く，これがかなりの高額になる可能性があります。この点で，経営者にとっては大きな個人的な責任になる可能性があるため，上記の株式買取条項の発動事由とともに，慎重に確認検討する必要があります。

なお，買取価格について，交渉における妥協の結果として「協議で定める」とするケースがあります。このようにすると協議が調うまで価額が決まらないため，訴訟等の法的な手続に基づいて，買取価格を請求することはほぼ不可能になってしまいます。この点は起業家にとっては有利ですが，投資家にとっては予想外の結果となってしまう可能性があります。投資家において，株式買取条項を重要なものとして規定する場合には，買取価額が一義的に明確に決まるように定める必要があります。

QV-10　種類株式のポイント①

普通株式の発行ではなく，優先株式を発行して資金調達をする場合，どのような点に注意すればよいですか。

A　優先株式等の種類株式の発行にあたっては，その発行目的と種類株式の内容として定める事項を慎重に検討する必要があります。

特に，種類株式の内容として定めることのできる事項は，会社法上，剰余金の配当や残余財産の分配，取得請求権付株式，取得条項付株式，種類株主総会決議事項等の一定事項に限定されています。したがって，会社法上定めることのできる事項が何であるかをしっかり理解しておくことが大切です。

解説

日本のベンチャー業界における種類株式の利用は，当初は，いわゆるITバブルの頃に米国型の投資手法にならう形で優先株式を発行する事例が多く見られました。しかし，その設計の複雑さや発行後の運用の煩雑さから種類株式の利用状況が一時落ち着いてきましたが，その後，商法改正や会社法の施行などにより設計の自由度が上がったこと，また，Exit形態としてのM&Aの重要性が高まってきたことを背景に，種類株式の発行が徐々に浸透してきています。

そこで，未上場の取締役会設置会社が種類株式を発行するというケースを前提として，一般的なベンチャー投資において，種類株式の内容として規定される事項を中心に説明します。

(1) 種類株式とは

種類株式とは内容の異なる数種の株式を意味し，その異なる内容として設定できる事項は会社法107条および108条により，以下の事項とされています。

① 剰余金の配当

② 残余財産の分配

③ 株主総会において議決権を行使することができる事項（議決権制限株式）

④ 譲渡による当該種類の株式の取得について当該株式会社の承認を要すること（譲渡制限株式）

⑤ 当該種類の株式について，株主が当該株式会社に対してその取得を請求することができること（取得請求権付株式）

⑥ 当該種類の株式について，当該株式会社が一定の事由が生じたことを条件としてこれを取得することができること（取得条項付株式）

⑦ 当該種類の株式について，当該株式会社が株主総会の決議によってその全部を取得すること（全部取得条項付株式）

⑧ 株主総会または取締役会において決議すべき事項のうち，当該決議のほか，当該種類の株式の種類株主を構成員とする種類株主総会の決議があることを必要とすること（拒否権条項付株式）

⑨ 当該種類の株式の種類株主を構成員とする種類株主総会において取締役または監査役を選任すること（役員選任権付株式）

なお，種類株式とは異なる概念ですが，株主平等原則の例外として，非公開会社は，①剰余金の配当を受ける権利，②残余財産の分配を受ける権利，③株主総会における議決権について，株主ごとに異なる取扱いを行う旨を定款で定めることができます（会社法109条2項）。

(2) 種類株式の発行目的

種類株式については，上記のような各種の内容を設定することが可能ですが，具体的な設計にあたっては，そもそもいかなる目的で種類株式とするのかという「発行目的」を慎重に検討する必要があります。

種類株式の主な発行目的は，基本的には投資家の投資リスクのヘッジという点にあります。しかし，他方で，かかる目的のためだけに可能な限り投資家（株主）に有利な規定を盛り込むという方針で設計してしまうと，種類株式の内容が必要以上に複雑になり，その設計に過剰なリーガルコストがかかるばかりでなく，投資後の運用も困難となるうえ，次の資金調達ラウンドの支障となるおそれもあります。

したがって，発行目的を明確化して，それに適合した形で設計することが望ましいと考えられます。

それでは，以下で，ベンチャー投資における種類株式の発行目的として一般的に考えられる目的を説明していきます。

① みなし清算条項の導入

株式譲渡，合併その他のM&Aが生じた場合，その対価の分配において，会社が清算したものとみなして，清算時の残余財産の分配と同様に種類株主が優先的な分配を受けるものとし，その前提として種類株式を発行するものです。Exitの1つとしてM&Aの重要性が高まるとともに，投資家にとって重要な規定であると認識されつつあります。このみなし清算条項（QV-6参照）との関係で，株式の種類ごとの対価の価格の違いの1つの根拠および基準として，種類株式の内容である残余財産の分配に関する優先権を定めることになります。

②　清算時のリスクヘッジ

残余財産の分配に関する優先権を定めて，会社が解散し，清算した場合に，投資家がより有利な金額での分配を受けるというものです。一般的にはより後の資金調達ラウンドで投資をした投資家は，より高い株価で投資を行っているため，万一，会社を清算する場合には，当該株式の発行価額等に応じて優先的に分配を受ける形にします。

③　希薄化防止対策

将来の資金調達ラウンドにおいて，低い価格で新株が発行された場合に，種類株式を取得請求権または取得条項に基づいて普通株式に転換した場合の比率を調整することで，希薄化をある程度防止することが可能となるというものです。

例えば，通常であれば，A種株式1株が普通株式1株に転換されるところ，仮に，A種株式の発行価額が1株10万円であったのに対して，次のラウンドのB種株式が1株5万円で発行される場合には，A種株式1株が普通株式2株に転換される形に調整して，A種株式の実質的な持分の希薄化を防止することができます[1]。

④　投資資金の回収

種類株式の取得請求権の行使の対価を現金とすることにより，投資資金を回収するものです。ただし，後述するように，会社法上は分配可能額の範囲内という規制があるため，特にアーリーステージのベンチャーについては現実的には機能しにくい面があります。

1　なお，会社法においては，旧商法において用いられていた「転換」という概念は廃止され，取得請求権または取得条項という用語が使用されているため，正確には，会社がある株式を「取得」するのと引換えに，別の株式を交付するという構成になっています。ただし，「転換」という用語のほうが感覚として理解しやすいため，以下適宜「転換」という用語を使用します。

⑤　特定事項についての拒否権

定款変更，新株発行等の特定事項について特定の種類株式の種類株主総会決議事項とすることにより，会社法上の拒否権を獲得するものです。契約で定めた拒否権と異なり，これに違反した会社の行為は原則として無効となるため，その分効力の強い拒否権といえます。

⑥　役員選任権の確保

株式の種類ごとに選任できる役員を定めることにより，会社法上の役員選任権を確保するものです。投資契約等で役員選任権を確保しようとすると，原則として総議決権の過半数に相当する当事者と契約を締結する必要がありますが，種類株式としての役員選任権を定めれば，株主全体としての議決権比率にかかわらず，当該種類株式の過半数を確保していれば役員選任権を確保することができます。

⑦　剰余金配当時の優先

剰余金の配当があった場合に優先的な配当を受けられるようにするものです。しかし，通常のベンチャーの場合は，内部留保を優先して配当を行わないケースが多いため，優先配当を主要な目的とするベンチャー投資の事案は少ないといえます。ただし，社歴が長く，経営も安定している企業に対して，社債や融資に近い形の種類株式として優先配当を重視して定める例もあります。

⑧　投資直後の詐欺的解散の防止

例えば，１株１万円で経営陣が1,000株引き受けて1,000万円を出資して会社を設立した後，その会社の企業価値が向上したとして，投資家が1株10万円で500株を引き受けて5,000万円の投資を行ったケースを仮定します。

この場合に，投資家の株式が全て普通株式で発行され，仮にキャッシュがそのまま6,000万円残っている状態で，経営陣が３分の２以上の持株比率を保有していることを利用して，会社の解散決議を行い，清算したとすると，１株当たりの残余財産分配額は１株４万円となり，経営陣には4,000万円が分配され，投資家には2,000万円が分配されます。その結果，経営陣は3,000万円の利益を得て，投資家は3,000万円の損失を被ってしまいます。普通株式での投資の場合は，このような投資直後の詐欺的解散のリスクがありますが，上記の例で，投資家が普通株式ではなく，１株当たり10万円の優先残余財産分配権を定めた種類株式で投資をすれば，このようなリスクを避けることができます。

⑨　ストックオプションの行使価額対策

ストックオプションの行使価額が高額とならないようにする１つの方法として，種類株式を発行するものです。経済産業省のウェブサイトにおいてストックオプション税制の内容が紹介されているところ，その中で，経済産業省のコメントとして「１株当たりの価額に関して，未公開会社の株式については，「売買実例」のあるものは最近において売買の行われたもののうち適正と認められる価額とすることとされていますが（所得税基本通達23～35共－９⑷イ），普通株式のほかに種類株式を発行している未公開会社が新たに普通株式を対象とするストックオプションを付与する場合，種類株式の発行は，この「売買実例」には該当しません（国税庁確認済み）。」と公表されています[2]。

これを前提とすると，例えば，未公開会社において，１株１万円で普通株式を発行した後，１株５万円で種類株式を発行した場合，その後に普通株式を対象とするストックオプションを付与する場合，１株５万円での種類株式の発行は「売買実例」には該当せず，税制適格ストックオプションの行使価額を時価以上に設定する関係では，この１株５万円を考慮しなくてよいことになります。

したがって，このようなストックオプションの行使価額の対策として，種類株式を発行することが考えられます。ただし，上記の例で，１株５万円での種類株式の発行は「売買実例」に該当しないものの，１株１万円での普通株式の発行に準じて，ストックオプションの行使価額を１株１万円にしてよいことを

2　http://www.meti.go.jp/policy/newbusiness/stock_option/

意味するものではないため，ストックオプション発行時点での「普通株式の時価」を別途検討する必要がある点，留意が必要となります。

⑩　高株価の理由付け

高い株価で増資を受ける場合に，その高い株価の理由づけのために種類株式にするという議論があります。理論上は，各種優先権等のついた種類株式は普通株式に比較して，価値が高く，その分株価も高いのが合理的であることが考えられます。

しかし，IPOの時には，種類株式1株が普通株式1株になるのが原則であり，それも踏まえて，優先的な権利の部分でどれだけの株価の割増しが合理的と考えられるのか疑問があり，また，現状においてVC等が内部的に株価を算定する際に，投資時点の普通株式の株価と優先部分の割増し分の株価を切り分けて算定しているものではないと推測されます。

したがって，種類株式の発行の目的を，高株価の理由づけとするには，種類株式の株価算定についての税務会計実務の議論がもう少し成熟するのを待つほうがよいかもしれません。

⑪　経営悪化時の経営権取得

経営悪化と認定される指標を定めて，それに該当した場合には種類株式を取得請求権または取得条項に基づいて普通株式に転換した場合の比率を高めることで，種類株主が種類株式を普通株式に転換した際に経営権を取得できる程度の議決権を確保できるようにすることが考えられます。このような手法は，理論上は可能であり，実際にこのような株式を発行した例もあるようですが，ベンチャーの経営に対する影響が大きく，現状では一般的ではありません。

(3)　種類株式の内容としての規定と投資契約の内容としての規定の違い

種類株式の内容は，具体的には定款で定めます。この点は，種類株式の内容とせずに，投資契約で同趣旨の内容を定めることも考えられます。ある事項について，種類株式の内容として規定するべきか，投資契約の内容とするべきかについて，両者の主な違いとしては，以下の4点があります。

① 種類株式の内容として定められる事項については会社法上の限定があるのに対して，投資契約に定められる事項については原則として限定はありません。したがって，種類株式の内容として定めることが難しい事項は投資契約において定めます。

② 種類株式に定めた優先権は，当該種類株式の株主に平等に与えられるものであるのに対して，投資契約に定めた場合には，当該投資契約の当事者にのみ特別な権利を与えることができます。例えば，投資契約で株主Xに特定事項の拒否権を定めた場合には，株主X以外の株主はたとえ株主Xと同じ種類の株式を保有していたとしても契約当事者でない以上，拒否権を有しません。他方，当該拒否権を種類株主総会の決議事項とする形で定めた場合には，株主X以外の株主も当該種類株主総会において平等に1株1議決権を有することとなり，仮に株主Xの議決権数が当該種類株主総会において一定数に満たない場合には，株主Xのみで拒否権を発動できないことになります。

③ 上記②について逆の側面からみれば，種類株式については，同じ種類の株主については平等に拘束できますが，投資契約の場合は契約当事者ではない株主は拘束できないことを意味します。したがって，ある事項について全株主を拘束したい場合に，株主が多数いる等の事情で全株主との間で投資契約を締結できない場合には，種類株式の内容として定款に定めたほうがよいと考えられます。

④ 種類株式の内容として定款に定められた事項に違反した場合には，その違反行為は原則として無効であるのに対し，投資契約の違反については，

違反行為が無効となる保証はなく，基本的な効果としては，会社法上は有効であるものの，契約違反として損害賠償等の対象となりうるという効果が生じるにすぎないと考えられます。したがって，違反行為を無効としたい重要事項については，種類株式の内容として定款に定めることを検討したほうがよいと考えます。

【図表】　種類株式と投資契約の違い

種類株式		投資契約
定められる事項について会社法上の限定あり	⟷ 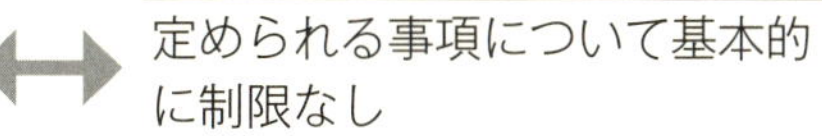	定められる事項について基本的に制限なし
同じ種類の株主について原則として平等の権利が与えられる	⟷ 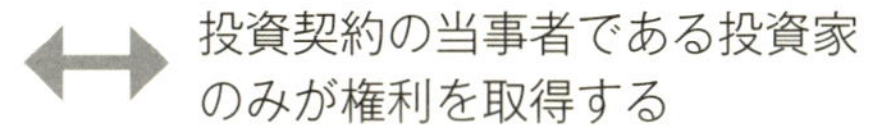	投資契約の当事者である投資家のみが権利を取得する
同じ種類の株主について原則として平等に拘束できる	⟷ 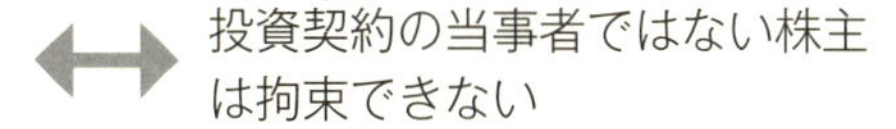	投資契約の当事者ではない株主は拘束できない
違反⇒行為が無効	⟷ 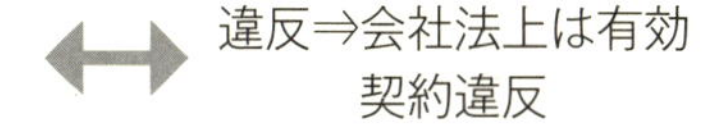	違反⇒会社法上は有効 契約違反

QV-11　種類株式のポイント②

種類株式の内容として優先的な配当と優先的な残余財産の分配を設定する場合，具体的にはどのような内容で設定することになるのでしょうか。

A　優先的な配当（優先配当）と優先的な残余財産の分配（優先的残余財産分配）では，配当方式や分配方式によって具体的な優先の内容を決めることになります。また，優先的に配当または分配する金額の設定やその調整方法も重要なポイントです。

解説

(1) 優先配当

ベンチャーの場合，分配可能額がないか，または内部留保が優先され，配当が行われないことが多く，優先配当の重要度は一般的に低いと考えられますが，万一分配可能額が生じた場合を想定して優先配当を規定する例が多く見られます。また，後述するように累積型とすることで，累積された金額を優先的な残余財産分配額に加算し，みなし清算条項に連動させるケースもあります。

① 配当方式（参加型と非参加型）

優先配当を定めるにあたっては，配当方式として，まず，以下のような(i)参加型か(ii)非参加型かを決める必要があります。通常は投資家にとって有利な参加型とされることが一般的です。

(i) 参加型　：所定の優先配当を行った後にさらに配当可能利益がある場合には普通株式とともに優先株式も配当を受けるという配当方式

(ii) 非参加型：優先配当を受けた後に残余の配当可能利益があったとしても配当を受けないという配当方式

② 配当方式（累積型と非累積型）

次に，(i)累積型か(ii)非累積型かを決める必要があります。

(i) 累積型　：特定の年度における具体的な配当金額が所定の優先配当金額に満たない場合に，その不足額を翌年度以降に繰り越して累積させていく配当方式

(ii) 非累積型：累積型のような繰越しを行わない配当方式

この累積型か非累積型かについては，ベンチャーと投資家との間で考え方が対立することがあります。前述のようにベンチャーの場合，配当が行われることは稀であり，累積型にしてしまうと優先配当するべき金額が年度ごとに累積

していきます。仮に累積型にして株式公開の時点で優先株式が一部残存してしまい（ただし，現在の日本のIPO実務上はこのような事態はあまり想定されません），かつ未払いの優先配当金額の累積額が多額になっている場合，株式公開後普通株式への配当が事実上困難となり，そのような優先株式の存在が株価に大きな影響を与えかねず，このような累積型の優先株式の存在が株式公開の支障となる可能性もあります。

したがって，ベンチャーとしては，このような累積型の優先株式は避けたいところです。他方で，投資家としては，優先配当金額を累積させたほうが有利であり，投資家が株式公開の前に保有する全ての優先株式を普通株式に転換すれば，累積型が株式公開に支障を与えるはずはないと考えられます。また，投資家にとっては，配当との関係で単純に有利であるだけではなく，この累積した未払い配当の金額を，優先的な残余財産分配金額や金銭を対価とする取得請求権を行使した場合の金銭対価の金額に加算することで，最終的に現金回収する場合の利息相当分として上乗せする意味を重視する場合もあります。さらに，このような形にすることで，優先的な残余財産分配金額と連動する形でみなし清算条項に基づく対価の金額を増加させる形で利用するケースもあります。

このように，ベンチャーと投資家との間で考え方が対立することがあるので，累積型とするか非累積型とするかについては，その目的について，ベンチャーと投資家はきちんとすり合わせしておく必要があります。

③　優先配当金額の設定

優先配当金額を定めるにあたっては，会社法においては，期末配当および中間配当に限らず，株主総会決議に基づき，適宜剰余金の配当が可能となっている点を考慮する必要があります。すなわち，単純に優先配当金額だけを設定してしまうと，理論上は年に複数回配当を行った場合，その配当ごとに設定された優先配当金額が支払われることになってしまいます。優先配当金額が，一事業年度の累積の優先配当の総額を意味するのであれば，その旨および事業年度の途中で一部配当が行われたときに優先配当金額がどのように計算されるかという点を明確にしておく必要があります。

④ 優先配当金額の調整

最後に，優先配当金額の調整についても留意する必要があります。優先配当金額を固定金額で定めた場合，例えば株式分割で1株が2株に分割されるとそのままでは優先配当金額の合計が2倍になってしまいます。そのため，株式分割または株式併合の際は，優先配当金額は適切に調整される必要があります。また，株主割当てでの新株発行や株主無償割当てがあった場合も実質的に株式分割と同様の効果が生じるため,優先配当金額を調整するべきことになります。

なお，優先配当金額を固定金額ではなく，優先残余財産分配額と連動させている場合には（例えば，優先残余財産分配額の○％等），優先残余財産分配額が調整されれば，優先配当金額も自動的に調整されるため簡便です。

(2) 優先的残余財産分配

優先株式の場合，ほぼ確実に残余財産分配についての優先規定が設けられます。最近のベンチャーでは，増資で資金を調達し借入金額が少ないケースも多く，また，資本金を全て食い潰す前に事業を停止する場合もあるため，投資家の立場からは，優先的な残余財産分配を規定しておくことは重要です。また，後述するみなし清算条項の前提として，優先的な残余財産分配を規定しておく必要もあります。

① 分配方式

優先的残余財産分配についても，分配の方式として，まず，以下のような(i)参加型とするか，あるいは(ii)非参加型とするかを決める必要があります。

(i) 参加型　：優先株式への一定の優先的な残余財産の分配を行った後にさらに残余財産がある場合には普通株式とともに優先株式も分配を受ける分配方式

(ii) 非参加型：優先株式への一定の優先的な残余財産の分配を行った後に残

余財産があったとしても分配を受けない分配方式

投資家に有利な設計としては，以下の形とすることが考えられます。日本のベンチャー投資における優先株式の設計では，多く見られる形です。

・　優先配当の定めを累積型にする。
・　優先的に分配を受ける残余財産の金額として，一定の金額[1]に累積未払配当金を加算した金額とする。
・　優先的残余財産分配の定めを参加型にして，優先的に残余財産の分配を受けた後の，普通株式との同順位での残余財産の分配にあたり，優先株式１株には，普通株式１株につき分配する残余財産に取得比率（優先株式が会社に取得されて代わりに普通株式が交付される場合の株式数の比率）を乗じた額と同額の残余財産を分配する。

② 分配金額の調整

なお，優先残余財産分配額についても，優先配当の場合と同様に，株式分割，株式併合，株主割当増資等があった場合に適切に調整されるように留意する必要があります。

QV-12　種類株式のポイント③

種類株式の内容として，取得請求権と取得条項があると聞きましたが，これらはどのようなものでしょうか。

A　取得請求権とは，金銭や普通株式と交換に，自分の持っている種類株式を会社に取得するよう請求することのできる権利です。

1　この一定の金額は，通常，払込金額の「Ｘ倍」という形で設定される例が多いです。「Ｘ倍」の具体的な数字は，日本の場合は「１倍」が大半ですが，「1.5倍」等にするケースもあります。

一方，取得条項とは，一定の事由が生じたことを条件に，会社が，金銭や普通株式との交換で種類株式を取得することができるという条項です。

解説

(1) 普通株式と引き換えにする取得請求権付株式

会社は，当該種類の株式について，株主が当該株式会社に対してその取得を請求することができる旨を定めることができ（会社法107条２項２号，108条１項５号），かかる権利が付されている株式は取得請求権付株式と呼ばれます（会社法２条18号）。日本のベンチャー投資においては，この取得の対価として，普通株式を交付する場合と金銭を交付する場合があります。

以下では，まず，普通株式を交付する形の取得請求権付株式について説明します。

ベンチャー投資における優先株式では，株式公開後市場で売却するために普通株式に転換する必要があるため，原則として普通株式と引換えにする取得請求権が付けられることになります。

また，このような取得請求権を付け，その取得の比率を調整することにより，低額での新株発行等があった場合における当該優先株式の価値の希薄化を防止することが可能となり，これは優先株式の重要なメリットの１つとなっています。通常，この取得比率は，「取得価額」という概念を用いて優先株式の発行価額と取得価額の比率で表します。具体的には，以下の式のようになります。

$$\text{取得比率} = \frac{\text{優先株式の基準価額}}{\text{取得価額}}$$

この取得比率が，優先株式１株の取得と引換えに交付する普通株式の株式数となります。当初は，取得価額と基準価額を同額として設定し（この金額は発行価額と同額の金額が設定されることが通常です），１対１で転換される形とすることが通常です。

そのうえで，その後に，取得価額を下回る発行価額での新株発行があった場合等に，取得価額に所定の調整を行うことにより取得比率を増大させて，転換できる普通株式の数を増やすという形がとられます。この調整式には，大きく分けると加重平均方式（Weighted Average Ratchet）とフルラチェット方式（Full Ratchet）の２種類の方式があります。

①　加重平均方式（Weighted Average Ratchet）

加重平均方式とは，新株発行の発行価額だけではなく発行される株式数も考慮（取得価額と新規発行の株式の価額を発行数量を加重して平均します）して計算する方式です。具体的な計算式は，以下の形です。

$$\textbf{調整後取得価額} = \frac{\text{既発行株式数} \times \text{当該調整前取得価額} + \text{新発行株式数} \times \text{1株当たり払込金額}}{\text{既発行株式数} + \text{新発行株式数}}$$

この加重平均方式には，上記の計算式の「既発行株式数」の数として，既発行株式のみを計算の前提として新株予約権等の潜在株式を含めないナローベース（Narrow-based Weighted Average Ratchet）と，新株予約権等の潜在株式も含めるブロードベース（Broad-based Weighted Average Ratchet）があります。ベンチャーにとっては，調整がより緩やかになるブロードベースのほうが一般的に有利となります。

上記のような取得価額を下回る発行価額での新株発行があった場合の他，株式分割や株式併合の場合も取得価額を調整する必要が生じます。基本的には，株式分割および株式併合が全ての種類の株式について同時・同一割合・同一条件で行われる旨を定款で定めたうえで，取得価額と基準価額の両方を同時に調整することにより，取得比率そのものは変動させない形とします。

また，合併，株式交換，株式移転，会社分割，資本減少等の場合も本来は取得価額の調整を必要とする場合がありますが，これらについて，あらかじめ調整方法を定めることは難しく，会社の取締役会が合理的に調整する旨の規定にとどめているのが一般的です。なお，新株予約権等の発行を調整事由とした場合は，会社の役員や従業員へのストックオプションの発行を調整事由の対象から除外する必要がないかについて慎重に検討する必要があります。

② フルラチェット方式（Full Ratchet）

他方，フルラチェット方式とは，いわゆるダウンラウンド（直前の資金調達時の株価よりも低い株価で新株を発行する資金調達ラウンド）の場合に，当該新株発行の発行価額そのものを取得価額に調整してしまう方式をいいます。発行株式数に連動しない調整のため，調整対象株式を保有していない株主にとっては厳しい調整となります。このフルラチェット方式は，会社のバリュエーションがかなり高くなってしまっていてダウンラウンドのリスクが高い案件や，例えばバイオ銘柄のように今後も大量の資金調達が必要となり，ダウンラウンドであっても資金調達をしないと生き残れないような企業が対象の案件に使われることが多いです。ただし，通常の案件では，加重平均方式が使われることが一般的です。

【図表】 取得価額の調整方式

1 フルラチェット（Full Ratchet）

低額の発行価額をそのまま調整後取得価額とする。
資金調達額／発行株式数を考慮しない。

➡ 厳しい

2 加重平均方式（Weighted Average Ratchet）

資金調達額 / 発行株式数を考慮する。

2-1 ナローベース（Narrow-base）
顕在株式のみで計算

➡ マイルド

2-2 ブロードベース（Broad-base）
潜在株式も含めて計算

➡ よりマイルド

⑵ 金銭と引き換えにする取得請求権付株式

上述したとおり，株主が会社に対して，金銭と引き換えにその種類株式の取得を請求することができる旨を定めることができます。投資家は，この金銭と引き換えにする取得請求権を定めることにより，会社に対して，取得請求権を行使することで投資の撤退を図ることができます。

通常，会社が特定の株主から自己株式を取得するには，株主総会の特別決議が必要なうえ，他の株主も自己を売主として追加することを請求することが可能となります（会社法160条２項・３項）が，取得請求権の行使の場合には，このような手続規制を受けないというメリットがあります。ただし，取得請求権の行使の場合も，通常の自己株式取得の場合と同じく，分配可能額の範囲でなければならないという財源規制の適用を受ける点に注意が必要です（会社法166条１項ただし書）。特にアーリーステージのベンチャーの場合には，分配可能額が存在しないケースが多いため，金銭と引き換えにする取得請求権が効果を発揮する場面は少ないのが実情です。

しかし，そうは言っても，理論上，会社にとっては，分配可能額がある限り株主の任意で株式の買取りを迫られるため，この金銭と引き換えにする取得請求権の行使時期や行使条件について制約を加えるべきかは，検討したほうがよいと考えます。例えば，IPO 目標時期を設定し，その時期を過ぎた場合に行使可能としたり，事業譲渡や会社分割により，会社の全部の事業を第三者に移転させた場合に行使可能とする等の制約を設けておくことが考えられます。なお，金銭と引換えにする取得請求権を定める場合には，取得財源を確保するため，毎決算期において配当可能利益があった場合にはその一定金額を取得積立金として積み立てることを規定する例もあります。

(3)　取得条項付株式

現在の証券取引所の規則では，優先株式等が残存したままでの普通株式の上場も可能になりました。

しかし，実際にはどのような内容の優先株式がどの程度の割合で残存していても問題ないかについて明確な基準はなく，また優先株式の普通株式への転換により市場で流通している普通株式について希薄化が生じる可能性があるため，株式公開の実務においては，上場前に優先株式を全て普通株式に転換するように主幹事証券会社から指導されることが一般的です。

この場合，優先株主が自発的に転換に応じてくれれば問題ありませんが，株価の問題等から，その時点での株式公開に反対する優先株主が転換を拒否するという事態も考えられます。そこで，会社の側から優先株式を普通株式に強制的に転換できる条項を入れておく必要があります。この点に関し，会社法では，定款において当該種類の株式について会社が一定の事由が生じたことを条件として，これを取得することができる旨を定められるとされ（会社法107条２項３号，108条１項６号），取得条項付株式と呼ばれています（会社法２条19号）。

この取得条項を付けた場合，取得条項の発動に基づく優先株式の取得には一定の期間が必要となる点に注意が必要です。取得条項の定めにあたっては，以下の内容を定めます。

① 一定の事由が生じた日に会社が株式を取得する旨およびその事由

② 会社が別に定める日が到来することをもって①の事由とするときはその旨

一般的には，投資家としては会社の任意で優先株式を普通株式に転換させられる事態を防ぐため，一定の取得条項発動事由を定め，その事由が発生した場合には，上記②の「日」を会社の取締役会で決定できる形で設計するケースが多く見られます[1]。

具体的には，「会社の普通株式を金融商品取引所への上場の申請を行うことが取締役会において可決され，かつ，株式公開に関する主幹事の金融商品取引業者から要請を受けた場合」を取得条項の発動事由とすることなどを検討する

1 この②の日を決めるためには，会社は，取得条項付株式の株主に対して２週間前の通知または公告を行う必要があります。さらに，株券発行会社の場合には，原則として，１カ月前までの株券提供の公告および通知を行う必要があります。

したがって，株券発行会社の場合には，上場申請前に取得条項に基づき全ての優先株式を普通株式に転換させるためには，上場申請の１カ月以上前に取得条項を発動できる事由が発生している必要があります。

必要があります。

他方で，このような早い時点で取得条項の発動事由を設定すると，優先株主にとっては，優先株式を普通株式に強制的に転換されたにもかかわらず，結局株式公開がスケジュールどおりに実現しなかった場合のリスクを懸念せざるを得ません。そこで，投資契約等の交渉の場では，投資家側としては取得請求権を自発的に行使して対応するから取得条項は入れる必要がない旨の主張をするケースが多くあります。

ベンチャーの側としてはリード・インベスターの担当者とは親密度や信頼度も高いのである程度信用できるとしても，持株比率の低い投資家との間の信頼関係は高いとは限らず，この点は対応に悩むところです。1つの案としては，優先株式の内容として，「会社の普通株式を金融商品取引所に上場する旨を取締役会において決議し，かつ，株式公開に関する主幹事証券会社から優先株式を普通株式に転換するべき旨の要請を受けた場合」を取得事由の発動事由とする取得条項を入れておき，別途，株主間契約等において，優先株式が普通株式に強制転換された後一定期間内に会社の株式公開が達成されなかった場合には，会社は元の優先株式に戻す転換の手続を行い，株主間契約の全当事者はそれに協力をする旨を定めることが考えられます[2]。

(4)　取得請求権付株式と取得条項付株式での端数処理

取得請求権および取得条項については，転換される普通株式の数に生じた端数の処理が規定されるのが通常ですが，この端数処理が優先株式1株単位で行われるのか，株主単位で行われるのか，全ての取得対象優先株式の単位で行われるのかが不明確なものとなっていると問題が生じます。端数処理の規定が不明確な場合，優先株式が転換された場合に発行される普通株式の数を明確にすることができず，上場関係書類においてその点の記載について問題が生じてし

2　現在の登記実務においては，特定の普通株式を優先株式に転換することは，全株主の同意等を得て行うことにより可能であるとされているため，株主間契約で全株主を拘束することができれば，このようなアレンジは可能となります。

まう可能性があります。したがって，端数処理は一義的に明確になるように規定する必要があります。

なお，端数処理について，取得請求権付株式と取得条項株式には以下の相違点があります。

①　取得請求権付株式

会社法167条３項により，端数切捨てを前提としつつ，定款による別段の定めがない限り一定額を現金交付する。

②　取得条項付株式

会社法234条（１項１号）の規定上，各株主に生じた端数の合計（ただし１未満は切捨て）を競売（または２項により任意売却）したうえで，代金を配分するというルールとされ，かつ当該ルールについて定款による別段の定めが予定されていない。

取得条項付株式の端数処理に関しては，株数計算の定款の規定として，各株主に交付される株式数の端数切捨てを定めることによって，そもそも端数が生じていないものと扱って（端数切捨てルールを会社法108条２項６号ロの「算定方法」の一部であると解釈して），234条の適用を回避できるかは不明であり，取得請求権付株式とわざわざ異なる規律となっている趣旨に鑑みればそのような取扱いは脱法と解される可能性も否定できません。したがって，取得条項付株式の設計と実際の運用にあたっては，この点に留意する必要があります。

QV-13　種類株式のポイント④

種類株式の内容のうち，議決権の制限，拒否権，役員選任権について，注意すべき点は何でしょうか。

A　議決権の制限，拒否権，役員選任権は，いずれも種類株主が株主総会において有する議決権に関係します。この中では，特に拒否権が，何を対象とするべきかという点で注意が必要です。

Pay to Play 条項は，いわゆるダウンラウンドでの追加投資における既存投資家と新規投資家の利害調整を図るためのものです。

解説

(1)　議決権制限株式

優先株式等の種類株式であっても１株につき１議決権が与えられるのが通常であり，種類株式を発行する際にはこの点を確認的に定款に明記しておくことが一般的です[1]。

公開会社（株式の全部または一部に譲渡制限をつけていない会社）においては，議決権制限株式の数が発行済株式総数の２分の１を超えるに至った場合には，ただちに２分の１以下にするため必要な措置を講じなければなりませんが（会社法115条），非公開会社にはそのような規制はありません。

現在の日本のベンチャー業界では，優先株式を要請するのはVC等の投資家であることが通常であるため，議決権制限株式とされることは稀です。しかし，事業会社が出資する場合には，議決権で会社を支配することを目的とするのではなく，出資対象会社への経済的な支援と業務提携を目的としているような

1　なお，旧商法においては，無議決権株式は配当優先株式でなければならないという規定があり，そこから「優先株式イコール無議決権株式」であるとの誤解が生じていた面がありますが，以前から議決権を有する優先株式の発行は可能です。

ケースもあり，このようなケースでは議決権制限株式が受け入れられる場合があります。また，議決権制限株式とする場合には，会社法322条に定める種類株主総会決議ならびに株式および新株予約権を発行する際に要求される種類株主総会（会社法199条4項，200条4項，238条4項，および239条4項等）についても議決権を排除するべきか検討したほうがよいと考えられます。

(2) 種類株主総会決議事項

種類株式を発行している会社は，株主総会または取締役会において決議すべき事項のうち，当該決議のほか，当該種類の株式の種類株主を構成員とする種類株主総会の決議があることを必要とすることを定めることができます（会社法108条1項8号）。投資契約等は「契約」にすぎないため投資家の拒否権を無視されて取締役会決議等が行われてしまった場合，契約違反としての責任は発生するものの，当該決議自体は会社法上有効となってしまいます。これに対して，定款で種類株主総会決議事項とすれば，種類株主総会決議なく決定された事項は会社法上無効となります。

しかし，あらゆる事項を種類株主総会決議事項とすればよいかというと，必ずしもそうではありません。

あまりに細かい事項について種類株主総会決議事項とすると，本来は取締役会で機動的に決議して迅速に対応するべき事項について，逐一種類株主総会を開催する必要が生じてしまい，会社の意思決定の迅速性に支障が生じる可能性があります。

また，リード・インベスターとしての投資家にとっても，投資契約等での拒否権であれば自己のみが拒否権を保有できるところを，種類株主総会決議事項とすると，持株比率の極めて低い投資家についても理論上は意思決定に参加させる必要があることになってしまいます。さらに，ベンチャーの場合，資金調達のラウンドを重ねていくことが多く，投資時点では種類株主総会での議決権の過半数をおさえていたとしても，その後の新株発行で持株比率が下がり，実質的に拒否権を失ってしまうことも考えられます。これに対し，投資契約等で拒否権を定めた場合には，契約を修正しない限りこのような事態は生じません。

また，現実的には，投資契約の違反については，経営者による株式買取義務などのペナルティーがあり，投資家の拒否権を明確に無視して強行する事態は想定しにくく，投資契約の拘束力は必ずしも弱いとはいえません。

加えて，種類株主総会決議事項の定め方が曖昧であると，実際にある事項を決定する際に，種類株主総会決議が必要であるかの判断が困難となり，不要と判断して進めた事項が，後にやはり必要であったとなると，定款違反として無効となる可能性もあります。そのため，種類株主総会決議事項の明確性には特に注意をしたほうがよいと考えられます。

したがって，種類株主総会決議事項の定めは会社の迅速な意思決定を阻害する可能性があること，種類株主総会決議事項とすることによって，かえって他の持株比率の低い株主に無用な権利を与えてしまう可能性があること，その後の持株比率の低下で実質的に拒否権を失ってしまう可能性があること等を考慮して，どの事項を種類株主総会決議事項とするべきかを慎重に検討する必要があります。

(3)　種類株式の内容…役員選任権

会社法108条1項9号より，当該種類の株式の種類株主を構成員とする種類株主総会において取締役または監査役を選任することを定めることが可能です。取締役等の解任についても，その取締役等を選任した種類株主総会の特別決議で行うことができます（会社法347条，339条）。

留意するべき点として，会社法112条において，法令または定款に定めた取締役の員数を欠きその員数に足るべき数の取締役を選任するべき株主が存しない場合[2]においては，取締役の選任権に関する定款の定めは廃止したものとみなされる（監査役についても準用されています）ため，注意が必要です。

2　例えば，ある種類株式の全てが普通株式等の他の種類の株式に転換され，当該種類株式が存在しなくなってしまった場合が考えられます。

ベンチャー業界においては，このような会社法および旧商法の規定ができる以前から投資契約において取締役等の指名権を規定し，投資先企業に取締役を派遣してきました。この規定で定める種類株主の役員選任権はこのような取締役の指名権を会社法上の権利として定めることを可能としたものです。

しかし，役員選任権についても，種類株主総会決議事項と同様の問題があります。すなわち，投資契約であれば特定の投資家にのみ指名権を与えることが可能ですが，種類株式の役員選任権を利用する場合には，本来役員指名権など全く有しない持株比率の低い株主に対しても投資家の指名する取締役候補の適否について理論上，意思決定に参加させる必要性が生じます。さらに，投資時点では役員選任の株主総会での議決権の過半数をおさえていたとしても，ベンチャーが資金調達のラウンドを重ねていく過程で持株比率が下がり，実質的に役員の選任権を失ってしまうことも考えられます。また，投資契約においては取締役の指名権だけを確保しておいて，実際には，いざというときまで指名権を行使しない取扱いが可能ですが，優先株式の内容として役員選任権を定めた場合には，他の優先株主との関係上，このような柔軟な運用ができるか疑問もあります。

したがって，役員選任権を規定するか否かについては慎重に検討する必要があります。なお，この役員選任権を定めた場合には，取締役等の選任を上記(2)の種類株主総会決議事項とすることができず，普通株主による取締役の選任について会社法上の拒否権を定めることができなくなる点に注意が必要です。

コラム　Pay to Play 条項

Pay to Play 条項とは，主にダウンラウンド（直前の資金調達時の株価よりも低い株価で新株を発行する資金調達ラウンド）において，既存の種類株主が追加出資をしない場合に，希薄化防止条項の発動を停止したり，種類株式を普通株式またはグレードの低い他の種類株式に強制転換したりする規定です。すなわち，投資先の株主として優先権のついた投資を維持する（“Play”）には，追加出資（“Pay”）するべきであるという規定であり，ダウンラウンドでの追加投資における既存投資家と新規投資家（追加投資を行う投資家を含む）の利害調整を図るためのものです。

種類株式に関連して，日本においてもこの Pay to Play 条項を定めることができるかという議論があります。これについては，同じA種優先株式でありながら，ある条件の発動で，希薄化防止条項が適用されていない株式と，希薄化防止条項が適用されている株式が混在することは認められないと考えられますので，同じ種類の株式の中で異なる内容の株式が生じてしまうような設計は難しいのですが，追加投資に応じないなどの特定の条件が生じた種類株主の株式を会社が取得して別の種類の株式を交付できる取得条項を定めるなどの対応で，理論上は Pay to Play 条項を設計できるものと考えられます。

ただし，当該「別の種類の株式」をどのような内容で，あらかじめ定めることができるかという点は1つの検討課題であり，また，登記の可否については法務局と事前に相談しておくことが望ましいでしょう。

なお，日本のベンチャー投資の実務においては，各投資家が追加投資に応じるか否かはその時の状況次第であり，あらかじめ Pay to Play 条項を定めてしまうと自己に不利な結果になってしまう可能性も十分にありうることから，Pay to Play 条項を定めるケースはほとんどありません。

レベルアップ QV-14 新株予約権付社債

ベンチャーキャピタルとの資金調達の交渉で，新株予約権付社債（CB）での投資にしたいとの提案を受けましたが，新株予約権付社債とはどのようなものですか。その概要と，発行する際の注意点を教えてください。

A 新株予約権付社債とは，新株予約権が付された社債であり，ベンチャー投資では資金調達の狭間を埋めるブリッジローン（つなぎ融資）的な投資手法や，シードステージやアーリーステージ（シリーズAの資金調達前の段階）での資金調達において，株価の設定が難しい場合の投資手法として利用されるのが通例です。

新株予約権付社債を発行する際には，社債が株式に転換される際の条件（発行株式数）のほか，金商法の開示規制ならびに会社法の社債管理会社および現物出資の規制に配慮して，内容を検討することが重要です。

解説

投資家側に資金提供の意思はあるものの，現時点で株式での投資は難しいという場合に，新株予約権付社債を利用した投資がよく用いられます。ベンチャーの資金調達ではポピュラーな方法ですが，その仕組みは少し複雑であり，法的な注意点も多くあるため，ベンチャーとして内容を理解しておくことは重要です。以下，新株予約権付社債の概要と注意点をみていきます。

(1) 新株予約権付社債の定義，発行手続

新株予約権付社債は，文字どおり，新株予約権[1]が付された社債[2]です。投資

1　新株予約権とは，株式会社に対して行使することにより，当該株式会社の株式の交付を受けることができる権利です（会社法2条21号）。その行使に際しては，あらかじめ決められた金額の金銭等を会社に交付するため，「あらかじめ決められた価格で将来株式を取得できる権利」といえます。

家が社債を引き受けて社債金額を払い込むと，社債とそれに付された新株予約権を取得します。

「CB」とも言われますが，これはConvertible Bondの略であり，新株予約権を行使するときに金銭の払込みに代えて社債を出資（現物出資）する条件になっている新株予約権付社債を意味します。これによって社債が株式に転換するような形になるため，転換社債型新株予約権付社債とも言われます。実務で発行される大半の新株予約権付社債は，この転換社債型新株予約権付社債（CB）となっています。

CBの発行手続は，非公開会社の場合，株主総会の特別決議によって新株予約権の内容や社債の条件等の募集事項を定め，取締役会の決議によって割当先を決めて割当先と引受契約を締結して発行に至るのが，典型的な発行手順です。

⑵　利用場面

CBを取得した投資家は，社債の償還期限を待って社債を償還してもらう選択肢と，新株予約権を行使して社債を株式に転換[3]する選択肢を有します。このことからCBは，投資側にとってのローンとしての安全性と証券としての投機性を併有するものであると，一般に理解されています。

ベンチャー投資では，ベンチャーの資金調達に協力したいが，他のVCの足並みが揃わず適切な調達規模に至らない，株価の設定が難しいといった場合に，次の本格的な資金調達までのブリッジローン的に，CBを利用するケースが多いです。投資家としては基本的に社債を転換して株式を取得する意向であるとしても，まずは社債として資金を供与し，社債として償還請求できる権利も残

2　社債とは，会社法の規定により会社が行う割当てにより発生する当該会社を債務者とする金銭債権であって，会社法676条各号に掲げる事項についての定めに従い償還されるものをいいます（会社法２条23号）。社債を引き受けた者が会社に対して社債金額を支払い，会社は社債を引き受けた者に対して当該社債金額の償還と決められた利息の支払いを行うことになります。

3　厳密には，新株予約権の行使に際して社債を現物出資するという法律構成ですが，説明の便宜上，本書では「転換」と言います。

しておけるため，投資の意思決定がしやすいことになります。

(3) 株式への転換条件

CBを発行する際には，新株予約権の目的となる株式数（社債を転換した際に交付される株式数）を定める必要があり，社債の転換の際にはこの条件に従った数の株式を投資家に交付します。

目的となる株式数は，具体的な数値でなく，転換される社債額を，一定の行使価額で除して得られる数として計算式の形で定めるのが通例です。行使価額は，交付される株式数を算定するための係数であり，要は行使価額として定められた金額を1株当たりの払込金額として交付株式数を算出するという形です。そして，この行使価額はCB発行時の発行会社の株式の価額（直近の調達時の株価など）に設定する例が多いです。

また，株式分割やダウンラウンドが生じた場合には，CB保有者の権利の希釈化（ダイリューション）を防ぐため，行使価額を下方修正する（その結果として目的となる株式数が上方修正されることになる）ための調整条項を定めるのが通常です。調整条項は難解であることが多く，投資家側に有利な内容になっている場合もあるため，不明な点があれば専門家のアドバイスを受けるのが安全です。

(4) 適格資金調達などの条件設定について

ブリッジローンとしてCBを発行する際に，次の資金調達がある程度見えている場合，発行会社としては，できればその資金調達と同程度の条件で社債を株式に転換してほしいと考え，CB発行時点の株価で転換されるとCB保有者が得る持株比率が高くなりすぎると考える場合が多いです。他方，CBの引受側としても，次の調達時に株式に転換する意思はある一方，リスクをとって資金を出す以上，次の調達時の投資家よりは優遇を受けたいと考えます。

このような双方の要望に基づく設計として，ベンチャーの資金調達では，一定期間新株予約権の行使（転換）を制限し，その期間内に一定の要件を満たす適格資金調達（例えば1億円以上の第三者割当）が実現した場合には，適格資金調達の株価から一定の割引（1割，2割など）をした価額を行使価額として株式に転換されるような条件とするケースが多く見られます。これに加え，次回調達単価が想定外に高くなった場合に備えて，いわゆるバリュエーションキャップを設け，一定の計算式をもとに行使価額の上限を設定するケースもあります。これらはシリコンバレーで多用されているConvertible Noteの条件を，日本のCBに取り入れる形で行われている実務における工夫の1つであり，この場合，CB転換後の株式を適格資金調達で発行された種類株式と同種の株式とするケースが一般的です。

このような内容は資本政策に関わる重要条件として，タームシートによる条件交渉段階で当事者間で合意されることが多いですが，実際のドキュメントに落とし込んだ内容は複雑になり，しっかりチェックしないと法的な不備が残ってしまうケースもありますので，注意が必要です。

⑸　開示規制との関係

金融商品取引法（以下，「金商法」といいます）において，株式など有価証券の取得勧誘には有価証券届出書（以下，「届出書」といいます）の提出義務を含む開示規制があり，届出書の提出義務を一度負うと，以後，有価証券報告書を毎年提出しなければならないため，非公開会社の有価証券の発行にあたっては，届出書の提出対象とならないよう留意する必要があります。

届出書提出義務の基本的な基準は勧誘対象者が50名以上か否かですが，新株予約権付社債については勧誘対象者が50名未満の場合でも，新株予約権付社債の内容が一定の要件（私募要件）を満たしていないと，50名以上に輾転（てんてん）流通する可能性がある証券として届出書提出義務の対象となってしまうことに注意が必要です。

具体的には，

①
- (i)　一括譲渡以外の譲渡禁止（転売制限）
- (ii)　転売制限の証券または交付書面への記載

または

②
- (i) 50枚（単位）未満であること
- (ii) 券面（単位）未満への分割禁止（分割制限）
- (iii) 分割制限の証券または交付書面への記載

の要件を満たす必要があり（少人数私募要件），この①または②の少なくとも一方を満たす内容でCBを設計する必要があります[4]。

(6) 社債金額，枚数等の設定上の注意点

会社法上，一定の例外に該当する場合を除き，社債の発行に際しては社債の管理を社債管理者（銀行や信託銀行のみが社債管理者となりえます）に委託する必要がありますが，非公開会社ではこのような対応は現実的ではありません。

①各社債の金額が1億円以上である場合，または②ある種類の社債総額を当該種類の各社債の金額の最低額（例えば，100万円と200万円の券種が混在する社債であれば，100万円）で除した数が50を下回る場合には，社債管理会社が不要となるため，この①または②のいずれかの条件を満たすように，社債の枚数および金額を設定する必要があります。

また，株式への転換は法的に現物出資となるため，会社法上の現物出資規制（検査役の調査）を回避できるよう，当該規制の例外要件（会社法284条9項）に該当するよう設計する必要があります。

具体的には，以下のいずれかの例外要件への該当性を検討することになります[5]。

① 現物出資の対象となっているCBに付された新株予約権の目的となっている株式の数が，発行済株式総数の10％以下の場合（会社法284条9項1号）

② 現物出資の対象となっているCBに付された新株予約権1個当たりの社

---

4 少人数私募要件のほか，適格機関投資家を相手方とする場合の私募要件（プロ私募要件）等があり，VC等が引受人の場合はプロ私募要件を満たすことでも足りる場合もあります。
なお，新株予約権付社債の発行額が1億円以上となる場合には，引受人に対する一定事項の告知義務があります。

債額が，500万円以下の場合（会社法284条９項２号）

③　社債の弁済期が到来している場合であって，当該社債について定められた会社法236条１項３号の価額が当該社債に係る負債の帳簿価額を超えない場合（会社法284条９項５号）

実務的には，安全性を重視して複数の例外要件に該当させるために，新株予約権１個当たりの社債額が500万円を超えないように新株予約権の数および社債額を設定し（同項２号参照），新株予約権が行使された場合には社債の期限の利益が失われたとみなす旨を規定する（同項５号参照）ことで，現物出資規制を回避するのが通例です。

5　会社法上は，①～③の例外要件のほか，「現物出資財産のうち，市場価格のある有価証券について定められた236条１項３号の価額が当該有価証券の市場価格として法務省令で定める方法により算定されるものを超えない場合」（会社法284条９項３号）と，「現物出資財産について定められた236条１項３号の価額が相当であることについて弁護士，弁護士法人，公認会計士，監査法人，税理士又は税理士法人の証明（現物出資財産が不動産である場合にあっては，当該証明および不動産鑑定士の鑑定評価。）を受けた場合」（会社法284条９項４号）があります。ただし，実務上，ベンチャー発行のCBの場合にこれらの例外要件に該当させる例は稀であるため，本文では，通常使われる例外要件だけを挙げています。

コラム　シリーズA前の資金調達

ベンチャーがシリーズA[1]前の段階（シードステージやアーリーステージ）で資金調達をする場合の資金調達方法として，近時，普通株式の発行以外の方法が生み出されています。そこで，このような資金調達方法が生まれてきた背景と，その概要をご紹介します。

(1) 今までの資金調達に関する考え

ベンチャーがシリーズA前の段階で資金調達をする場合，今までは，単に普通株式を発行するというケースが大半でした。

これは，シリーズA前の段階での資金調達は，通常，数百万円程度，多くても5,000万円に満たない金額であることが多く，この金額を優先株式の発行により調達することは，優先株式自体の発行コストやその後の管理負担等を考慮すると，シリーズA前という資金にあまり余裕のないベンチャーにとっては，簡単に選択できる方法ではなかったからです。

しかし，シンプルな普通株式での投資の場合は，投資家にとっては，その後の資金調達フェーズでの種類株式に劣後してしまうという問題が生じるとともに，ベンチャー側にとっても，普通株式での投資時点でバリュエーションを確定してしまうことでバリュエーションが低くなる結果，投資家のシェアが高まり，経営陣のシェアがその分低くなってしまうという問題が生じてしまうケースがあります。

そこで，優先株式の発行や単なる普通株式の発行以外の方法での資金調達方法が検討されてきました。

(2) 具体的な資金調達方法

その結果，現在では，主に以下の３つの方法が考えられています。

① Convertible Bond

② みなし優先株式

③　有償新株予約権[2]

まず，①Convertible Bondは，新株予約権付社債です。新株予約権付社債に付されている新株予約権の行使条件として，一定の資金調達の発生を定めておき，さらに新株予約権の目的となる株式を当該資金調達で発行する優先株式とする形にします[3]。シリーズA前の段階では，ベンチャーの製品やサービス内容が固まっておらずバリュエーションが難しいケースがあります。このような場合，Convertible Bondでは，新株予約権の行使価額を行使条件で定めている一定の資金調達における株式の発行価額に連動させることを規定しておくことによって，バリュエーションを先送りすることが可能となります。

次に，②みなし優先株式は，普通株式の発行であり，その発行に際して，一定の資金調達の発生を条件に特定の普通株式を当該資金調達で発行する優先株式に転換することを全株主の間で合意しておくというものです。

③有償新株予約権は，新株予約権の有償発行であり，新株予約権の行使条件として一定の資金調達の発生を定めておき，さらに新株予約権の目的となる株式又は新株予約権の取得と引換えに交付される株式を当該資金調達で発行する優先株式等としておくものです。

①～③のいずれも，将来，一定の資金調達が発生した場合は，当該資金調達で発行する優先株式と同じ内容の優先株式の交付を受けられるようにしておくという仕組みになっています。

1　シリーズAとは，一般的には，ベンチャー企業が初めて優先株式を発行して資金調達をする場合をいいます。

2　日本では，近時，「J-KISS」という名称で500 Startups Japanが発表しています。このKISS（Keep It Simple Security）は，シリコンバレーで行われている資金調達方法の一類型であり，500 Startupsがその標準ドキュメントを発表しています。J-KISSは，この日本版として位置づけられています。

3　登記されていない優先株式を新株予約権の目的となる株式とすることについては，あらかじめ登記が可能であるかを法務局と相談しておいたほうがよいと考えます。登記ができない場合に備え，通常は，新株予約権の目的となる株式は普通株式とし，別途，発行会社と新株予約権付社債の権利者との間で，実際に資金調達が発生した段階で新株予約権の目的となる株式の内容を変更する旨を合意しておくことが一般的です。

第VI章 M&Aにおける重要事項

QVI-1 M&Aのスキーム

ベンチャーの会社または事業について，M&Aで売却する場合のスキームはどのようなものがありますか。

A 会社または事業をM&Aで売却する場合に取りうるスキームとしては，株式譲渡，新株発行，合併，株式交換／株式移転，事業譲渡，会社分割という方式があります。それぞれの方式について，メリット・デメリットがあるので，M&Aをする場合には，どの方式を選択するか慎重に検討する必要があります。

解説

(1) M&Aをする場合のスキーム

M&Aと一口にいってもその方法は色々あり，考えられるスキームとしては，①株式譲渡，②新株発行，③合併，④株式交換／株式移転，⑤事業譲渡，⑥会社分割があります。このようにM&Aのスキームはいくつかありますが，それぞれメリット・デメリットがあるため，以下では，それぞれのスキームについて概観します。

なお，新株発行については，M&A目的の場合よりも，資本提携のために行われることが多いため，以下では記載を省略します。また，会社法上は，簡易組織再編手続[1]や略式組織再編手続[2]があるため，これらの制度を利用できる場合には会社法上の手続が簡便になる場合もありますが，以下ではこれらの手続を利用せずに通常の組織再編手続を利用する場合を前提に解説します。

(2) 株式譲渡

株式譲渡とは，株式の売買をすることを意味します。

M&Aのスキームとして株式譲渡を選択する場合のメリットとしては，まず，売却側がすぐに現金を手に入れられることが挙げられます。合併，会社分割，株式交換および株式移転（以下，「合併等」といいます）の場合とは異なり，債権者保護手続[3]をする必要がないため，迅速なクロージングが可能であり，現金回収までに時間がかからないのは売却側にとっては重要な点になります。

次に，株式譲渡は買収側と株主との相対の契約になりますので，株主間で別段の合意がない場合，売却側としては単独で会社への投資の回収を実行することが可能になります。

買収側としても，株式譲渡の場合には，譲渡会社の譲渡承認手続（取締役会または株主総会による決議）や名義書換えの手続を経るだけでよく，合併等で必要な煩雑な会社法上の手続を行う必要がなく，また，議決権の過半数を取得すれば経営権を取得できるため，M&Aを実現するための手続が簡便であるというメリットがあります。

また，株式譲渡では対象会社の実態は変わらないため，合併，会社分割または事業譲渡に比べて，対象会社が有している契約関係や認可が影響を受ける可能性が低いというメリットもあります。

一方で，株式譲渡の売却側のデメリットは，買収側が一定比率の株式保有を条件とする場合には，他の既存株主の同意が得られないと，クロージングができない（買収が成立しない）可能性があるという点が挙げられます。

1　簡易組織再編手続では，組織再編の対価が買収側の純資産の5分の1を超えない場合等の一定の要件を満たす場合には，買収側の株主総会決議による承認が不要になる等，簡易な手続で組織再編を進められます（会社法784条2項，796条2項）。

2　略式再編手続では，一方（特別支配会社）が他方（従属会社）の総株主の議決権の10分の9以上を有する場合に，一定の要件を満たすときには，組織再編について従属会社において株主総会における承認が不要になるため，簡易な手続で組織再編を進めることができます（会社法784条1項，796条1項）。

3　合併等の場合には，債権者に対して，1カ月以上の期間の催告期間を設けて債権者保護手続をする必要があります（会社法789条，799条，会社法810条）。

また，買収側としては，株式を買い取るために現金が必要であり，かつ，個々の株主との間で合意が成立しないと実行できないデメリットがあります。株式譲渡後の会社の法人格と事業主体が株式譲渡前と変わらないため，偶発債務の遮断ができないことも，買収側のデメリットといえます。

(3) 合　併

合併には，買収者が対象会社を吸収してしまう吸収合併（買収者は吸収合併後も存続し，吸収された対象会社は，消滅することになります）と，２つの会社が合体して１つの新しい会社を作る新設合併があります。

合併を選択する場合のメリットとしては，事業譲渡と同様，株主総会の特別決議で実行が可能[4]であるため，反対者がいる場合でも合併を進めることができるという点が挙げられます。

買収側は，自己の株式を交付することによって企業の統合をすることが可能であるため，追加の資金を使わずに企業の統合を実現できるメリットがあるといえます。

また，買収側は事業に関する債権債務を包括承継することができ，事業譲渡の場合のような個別の契約当事者（取引先や従業員）から同意を取得する必要がない点もメリットになります。

一方で，合併は包括承継であるため，隠れた債務や紛争なども承継してしまう可能性がある点がデメリットとなります。

また，合併をする場合には，債権者保護手続[5]が必要であったり，反対株主による株式買取請求権[6]の行使や新株予約権者による新株予約権の買取請求権[7]の行使をされる可能性があることや，事前・事後の備置書面を開示する[8]等の

4　吸収合併の場合（会社法783条，795条，309条２項12号）。新設合併の場合（会社法804条，309条２項12号）。
5　吸収合併の場合（会社法789条，799条）。新設合併の場合（会社法810条）。
6　吸収合併の場合（会社法785条，797条）。新設合併の場合（会社法806条）。
7　吸収合併の場合（会社法789条）。新設合併の場合（会社法808条）。

会社法上の煩雑な手続が必要になることは，売却側および買収側の双方にとってデメリットになります。特に，株式買取請求権を行使された場合，会社は公正な価格で株式を買い取らなければならなくなりますが，公正な価格について反対株主と協議が調わないと，裁判所に株式の価格を決定してもらわなければならないため，そのための時間と費用がかかります。

売却側としては，対価が買収側の株式となることが多い（金銭が対価となる場合もあり得ます）ため，合併を選択する場合にはすぐに現金が手に入らない可能性があることもデメリットといえます。

⑷　株式交換／株式移転

株式交換は，売却側の会社を買収側の完全子会社とするための手続であり，株式移転は新しい会社を設立して当該会社を持株会社とするための手続になります。

株式交換／株式移転も，合併の場合と同様，株主総会の特別決議[9]で実行が可能であるため，反対者がいる場合でも株式交換／株式移転を進めることができる点がメリットとして挙げられます。買収者は対価として現金ではなく自己の株式を交付することができるため，追加の資金を使わずに企業の統合を実現できるメリットがあることは，合併の場合と同様です。

なお，合併の場合と異なり，株式交換の結果完全子会社となる売却側の会社（以下，「株式交換完全子会社」といいます）に新株予約権付社債の社債権者[10]がいる場合の他には，債権者保護手続が不要とされています[11]。

8　吸収合併の場合（会社法782条，794条，801条）。新設合併の場合（会社法803条）。

9　株式交換の場合（会社法783条，795条，309条２項12号）。株式移転の場合（会社法804条，309条２項12号）。

10　株式交換の結果親会社となる買収側の会社（以下「株式交換完全親会社」）が株式交換に際して，子会社となる売却側の会社の新株予約権者に対して，当該新株予約権者が保有する株式交換完全子会社の新株予約権の代わりに株式交換完全親会社の新株予約権を交付するときの新株予約権が，新株予約権付き社債である場合の新株予約権付き社債権者を意味します（会社法768条１項４号ハ.）。

一方で，株式交換／株式移転というスキームを選択する場合の株式譲渡と比較したときのデメリットとしては，まず，100％子会社とする場合にしか使えない点が挙げられます。

次に，株式交換完全子会社の株主が対価として受領するのは，原則的には株式交換の結果親会社となる買収側の会社（株式交換完全親会社）の株式になるため，M&Aの結果現金が当然入ってくるわけではない点もデメリットです（株式交換契約で対価が現金とされる場合もあるので，この場合にはデメリットにはなりません）。

また，反対株主の株式買取請求権や新株予約権の買取請求権が行使される可能性があることや，事前・事後の備置書面を開示する[12]等会社法上の手続が煩雑になってしまう可能性があることは，合併の場合と同様です。

(5) 事業譲渡

事業譲渡とは，法律的には，「一定の営業目的のために組織化され，有機的に一体として機能する財産の全部または重要な一部の譲渡」を意味するとされますが，要するに，会社の運営する一事業を他社に売却することを意味します。

M&Aのスキームとして事業譲渡[13]を選択する場合のメリットは，まず，買収側にとって，譲渡側の会社の債務を遮断できるという点にあります。つまり，合併のような包括承継の場合と異なり，譲渡側との合意で承継する債務を限定することができます。

次に，株式譲渡の場合と同様，債権者保護手続がないため，迅速なクロージングが可能であることが挙げられます。事業譲渡をするかどうかを決めるため

11　株式交換の場合（会社法789条1項3号，799条1項3号）。株式移転の場合（会社法810条1項3号）。

12　株式交換の場合（会社法782条，794条，801条）。株式移転の場合（会社法803条，811条）

13　ここでは，事業の全部の譲渡および事業の重要な一部（大要，会社の純資産の5分の1を超える事業を意味します）の譲渡（会社法467条1項1号・2号）を意味します。

に行われる買収側のデューディリジェンス（以下，「DD」といいます）（QⅥ－1参照）も，基本的には，DDの対象範囲が譲渡側の会社全体ではなく譲渡対象となる事業に絞られることが多く，この場合，合併等の場合に比べて対象となる範囲が狭いため，期間が短くて済むケースが多いです。

また，事業譲渡の場合，株式譲渡の場合とは異なり各株主と相対で契約をするわけではなく，株主総会の特別決議[14]で実行を決定するため，既存株主に反対者がいても実行が可能です。

加えて，事業譲渡の場合には，合併等の場合と異なり，新株予約権の買取請求権はないため必要な手続の予測が立てやすく，事前・事後の備置書面を開示する等の会社法上の煩雑な手続が必要ないことも，メリットといえるでしょう。

一方で，事業譲渡は，対象となる事業を有する会社（以下，「譲渡会社」といいます）と買収側の会社との間の契約で行われるため，譲渡会社の株主に直接対価が支払われることは予定されません。そのため，株主が譲渡対価の配分を受けるためには，配当や解散という手続を経る必要があるため，株主が譲渡の対価を手にするまで別途手続が必要になります。また，一度譲渡会社が対価を受領して，その後株主が配当または分配を受けるため，譲渡会社が対価を受領する段階と，投資家が配当または分配を受ける段階の二段階で課税されます。このように，株主が配当または分配を受けるまでに手続が必要な点および二重に課税される点は売却側にとって事業譲渡を選択する場合のデメリットといえます。

また，事業譲渡の場合，反対者がいても事業譲渡を進めることができるメリットがある半面，反対株主[15]からは，株式の買取請求権（会社法469条）が行使される可能性があります。

さらに，事業譲渡の場合には，対象事業の取引先との契約や従業員との雇用契約を譲渡しなければならず，各取引先や従業員と個別に同意を取得する必要

14　会社法467条１項，309条２項11号
15　主に，事業譲渡を決議する株主総会に先立って，事業譲渡に反対する旨を会社に通知し，株主総会で実際に反対の議決権を行使した株主を意味します。

が生じ，手続が煩雑になるというデメリットがあります。

その他には，資産の譲渡（動産や不動産の譲渡）については対抗要件を備える必要があることや対象事業が許認可を必要とする場合には許認可の再取得が必要になることから，買収側としては，取引費用が高くなる傾向にあるというデメリットもあります。

(6) 会社分割

会社分割は，特定の事業[16]を他の会社に包括的に移すための手続で，既存の会社に事業を移す吸収分割と新しく作る会社に事業を移す新設分割があります。事業譲渡と違う点は，移転させる事業に関する契約関係につき，相手方当事者（取引先や従業員）の同意を取る必要がない点[17]等が挙げられます。

会社分割というスキームを選択するメリットは，事業譲渡，合併および株式交換／株式移転の場合と同様に，株主総会の特別決議で進めることができる[18]ため，反対者がいる場合でも会社分割を進めることができる点や，買収側の会社（以下，「承継会社」といいます）は自社の株式を対価として交付できるため追加資金を使わずに事業の統合ができる点が挙げられます。

なお，会社分割の対価として交付する承継会社の株式を，売却側の会社（以下，「分割会社」といいます）の株主に剰余金の配当という形で分配することにより[19]，上述したような株主構成を変えずに他社に事業を移す等柔軟な設計も可能です。

16　会社分割の対象は事業に限定されませんが，ここでは分かりやすくするために対象を事業としています。

17　ただし，契約内容によっては，会社分割による承継の場合も相手方当事者の同意を取る必要があるとされるケースもあります。また，従業員との労働契約の承継については，「会社分割に伴う労働契約の承継等に関する法律」に従った手続をとる必要があります。

18　吸収分割の場合の場合（会社法783条，795条，309条２項12号）。新設分割の場合（会社法804条，309条２項12号）。

19　この場合，剰余金の配当をするのに分配可能額の制限は受けません。吸収分割の場合（会社法792条）。新設分割の場合（会社法812条）。

一方で，会社分割をする場合のデメリットとしては，合併や株式交換／株式移転と同様に，債権者保護手続をする必要がある点，また，反対株主の株式買取請求権や新株予約権の買取請求権行使の可能性があるため，手続に不確実な部分が出てきてしまう点および事前・事後の備置書面を開示する[20]等会社法上の手続が煩雑になる点が挙げられます。

また，事業譲渡の場合と同様に，資産の移転については，第三者に対する対抗要件（不動産の場合の登記等）を備える必要があるため，そのための手間と費用がかかってしまうことも承継会社側としてはデメリットになります。さらに，分割の対象となった事業について許認可が存在する場合は，承継会社において，その許認可を取得することが必要になります。

分割会社の株主側としては，事業譲渡の場合と同様に，直接対価を受領するわけではない点もデメリットになります。

(7)　M&Aの方法を選ぶ場合の留意点

以上が，M&Aの各手法におけるメリットおよびデメリットの概観になります。

実際にM&Aをする場合には，M&Aを行うことによってどのような目的を達成したいか（経営から外れてすぐに現金を得たいのか，事業を統合したいのか等）によって，どのスキームを選ぶのか変わってきます。どのスキームを選ぶのかについては，下記のような留意点を参考に，上記のようなメリットおよびデメリットを考慮のうえ，ご検討ください。

①　留意点①：誰に対してどのような対価支払われるのか

株主がすぐに現金を受け取りたい場合には，直接現金が交付されるようなスキームを選択する必要があります。

20　吸収分割の場合（会社法782条，794条，801条）。新設分割の場合（会社法803条，811条）。

② 留意点②：債権者保護手続の要否

債権者保護手続が必要な場合，1カ月以上の債権者に対する催告期間と，当該催告のための官報公告の手続期間（1週間から3週間程度）が必要になり，債権者保護手続のためにおおむね2カ月程度が必要となってしまうことから，売却側としては，対価の交付を受けるまでに時間を要する可能性があります。

③ 留意点③：取引実行の確実性

反対株主による株式買取請求権や新株予約権者による新株予約権買取請求権を行使される可能性がある[21]か，債権者保護手続において債権者が異議を述べる可能性があるか，従業員が反対する可能性があるか，許認可の承継又は再取得が必要になる等M&A実行に支障となる事実はあるか，等を考慮する必要があります。

④ 留意点④：手続の煩雑さ

合併等の場合に必要な会社法上の手続を履行する時間的余裕があるか，事業譲渡をする場合に契約の相手方や従業員から契約関係を譲渡することに同意がとれるのか，許認可の再取得が必要か等，M&Aを実現するために煩雑な手続を履行することができるのか否かを考慮する必要があります。

QⅥ-2 交渉の流れ，検討すべき項目

M&Aをする場合にはどのような交渉の流れになるのでしょうか。

A M&Aの交渉の流れは，一般的には，まず，NDA（Non Disclosure

21 厳密には反対株主による株式買取請求権や新株予約権者による新株予約権買取請求権の行使があってもM&Aの実行は可能ですが，買取価格についてもめるリスクもあるため，これらの権利行使の可能性については慎重な検討が必要です。

Agreement／秘密保持契約）を結び，そこから大枠の交渉が始まり，合意された大枠について基本合意書が結ばれます。この交渉等と併行して，買収側によるDDが行われ，法務の観点からは売却対象のベンチャーの企業活動の適法性がチェックされます。DDが終わると，基本合意書をベースに本契約（正式契約）の交渉が始まり，当該契約の締結後，クロージングを迎えるという流れになります。

解説……………………………………………………………………

(1)　M&Aをする場合の交渉の流れ

M&Aをする際，どのような交渉の流れになるのでしょうか。ケースバイケースでさまざまな交渉が行われますので，常に交渉の流れが同じということはありませんが，一般的には，次のような流れになります。

まず，M&Aの交渉過程ではさまざまな情報が開示されるため，開示した情報を外部に漏らさないという内容のNDA（秘密保持契約書）が交渉を始める段階で結ばれます。その後，M&Aの契約を結ぶ際の条件の大枠（買取価格や基本的な契約条項等）について議論がなされ，合意に至った大枠について基本合意書（Letter of Intent，以下，「LOI」といいます）が結ばれます。なお，LOIには法的拘束力を持たせる場合とそうでない場合があります。LOIに法的拘束力を持たせない場合があるのは，買収側が上場会社であるときには，株式譲渡に関する条件の大枠について法的拘束力のある基本合意書が締結されると，上場会社の運営に関する重要な決定事実として，金融商品取引所の規則上の適時開示が必要になってしまう可能性があるため，法的拘束力を持たせないLOIを結ぶ必要があるという理由によることが多いです。また，独占交渉権や秘密保持など一定事項についてのみ法的拘束力を持たせる場合もあります。法的拘束力がある形で独占交渉権が規定される場合は，LOIを締結することにより，一定期間は他の候補先との交渉ができなくなってしまうため，その受け入れの可否については慎重に検討する必要があります。

この基本合意書の締結と並行してまたは締結後に，買収側が対象会社であるベンチャーに対してDDを行います。DDとは，M&Aの実施にあたって，関係当事者（主に買収側）がM&A実施の意思決定に影響を及ぼすような問題点がないかを確認するために調査することを意味します。DDの結果，対象会社に関する問題が発見された場合には，DD後に（またはDDと並行して）行われるM&Aの契約交渉の際に，当該問題の解消をクロージングの前提条件とされたり，当該問題の解消をすることを契約上の誓約事項として定められたりします。また，対価を減額される場合もあります。

例えば，DDの過程で，会社が使用している技術に関する特許権が第三者に帰属していることが発見された場合は，M&Aの契約を締結する前までに当該特許権の譲渡を受け，M&Aの契約において，特許権の譲渡を受けていることを表明保証させられる可能性が高いです。M&Aの契約締結までに特許権の譲渡が受けられない場合には，M&Aの契約にて，特許権の譲渡を受けることがクロージングの前提条件とされ，クロージングの予定日までに間に合わない場合は，誓約事項として事後的に特許権の譲渡を受けて登録の名義変更をすることが明記されることもあります。

首尾よくM&Aの契約の内容が合意に至れば，後は契約内容に従ってクロージングを実行していくことになります。クロージングという用語はケースによって様々な使われ方をしますが，一般的には，M&Aの実行を意味し，株式譲渡型でのM&Aの場合には，株式譲渡対価の支払いと，当該対価の支払いと引き換えに株主名簿の書換えに必要な書類の交付を意味します。

⑵ DDで検討される事項

M&Aの際に行われるDDでは，法務DDの他に会計，知財，ビジネス，環境などに関するDDがありますが，いずれのDDにおいてもさまざまな書類や情報の開示が要求されます。

法務の観点からは，主に対象会社が適法に事業活動を行っているのかという点や法令上の規制を含め，法律に従った手続をきちんと取っているのかという点がチェックされます。具体的には，以下の点が検討されます。

- M&A 実行の障害となるような法的問題点はないか
- 対象会社の企業価値の評価に影響を与えるような法的問題点はないか
- M&A 後の事業計画に影響を与えるような法的問題点はないか

法務 DD でよく問題となるポイントは以下のとおりです。

①　コーポレート

コーポレート関係の書類としては，登記簿（会社の履歴事項全部証明書）や定款に始まり，株主総会や取締役会の議事録，また新株発行等の会社法上の行為に必要な手続が適法に行われていることを示す書類等がチェックされます。

②　関連当事者取引または株主との取引

関連当事者[1]や株主との間で締結されている契約書（投資契約や株主間契約）がチェックされます。

関連当事者や株主との取引は，いわば身内での取引なので，通常と異なる条項や特殊な約束が取り決められる可能性があります。このような条項や約束がM&A の障害になる可能性もあるため，関連当事者取引や株主との取引の内容がチェックされます。特に M&A では支配関係が変更されるため，対象会社の親会社との間で有利な条件で取引をしていたような場合で，その取引の存続が対象会社にとって重要な場合は，M&A 後も当該（元）親会社との間で同様の条件で取引が存続できることを約束してもらう等の対応を検討することがあります。他方で，対象会社の親会社との取引は M&A の際に解消を求めたいと買収側が考えることもあり，M&A という支配関係の変更により，関連当事者取引または株主との取引を解消するのか，存続させるのかの判断は買収側にとって重要なポイントです。

1　財務諸表等の用語，様式及び作成方法に関する規則（昭和38年大蔵省令第59号，その後の改正も含む）8条で定義されるところを意味します。具体的には，親会社，子会社，兄弟会社，主要株主とその近親者，自社または親会社の役員とその近親者等です。

③ ビジネス

ビジネス関係としては，そもそも対象会社のビジネスが許認可などの業規制上適法なビジネスなのか，という点がチェックされますが，その他には，対象会社の事業のために締結している重要な契約に不備がないか（過大な責任を負っていないか，競業禁止などの事業の制約がないか，容易に解除される建付けとなっていないか等）がチェックされます。

特に，M&AのDDにおいては，Change of Control条項が入っていないかのチェックが重要です。Change of Control条項とは，例えば契約当事者の過半数の株主に異動がある場合に，契約の相手方が契約を解除できるとする条項（つまり，契約の解除事由に，株主の異動が含まれている場合，という意味です）のことで，Change of Control条項があると，M&Aの結果当該契約が解除されるリスクが生じるため，事前に契約の相手方からM&Aについて同意を取っておく等の手当てが必要になります。

④ 資　産

資産関係としては，主に対象会社の知的財産権（商標権や特許権，著作権等）が適法に確保されているかという点や対象会社が保有している動産および不動産の権利が確保されているかという点がチェックされます。チェックされる主な書類は，商標の登録証や不動産の登記簿になります。担保の有無も併せてチェックされます。また，資産の中に重要なソフトウェアがある場合は，当該ソフトウェアの著作権が会社に帰属していることが重要であるため，その開発経緯（外注の場合は外注先との開発契約の内容等）がチェックされることになります。

⑤ ファイナンス

ファイナンス関係としては，対象会社の借入金の状況や借入れに関する契約書がチェックされることになります。また，社債を発行している場合には，①コーポレートと同様，会社法上の手続が履行されているのか，という点もチェックされます。その他，保証の有無や，ある場合はその内容もチェックされます。

⑥ 労　務

労務関係では，就業規則（賃金規程等の規程類も含む）や雇用契約が適法な内容かという点，労働関係法規の遵守状況（特に未払い割増賃金がないかどうかという点），労使関係のトラブルの有無等がチェックされます。

⑦ 許認可等

対象会社のビジネスが許認可を要するものである場合，必要な許認可を取得しているかという点や，M&Aを実行する場合に許認可に関する特別な手続をとる必要がないかという点がチェックされます。また，M&A後に許認可が取り消されてしまわないかという観点から，許認可に関連して監督官庁から指導や勧告を受けていないかという点もチェックされます。

⑧ 紛争／その他

紛争関係では，係争中の紛争がないかという点や将来係争となる可能性がないかという点が検討され，関係する警告書や通知書等の有無およびその内容，さらに訴訟がある場合にはその訴訟資料がチェックされます。

その他の事項としては，顧問等のアドバイザーとの契約の有無およびその内容や，寄附金等という形で不透明な金銭の流出がないかという点がチェックされます。

以上のように，DDではさまざまな観点からチェックを受けるため，対象会社となるベンチャーにはさまざまな書類の開示が求められることが理解できると思います。さまざまな書類の開示が求められるということは，対象会社では，DDが始まる段階において，関係書類を集めてリクエストに応じて開示しなければならないことを意味するので，どこに書類があるかわからないような状態では，DDの際に書類集めのために膨大な時間を費やすことになり，通常業務と並行して対象会社の負担は相当なものになることが予想されます。また，適切な開示ができないと，その事実をもって，買収側に会社の管理体制に不安があるとみられるおそれもあります。

そのため，将来M&AでのExitを考えるベンチャーとしては，普段から法律上作成が必要とされている書類は作成し，いざ提出が求められた場合にはすぐにまとめて提出できる状態を作っておくことが，重要です。

⑶ 正式契約の締結

DDが終了したあとは，買収側では，その結果を踏まえて正式契約にどのような条件を盛り込むかを検討します。例えば，対象会社が締結している親会社との契約がビジネス上重要であることがDDで判明した場合は，その契約が容易に解約されないよう修正することを，クロージングの条件とする旨定めるなどの対応をとります。また，未払残業代が存在する可能性があるが，クロージングまでに解決することが難しい場合は，もしクロージング後一定期間内に対象会社に未払残業代が請求された場合は，それは売却側が補償しなければならないという形で規定することもあります。

このように，買収側ではDDで判明したリスクをできるだけヘッジするよう，クロージングの条件や表明保証の内容を充実する形で正式契約を締結しようとし，他方で，売却側は，対応可能か分からないことをクロージングの条件とすることは避けようとし，かつ，クロージング後の義務はできるだけ限定的となるよう交渉することが通常なので，正式契約の交渉は，かなりタフであることが多いです。LOIで定めた独占交渉期間内に正式契約が締結できるよう，スケジュール的にもタイトな交渉となることも多いです。なお，正式契約に定めるキーマンクローズ，競業避止義務の規定については，**QⅥ-4**をご参照ください。

⑷ クロージング

正式契約を締結したあと，クロージングまでの間においては，売却側ではクロージングの条件を成就すべく，例えばクロージングの条件に取引先との契約の修正が規定されている場合は，当該取引先との契約交渉等を行い，必要な書面を取得するなどの対応をします。そして，クロージング日においては，それらのクロージングの条件を満たすことを証する書面を買収側に提示し，クロージングの条件を満たしていることを両者確認のうえで，代金支払などのクロージングの実行手続を行います。万一，クロージングの条件を満たしていなかった場合でも，買収側が一定の条件のもとでそれをよしとする場合は，その条件についての覚書などを別途両者で締結したうえで，クロージングを実行することもあります。

たとえば，重要な取引先との契約書の修正をクロージングの条件としていたものの，その取引先の社内手続が遅れているためにクロージングまでに間に合わなかったような場合は，クロージング後一定期間以内にその修正がなされなければ，代金の一部を返金することを約束させたうえで，クロージング自体は実行することなどもあります。

以上のように，M&Aは会社の命運に関わる重要な取引であり，LOIの締結から，DD，正式契約の締結，クロージングのいずれのプロセスにおいても気を抜かずに慎重に判断して交渉する必要があります。

レベルアップ QⅥ-3　M&Aにおける新株予約権の取扱い

IPO前のM&Aによる売却にあたり，発行していた新株予約権はどのように取り扱われますか。新株予約権の権利者に，何らかの形で利益を享受させたいと考えています。

A　IPO前のM&Aにおいて，新株予約権の権利者に利益を享受させるという観点からは，(1)権利者が新株予約権を行使のうえ，取得した株式を買収側に譲渡する，(2)新株予約権をそのまま買収側に譲渡する，(3)新株予約権を放棄または消却のうえ，権利者に対して，別途，金銭や買収側の新株予約権等を付与することが考えられます。

解説……………………………………………………………………

新株予約権，特にストックオプション目的での新株予約権は，無償で発行し，将来，企業価値（＝株式の価値）が高まったときに，その権利を行使して株式を取得し，取得した株式を売却してキャッシュを得ることで，それまで頑張ってきた役員や従業員がその利益を享受できるようにしようとするものです。

IPO 前では，株式に譲渡制限が付いていますので，新株予約権を行使して株式を取得したとしても，会社の承認なくして自由に株式を売却できず，会社としても株式を第三者に譲渡されては困るため，新株予約権の目的を完全には実現することができません。したがって，新株予約権は，権利者が自由に株式を売却できる状態，すなわち，IPO することが前提となっている場合が一般的です。

また，インセンティブ目的で付与される新株予約権は，ベンチャーにおいては，IPO に向けて会社に貢献してもらうことを期待して付与されることが通常ですので，その性格上，譲渡制限が付されていることが一般的です（税制適格ストックオプションの場合には，その要件として，譲渡制限が付されていることが求められます）。したがって，新株予約権を譲渡することはそもそも想定されていないといえます。

このように，IPO 前に，新株予約権を行使したり，譲渡したりすることは予定されていないといえますが，経営権の取得を目的とする M&A の場合には，新株予約権の取扱いを早めに確定することが必要です。なぜなら，買収側が経営権を取得（特に，100％子会社化）することを想定している場合，会社が発行していた新株予約権が買収後に行使されてしまうと，経営権の取得に支障が生じてしまったり，100％子会社化が実現できなくなってしまうからです。

そのため，M&A 時には，新株予約権の取扱いを早めに確定することが必要となります。そのための方法としては，以下のような方法が考えられます。

(1)　権利者が新株予約権を行使して取得した株式を買収側に譲渡する方法

まず，新株予約権を行使のうえ取得した株式を，買収側に譲渡するという方法があります。

税制適格ストックオプションの要件を満たす場合には，税制上の優遇措置を受けることができる（(2)や(3)の方法と異なり譲渡益課税）というメリットがあります。

もっとも，税制適格ストックオプションの要件の１つとして，発行会社と証券会社等との間であらかじめ一定の管理等信託契約を締結し，権利者が株式を取得した後に，当該証券会社等で保管または管理等信託がされることが必要となるので[1]，実際にこれを行う場合には，このような取扱いをしてくれる証券会社等を探し，その費用の支払いが必要となります。

(2)　権利者が新株予約権を買収側に譲渡する方法

これは，新株予約権の譲渡制限の解除（譲渡承認）後，権利者が新株予約権をそのまま買収側に譲渡するという方法です。

実際のところ，買収側としては，M&Aの取得の対価が想定の範囲内であれば，厳密に，取得するものが株式か新株予約権かを問わない例が多くなっているので，この方法は，買収側にとっても受け入れやすいものとなっています。

この場合における新株予約権の譲渡価格は，そのM&Aにおける株式の譲渡価格から新株予約権を行使する際の払込金額を控除した金額とすることが一般的です。

もっとも，会社の役職員が権利行使前の新株予約権を譲渡する場合については，給与所得として課税されますので，多額の税金負担が生じる可能性がある点には注意が必要です[2]。

1　上場会社の場合には，株式の振替口座簿への記載がなされるのが一般的です。

2　国税庁の見解（https://www.nta.go.jp/shiraberu/zeiho-kaishaku/shitsugi/shotoku/02/49.htm）。この給与所得としての課税に関し，会社に源泉所得税が発生しないか等については，あらかじめ税理士と相談をしておいたほうが良いと考えます。

なお，実際に新株予約権を譲渡する場合には，譲渡承認機関の承認を得る等の手続が必要となります。

(3) 新株予約権を放棄または消却のうえ，会社が権利者に対して，別途，金銭等を付与する方法

これは，一度，権利者に新株予約権を放棄してもらい，または新株予約権を消却（会社が新株予約権を取得したうえでこれを消す方法）し，新株予約権をなくす代わりに，権利者に対して金銭等を付与するという方法です。

(2)の方法と異なり，買収側の関与なく，会社により新株予約権を処理することができますので，この(3)の例が採用されるケースも少なくありません。

なお，買収側が新たに新株予約権を発行する例もあります。

レベルアップ QⅥ-4 キーマンクローズ，競業避止

M&Aの契約にみられる「キーマンクローズ」とは何ですか。具体的にはどのような内容の条項でしょうか。売却側の経営者の立場から注意すべき点はありますか。

A M&Aの契約において定められる「キーマンクローズ」とは，退職制限条項（M&Aの対象会社の経営者は一定期間対象会社を辞められないことを定める条項）と競業禁止条項（辞めた後も対象会社と競合する事業を行ってはならないことを定める条項）をいいます。売却側の経営者としては，M&A後も見すえて，どのくらいの期間の拘束を受けることを承諾するかという点が，最も注意すべき点です。

解説

(1) キーマンクローズとは？

M&Aの契約において定められるキーマンクローズとは，M&Aの対象会社

の代表取締役等の経営者などがM&A後一定期間は対象会社での職務を継続し，辞めた後も一定期間は対象会社と競合する事業を行ってはならない旨を定めた条項のことを意味します。

ベンチャーのM&Aの場合，経営者が，対象会社において重要な役割を果たしており，当該経営者が対象会社の事業に関与しなくなってしまうと対象会社自体の価値が下がると買収側が判断するケースが多く見られます。

つまり，買収側としては，対象会社の企業価値を維持し，これをさらに高めるべく，M&A後も経営者に一定期間は対象会社の事業に関与してもらい，事業を継続してもらいたいと考えることも多く，その場合は，上記のようなキーマンクローズをM&A時の契約に盛り込むことになります。

また，買主は，対象会社の事業を守るという観点から，対象会社のノウハウを持っている経営者に，対象会社と同じようなビジネスに関与してもらっては困ると考えます。そのため，対象会社に在職中および退職後一定期間は，経営者は対象会社の事業と同じまたは類似する事業を行ってはならない競業禁止条項を併せて要求するケースが一般的です。

(2)　キーマンクローズを受け入れる場合に注意すべき事項

キーマンクローズは，売却側の経営者にとっては大きな制約となりますので，売却側としては，キーマンクローズを受け入れるかどうかは慎重に判断する必要があります。

とはいえ，経営者が対象会社からいなくなると対象会社の価値が下がってしまうような場合は，キーマンクローズをM&Aの必須の前提条件として提示される場合も多いので，全くこれを受け入れないのも難しいと考えます。

そこで，どの範囲であればキーマンクローズを受け入れられるかを検討する必要が生じます。M&A時には数年の拘束であれば問題ないと考えていたものの，拘束期間中に他のビジネスを始めたくなってしまい，途中で対象会社を退職したくなるケースも少なくないため，M&A後も見すえて，どのくらいの期間であれば拘束を受け入れることができるかを判断する必要があります。

また，キーマンクローズの交渉においては，拘束される期間中の経営者の報酬条件，目標達成の際のインセンティブも問題になります。拘束されるからには，その期間中の報酬条件やインセンティブを適切に保証してもらいたいのであれば，契約書にその旨を盛り込んでおく必要があります。目まぐるしく変化のある業界では，実際にM&A後に事業がどのように変動するのかは，予想が難しく，目標を定めても変更を余議なくされてしまうので記載は難しいところもあるのですが，他方で，何も規定しないと，対象会社が買収側のコントロール下にある以上は，取締役の報酬なども自由に設定されてしまうリスクがあります。さらに，キーマンクローズの規定があるからといって，買収側から対象会社の経営者たる地位を当然に保証されるわけではなく，取締役の解任権の行使などにより対象会社の経営者たる地位を奪われるリスクもあるため，M&A後も対象会社の経営者として業務を遂行していきたいのであれば，対象会社の経営者たる地位を奪われないことを明確に規定しておく必要があります。

次に，競業禁止条項についても，同様のことが言えます。すなわち，拘束期間が満了して対象会社を退職できたとしても，競業禁止条項が残っている場合には，対象会社と類似のビジネスを始められなくなってしまいます。一般的には，従前の経験を生かして新しいビジネスを始める方が多いと考えますので，M&A後に新規ビジネスを始める場合には，競業禁止の内容も慎重に検討する必要があります。

対象会社を退職後に関与する可能性のあるビジネスがある場合には，M&Aの契約交渉において競業禁止条項の禁止対象ビジネスから，当該ビジネスを明確に除いておく必要がありますので，この点には注意が必要です。もっとも，この点は買収側も気にするところですので，交渉が難航するケースも多いです。拘束期間中は競業禁止条項を受けてもやむを得ないと考える場合は，「M&Aより○年間」とM&Aの時点を起点として競業禁止の期間を定めることとし，「在職期間中および退職後○年間」などという形で退職後も拘束を受けることはないよう交渉することが考えられます。また，M&Aで売却益を得た経営者は，その利益を他のビジネスに投資したり，アドバイザーとして他の起業家にアドバイスしたりすることも多いため，それが競業禁止の内容に抵触しないよう競業禁止条項を適切な形で定めておくことも重要です。

M&Aの交渉においては，その後に一緒に働くことになる者との交渉になる場合が多いため，買収側に「その点は信頼ベースで行きましょう」と言われるとなかなか交渉がしにくい面もあるかもしれませんが，売却側の経営者にとっては極めて重要な内容であるため，弁護士等のアドバイザーに入ってもらうなどして，きちんと交渉することが重要です。買収側の担当者と信頼関係ができている場合であっても，その担当者が会社を辞めてしまうリスクや，人事異動が生じてしまうリスクは常にあるということに留意しておきましょう。そのうえで，万一違反の有無について争いが生じてしまった場合に備えて損害賠償の上限などを定めて金額に限度を設けておくことが重要です。

M&A後もこのキーマンクローズ等の条項は，違反があったか否かで紛争になりやすいところですので，売却側の経営者は，新しいことをしようとする際には，M&Aの契約の締結後においても契約内容を見直したり，弁護士に相談するなどしたほうが安全です。

労務管理の留意点

QⅦ－1　従業員を雇用する際のチェックポイント

ベンチャーを創業してから，事業もやっと軌道に乗ってきました。今後の事業の拡大を目指して新しく従業員を雇用しようと考えていますが，労務関係の法律や社会保険関係の法律は複雑で，よくわかりません。ベンチャーが新たに従業員を雇用するにあたって，法的にはどのような点に気をつけるべきでしょうか。

A　ベンチャーが新たに従業員を雇用するにあたって，気をつけるべきチェックポイントは，(1)従業員を受け入れるにあたっての体制整備に関するチェックポイント，(2)従業員の賃金等の条件に関するチェックポイント，(3)従業員を実際に雇い入れる際のチェックポイント，(4)社会保険等への加入に関するチェックポイントに分けられます。以下具体的に解説します。

解説

(1)　従業員を受け入れるにあたっての体制整備に関するチェックポイント

①　就業規則を作成する必要がないかを確認する

労働基準法上，常時10人以上の労働者を使用する使用者は，就業規則を作成して，労働基準監督署に届け出る義務があります（労働基準法89条）。ベンチャーキャピタル（以下，「VC」といいます）などから投資を受ける際にこの点が未対応であるとの指摘を受けてあわてて準備をするベンチャーも多いため，事前にしっかりと準備を進めておく必要があります。具体的には，以下のような流れで就業規則の作成・届出等の手続を進めていくことになります。

(i)　就業規則を作成する
(ii)　従業員代表の意見を聴く
(iii)　労働基準監督署に届け出る
(iv)　従業員に周知する

なお，就業規則を一度作成したのちに変更することも，もちろん不可能ではありませんが，従業員に不利益な内容に変更しようとする場合には原則として従業員の同意を得ることが必要となります（労働契約法9条参照）。そのため，最初に就業規則を作成する際には，社労士や弁護士等にも相談するなどして，必要以上に従業員に有利な内容となっていないか等を確認したほうが安全です。

②　三六協定の作成・届出を行う

従業員に残業や休日労働をしてもらうためには，あらかじめ労使間で三六協定を締結し，労働基準監督署に届け出る必要があります（労働基準法36条）。三六協定は，従業員に法定労働時間（1日8時間・1週間に40時間）をオーバーして働いてもらったり，法定休日（4週間に4日）に働いてもらう場合には必ず必要となります。残業や休日労働がみなし残業代（後記(2)③参照）の範囲に収まっているからといって，三六協定が不要になるわけではない点にも注意が必要です。

③　労働者名簿および賃金台帳を作成する

使用者は，各事業場ごとに法定の事項を記載した「労働者名簿」および「賃金台帳」を作成して，一定期間保存しなければなりません（労働基準法107条～109条）。このような「労働者名簿」や「賃金台帳」は，雇用している従業員の人数に関係なく作成する必要があります。

(2)　従業員の賃金等の条件に関するチェックポイント

①　最低賃金法に違反していないかを確認する

従業員に対して支払う1時間あたりの賃金が最低賃金法に違反していないか

を確認する必要があります。最低賃金には，各都道府県ごとに定められた「地域別最低賃金」と特定の産業を対象に定められた「特定（産業別）最低賃金」の２種類があり，両方適用される場合には高いほう以上の金額を支払わなければなりません。具体的な最低賃金の金額は，厚生労働省のサイト[1]より確認することができます。

②　雇用後は労働時間を適切に把握して，割増賃金の支払を行う

従業員が，時間外労働，休日労働または深夜労働をした場合には，法令の定める割増率に従った割増賃金を支払う必要があります（労働基準法37条）。賃金請求権の消滅時効は２年間であることから（同法115条），少なくとも過去２年間の未払賃金の有無はIPOの際にも重要な審査項目の１つとなるため，従業員の労働時間を適切に把握して割増賃金の支払を行う必要があります。

労働時間の把握方法については，厚生労働省の「労働時間の適正な把握のために使用者が講ずべき措置に関する基準」が，(i)従業員の労働日ごとの始業・就業時刻を確認し記録すること，また，(ii)原則として使用者自らによる現認またはタイムカード，ICカード等による客観的記録により始業・就業時刻を確認すること等を定めています（自己申告制による場合には一定の措置を講じる必要があるとされています）。

なお，労働基準法上，(i)管理・監督者の場合，(ii)事業場外労働制を採用した場合，(iii)いわゆる裁量労働制を採用した場合など，割増賃金の支払いについて一定の例外が認められています。ただし，これらの制度は，採用するための要件を満たしているのか，採用をするための手続がきちんと行われているか等について問題が生じることも多いため，社労士や弁護士等にも相談するなどして慎重に検討をしたほうが安全です。

1　http://pc.saiteichingin.info

③　みなし残業代制を採用する場合には有効なものとなっているかを確認する

ベンチャーでは残業の有無にかかわらず一定の残業代をあらかじめ固定で支払うという「みなし残業代制（固定残業代制）」を採用している企業も多いです。特に残業代請求などの裁判が提起された場合には，このようなみなし残業代制の有効性が争われることがあるため，あらかじめ有効性が認められる内容となっているかを慎重に確認する必要があります。有効性が認められるための具体的な要件は以下のとおりであると解されています。

(A)　基本給のうち，割増賃金にあたる部分が明確に区分されて合意がされている。

(B)　労働基準法所定の計算方法による額がその額を上回るときは，その差額を当該賃金の支払期に支払うことが合意されている。

そして，(A)の合意にあたっては，以下のような点に注意する必要があります。

(i)「時間外労働手当○時間分」「基本給の○％」といったように，みなし残業代を時間や割合で算定するルールとなっている場合でも，労働条件，通知書，雇用契約書等において具体的な金額を算出して明示する。なお，「みなし残業代を時間外労働手当何時間分とすれば法的に問題ないのか」という質問をよく受けます。これについて明文の規制はないものの，そもそも時間外労働は三六協定で届け出た労働時間を超えて延長してはならないため，この範囲（通常は１カ月45時間）に限定しておいたほうが安全です。

(ii)　就業規則（賃金規程）がある場合に，就業規則（賃金規程）にもみなし残業代制についての規定を設ける。

(iii)　みなし残業代が充当される対象（時間外労働，休日労働，深夜労働）を明確にする。

上記のようにみなし残業代制はあくまで一定範囲の残業代をあらかじめ固定で支払うという制度であるため，みなし残業代分を超えた残業が行われた場合には差額の支払いを行う必要がある点に注意が必要です。すなわち，みなし残業代制を採用した場合でも従業員の労働時間は適切に把握する必要があります。

外回りの仕事であるためそもそも労働時間を把握しがたい，専門業務であるため業務遂行の手段や時間配分の決定等について従業員の裁量に委ねる必要があるといった場合には，事業場外のみなし労働時間制や専門業務型裁量労働制を適用できないかを検討することになります。

④ 株式の付与は可能な限り避けて，ストックオプションの活用を検討する

よくベンチャーの社長から「新しく雇用する従業員から会社の株式がほしいと言われているのですが，与えてもよいでしょうか？」といった質問を受けます。しかし，株式は従業員が会社を辞めてしまった場合にも消滅させることはできないため，従業員に対して会社の株式を与えることは可能な限り避けたほうがよいです。従業員に対してインセンティブを与えたい場合には，新株予約権（ストックオプション）の付与を検討したほうがよいと通常考えられます。

なお，従業員持株会を設立して持株会を通じた株式の保有を認めるという方法も考えられますが，未上場企業の場合には従業員が辞めたときに持株会が株式を売却して現金で精算することが難しい場合も多く，やはり退社時の処理が困難であるという問題が残ります。

(3) 従業員を実際に雇い入れる際のチェックポイント

① 労働条件通知書等を交付する

従業員を雇い入れるにあたっては，賃金，労働時間その他一定の労働条件を書面によって明示することが義務づけられています（労働基準法15条１項）。労働条件を明示するための「労働条件通知書（雇入通知書）」については，厚生労働省のホームページ[2]等からモデル書式をダウンロードすることができます。

なお，法律上は会社が従業員との間で契約書を作成することまでは義務づけられていませんが，契約関係が成立したことを明確にするために「雇用契約

2　http://www.mhlw.go.jp/bunya/roudoukijun/roudoujouken01/

書」を作成しておくことが望ましいと考えられます。雇用契約書を作成した場合には，労働条件通知書（雇入通知書）ではなく，雇用契約書において上記のような労働条件を明示することでも問題ありません。

②「誓約書」を提出してもらう

法律上の義務ではありませんが，従業員に，(i)職務上発生した知的財産権が会社に帰属する旨，(ii)職務上知り得た情報の在籍中および退職後の秘密保持義務などを内容とする「誓約書」の提出を求めたほうがよいと考えられます（なお，就業規則がある場合には就業規則にもこれらの内容を規定しておいたほうがよいと考えられます）。

また，特にベンチャーは他社にはないアイディアや技術で勝負をしている会社も多いことから，(iii)在籍中および退職後の競業避止義務，(iv)在籍中および退職後に他の役職員に対して会社からの退職や他社への就業等を勧誘することの禁止などの条項を「誓約書」に設けることも多いです。ただし，このような条項は従業員の職業選択の自由を過度に制約するものである場合には無効と判断される可能性があるため，禁止の範囲や期間等を慎重に決定する必要があります（QⅦ-6参照）。

なお，従業員との間で「雇用契約書」を作成する場合には，別途「誓約書」を作成するのではなく，雇用契約書において上記のような義務を規定しておくことでももちろん問題ありません。

③　雇入れ時の健康診断を実施する，または医師による診断書を提出してもらう

事業者は，「常時使用する労働者」を雇い入れる場合には，法が定める項目を満たした医師による健康診断を実施しなければなりません（労働安全衛生法66条，労働安全衛生規則43条）。「常時使用する労働者」とは，簡単にいえば労働時間が週30時間以上でかつ1年以上の雇用見込みのある従業員のことです（平19.10.1基発第1001016号）。

ただし，3カ月以内に法が定める項目を満たした医師による健康診断を受け

た従業員から，その健康診断の結果を証明する書面の提出を受けた場合には，上記の健康診断を行う必要はありません（労働安全衛生規則43条）。そのため，雇用にあたって従業員からこのような医師による診断書を提出してもらうことも考えられます。

(4) 社会保険等への加入に関するチェックポイント

① 労災保険に加入する

労災保険は，従業員が業務中や通勤途中にケガをした場合に保険金の給付を受けることができる保険です。この労災保険は，従業員を１人でも雇用した事業者は加入しなければなりません。正社員やパート，アルバイトといった名称にかかわらず，基本的には従業員であれば誰でも対象になります。「雇っているのはパートやアルバイトだけだから労災保険には加入しなくてもよい」というのは大きな誤りです。従業員を雇用したら，必ず労働基準監督署で労災保険の加入手続をしましょう。

② 雇用保険に加入する

雇用保険は，従業員が失業したときに所得保障の役割を果たす保険です。また，従業員が在職中に育児休業や介護休業をしたときにも所得保障の役割を果たします。この雇用保険は，原則として全ての従業員が加入対象ですが，労働時間や雇用形態等によって加入しなくてもよい適用除外者が決められています。パートやアルバイトであっても，この適用除外者に該当しない限りは雇用保険に加入させなければなりませんので注意が必要です。従業員が適用除外に該当するかどうかを確認して，加入対象者については漏れなくハローワークで加入手続をしましょう。

③ 社会保険に加入する

社会保険とは，一般的には健康保険と厚生年金保険のことをいいます。健康保険は主に業務外のケガや病気の治療の際に適用される保険です。厚生年金保険は主に老後の所得保障の役割を果たす保険です。この社会保険は，法人であれば代表者１人でも加入しなければなりません。また，原則として全ての従業員が加入対象ですが，雇用形態等によって加入しなくてもよい適用除外者が決められています。この適用除外に該当しない従業員は全て社会保険に加入させなければなりません。なお，パートやアルバイトについては，所定労働時間および所定労働日数の一定基準を満たした場合に社会保険の適用対象になります。社会保険についても，従業員が適用除外に該当するかどうかなどを確認して，加入対象者については漏れなく年金事務所で加入手続をするようにしましょう。

なお，いわゆるアルバイトやパートタイマーは正社員と比べると労働時間や１週間の労働日数が少なかったりしますが，法的には正社員と同じ「労働者」として労働基準法等の適用を受けることになる点に注意が必要です。したがって，アルバイトやパートタイマーを雇用する際にも基本的には同様のポイントを確認する必要があります。

QⅦ－2　年俸制を採用する場合の留意点

新しく従業員を採用し，年俸制で給与の金額を決めました。年俸制なので，残業代を支払う必要はないという理解で問題ないですか。

A　年俸制を採用した場合にも原則として割増賃金の支払義務を免れないため，適切に労働時間の管理をして，割増賃金を支払う必要があります。ただし，年俸にいわゆるみなし残業代を含める形として，みなし残業代を超えた場合にのみその差額分を支払うとすることは可能です。

解説

「年俸制」は，労働基準法等の法律において明確に定義されている言葉ではありませんが，一般的に使用者と労働者が年額をもって賃金を定める形態を年俸制と呼びます。ベンチャーにおいては，いわゆる管理職だけでなく一般社員等にもこのような年俸制を採用するケースが多く見られます。

しかし，年俸制の場合には時間管理が不要であり，割増賃金の支払いも不要であるといった誤った認識のもとで運用がなされるケースも多いため，年俸制を採用する場合には労働基準法等の法令違反とならないよう慎重な検討が必要です。

(1) 年俸制の場合にも割増賃金の支払が必要

労働基準法上，時間外労働，深夜労働または休日労働をさせた場合には，割増賃金を支払わなければなりません（労働基準法37条）。そして，労働基準法において，「年俸制を採用した場合には割増賃金を支払わなくてよい」といった内容を定めた規定は，存在しません。すなわち，年俸制によって給与を定めた場合においても，原則として適切に労働時間を管理して，割増賃金を支払う必要があります。

なお，労働基準法上，管理監督者や機密事務取扱者等については労働時間，休憩および休日に関する規定の適用が除外されます（ただし，深夜労働の割増賃金は支払いが必要です）。また，いわゆる裁量労働制を適用した労働者については労使協定等で定めたみなし労働時間を基準として賃金を支給すれば足りるといった例外があります（ただし，深夜労働および休日労働の割増賃金は支払いが必要です）。

しかし，これらの制度は月額制の場合にも共通に適用されるルールであり，年俸制についてもこれらのルールに沿う範囲で割増賃金の支給が減免されるにすぎず，年俸制を採用したことにより当然に割増賃金の支払いが不要となるわけではありません。

(2) 年俸制にみなし残業代を含める形とする場合の注意点

上述したとおり「年俸制」であっても法律上割増賃金の支払義務があるため，労働時間にかかわらず，いかなる場合でも年俸額より多くは支払わないという運用は労働基準法に違反します。

もっとも，年俸にいわゆるみなし残業代を含める形として，みなし残業代を超えた場合にのみ，その差額分を支払うとすることは可能です。この点，厚生労働省の通達も，「年俸に時間外労働等の割増賃金が含まれていることが労働契約の内容であることが明らかであって，割増賃金相当部分と通常の労働時間に対応する賃金部分とに区別することができ，かつ割増賃金相当部分が法定の割増賃金額以上に支払われている場合は，労働基準法第37条に違反しないと解される」としています（平12・3・8基収第78号）。

年俸においてみなし残業代を含める形とする場合の注意点は，基本的に月額制等においてみなし残業代制を採用する場合と異なりません（QⅦ-1参照）。すなわち，有効性が認められるための具体的な要件は以下のとおりであると解されています。

(A)　基本給のうち，割増賃金にあたる部分が明確に区分されて合意がされている。

(B)　労働基準法所定の計算方法による額がその額を上回るときは，その差額を当該賃金の支払期に支払うことが合意されている。

(3)　年俸制における「賞与」の取扱い

年俸制において，年俸額の16分の1等を毎月支払って，残額を賞与という形で支払うといったケースも多く見受けられますが，割増賃金の算定基礎額（時間単価）の算定にあたっては，このような賞与の取扱いに注意が必要です。

すなわち賞与は，通常「1箇月を超える期間ごとに支払われる賃金」（労働基準法施行規則21条5号）に該当し，割増賃金の算定基礎額から除外されます。しかし，厚生労働省による労働基準法の解釈上，「賞与とは支給額があらかじめ確定されていないものをいい，支給額が確定されているものは賞与にみなさない」とされています（昭22・9・13発基第17号参照）。

したがって，あらかじめ年俸額を確定してその一部を「賞与」として支払う場合には，「賞与」を割増賃金の算定基礎から除外することができずに，「賞与」を含めた金額を年間の所定労働時間で除して割増賃金の算定基礎額（時間単価）を算定する必要がある点に注意が必要です（平12・3・8基収第78号参照）。

QⅦ－3 給与の減額における留意点

パフォーマンスの悪い従業員の給与を減額したいのですが，可能でしょうか。本人の同意なく適法に給与を減額する方法を教えてください。

A 従業員の給与を減額するには，原則として本人の同意が必要です。本人の同意を得ずに人事権の裁量の範囲で給与を減額するには，就業規則において，職務や職能に対応した賃金制度を整備し，その制度の範囲内で行う必要があります。

解説

(1) 給与の減額は勝手に行えないのが原則

給与は，労働者の生活の糧であり，労働者と会社の間の雇用契約において特に重要な要素です。契約は当事者の合意によって成り立っているものですから，その内容を変更するには両者の合意が必要であることは当然であり，これを会社側で一方的に減額できないのが原則です。同意を得て行う場合でも，その同意は労働者の自由意思に基づく明確なものであることを必要とし，黙示の合意の場合はその成立や有効性は容易には認められないため，書面で同意をもらうことは最低限必要です。

(2) 降格に伴う減額は可能か

もっとも，成果主義に基づく基本給制度が禁止されているわけではなく，職務や職能に対応した賃金制度を整備し，その制度にのっとって一定期間ごとに評価を行い，賃金を決定することにより，その結果として従前より給与が減額されるという取扱いは可能です。会社には人事権があり，その裁量の範囲内で行われると評価されるためです。ただし，全く無制限に認められるわけではなく，このような減額は賃金制度が公平かつ合理的であることが前提であり，客観的な基準なしに，特定の人を狙い撃ちして，「経営陣からの評価が悪いから給与を減額する」などという措置は権利濫用として認められません。

ベンチャーにおいては，この賃金制度が整備されていない例も多く，会社による定期的な評価さえ行っていないことも多いため，いざ「パフォーマンスが悪いから給与を減額したい」となっても，適法にこれを行うことが難しいのが実情です。

詳細な賃金テーブルや評価制度を設けることが難しくても，「役職手当」を設けて，昇格，降格に伴い手当の有無を変更できるようにしておくことや，毎年１回または２回は経営陣による面接を行い，客観的な人事考査項目に従って評価を行うということは最低限行っておくとよいと考えます。また，この場合は就業規則や給与規程等に「役職手当」や「給与改定」についての項目を設けてあらかじめ規定しておくことが前提となります。

人事評価を定期的に行い，賃金によりそのフィードバックをすることは，従業員にとっても大きなモチベーションアップにつながるため，ベンチャーであっても早期に仕組み作りを行うことが望ましいでしょう。

⑶　年俸制の場合の給与改定

年俸制は，１年間にわたる仕事の成果によって翌年度の賃金額を設定する制度であるため，１年に一度，目標達成度の評価を行い，それに伴い翌年度の賃金を設定した結果，給与が減額されることも想定されます。もっとも，この評価についても，権利濫用は認められず，評価に連動した賃金額の明示，ならびに目標の設定とその達成度に関する評価のための公正な手続および苦情処理の手続が就業規則や給与規程において整備されていることが前提となります。また，年俸額で合意している場合は，１年間はその額を約束する趣旨であると解されることも多く，年度の途中で一方的に会社側がそれを引き下げることは許されない可能性があります。したがって，評価に基づく給与の見直しを，１年に一度ではなく，複数回行いたい場合は年俸制はそぐわないところがあります。

⑷ 懲戒処分としての「減給」に注意

上記の，人事権の裁量の範囲内で行われる賃金の減額と区別しなければならないのが，懲戒処分としての「減給」です。これについては，労働基準法91条において「就業規則で，労働者に対して減給の制裁を定める場合においては，その減給は，1回の額が平均賃金の1日分の半額を超え，総額が一賃金支払期における賃金の総額の10分の1を超えてはならない。」と規定されており，この制限を受けることになります。

例えば，月給20万円の人が，懲戒処分としての減給を受けることとなった場合は，1回当たり平均賃金の1日分の半額を超えてはならないので，1日分を1万円とした場合はその半額である5,000円を超えられません。意外と少ないことが分かります。

また，懲戒処分としての減給は，懲戒処分としてはかなり重いものとされ，安易に発動できるものではありません（必ずしも一般的な基準があるわけではありませんが，公務員の懲戒処分について定める人事院の「懲戒処分の指針について」（平成12年3月31日職職—68）では，一定期間無断欠勤したり，兼業禁止規定に違反した場合などが対象として記載されています）。また，懲戒処分は一事案につき一回が原則ですので，上記の規定は翌月以降も継続して給与を減額することを想定しているものではありません。

QⅦ－4 解雇と退職勧奨

ある従業員が，遅刻や欠勤も多く，就業態度も悪いため，他の従業員からの評判も悪く，業務に支障を来しています。この従業員に辞めてもらうために，解雇や退職勧奨をして退職してもらうことを考えています。解雇と退職勧奨，どちらの方法がよいでしょうか。

A　就業規則違反が繰り返されており，その都度，懲戒処分を段階的にした事情があるなど，解雇が適法となる要件を満たしていれば解雇することも考えられますが，解雇の適法性の判断は厳しくなされるため，一般的には退職勧奨によって従業員に辞職してもらうほうが望ましいです。ただし，退職勧奨も一定限度を超える態様で行われた場合には違法行為となり，退職が無効となったり，会社に損害賠償責任が生じたりしてしまうため，方法や態様，頻度などに留意して行う必要があります。

解説……………………………………………………………

従業員の生活の保護の要請から，雇用契約を会社側から一方的に終了させることは，基本的には困難です。とはいっても，事情によっては従業員に辞めてもらう必要が生じるときもあります。そのような場合に，解雇や退職勧奨などを行う場合には適法性について慎重に確認する必要があります。両者について，適法性の基準なども見ながら理解していきましょう。

(1)　解雇と退職勧奨

解雇とは，会社による，従業員との間の労働契約の一方的な解約であり，いわゆる，「社員をクビにする」ことです。解雇は懲戒処分としての性格を有する懲戒解雇と懲戒処分ではない普通解雇に分かれます。また，一定期間内に自己退職しない場合には解雇するという，懲戒処分の一種としての諭旨解雇（ゆしかいこ）という，解雇と退職勧奨の中間的なものもあります。

他方，退職勧奨は，あくまで従業員による自発的な退職もしくは両者の合意による労働契約の解約に向けて会社が行う事実上の行為を指します。一定期間を設けて，期間内に退職の意思表示をすることを条件に退職金を増額したり，会社の事情を説明して従業員の理解を求めたり，転職先を紹介して辞めてもらうこともあります。最終的に，従業員の同意を得て会社を辞めてもらうことを目的としています。

⑵ 解雇の法規制

民法上，期間の定めのない雇用契約については，各当事者は，いつでも解約の申入れをすることができ，この場合，雇用契約は，解約の申入れの日から2週間を経過すると終了するとされます（民法627条1項）。

しかし，労働者保護の観点から労働基準法においては，この原則は修正され，会社による解雇には30日前の予告または30日分以上の平均賃金を支払うという解雇予告手当の支払いが必要とされ（労働基準法20条1項），業務災害に関する療養や産前産後の休業中およびその後30日間の解雇が制限されています（労働基準法19条1項）。

さらに，判例の積み重ねにより，「解雇権濫用法理」という，客観的に合理的な理由のない解雇や社会通念上相当と認められない解雇を無効とするルールが確立されてきましたが，現在では，このルールは労働契約法16条に明記されるに至りました。

⑶ 解雇権濫用法理

解雇権濫用法理にいう，「客観的に合理的な理由」には，以下のようなものがあります。

① 従業員の能力不足，適格性欠如等

営業担当従業員の営業成績が他の従業員と比べて極端に悪い場合や，特別な能力を期待して良い条件で入社させた従業員が，その能力を有していなかった場合などです。ただし，このような能力不足等を理由とする解雇は類型としてはありえるのですが，判例実務上認められるためのハードルはかなり高く，安易にこの点を根拠に解雇をするのはリスクが高いため，慎重な検討が必要です。

② 従業員の規律違反の行為

従業員が規律違反の行為を行った場合などがこれに該当します。具体的には，出社拒否による労務提供義務違反，暴言，暴行，セクハラなどの服務規律違反，

競業避止義務違反，秘密保持義務違反などの行為がこれにあたります。

③　会社側の事情

いわゆるリストラ（整理解雇）の場合，職種が消滅し他の職種への配転もできない場合，地方の営業所を廃止し他の営業所への配転もできない場合，会社が解散する場合などが考えられます。このうち，整理解雇については，いわゆる４要件（人員削減の必要性，手段として整理解雇を選択することの必要性，被解雇者の選定基準の妥当性，手続の妥当性）が判例上確立されています。

上記の「客観的に合理的な理由」に該当したとしても，解雇が社会通念上相当であると認められない場合は，解雇権の濫用として無効になります。したがって，これらの要件に該当しない場合や，該当するとしても社会通念上相当であるといい切れない場合には，解雇はしないほうがよいといえます。

(4)　懲戒解雇

従業員が就業規則違反を犯している場合，懲戒処分としての解雇を行うことも考えられます。ただし，懲戒処分についても，解雇権同様，客観的に合理的な理由を欠き，社会通念上相当であると認められない場合に無効とする濫用法理が裁判例の集積によって形成されてきており，現在は労働契約法15条に明記されるに至りました。

懲戒処分が有効となるには，懲戒処分の根拠となる規定が就業規則に存在すること，懲戒事由に該当する行為が存在すること，懲戒処分が過度に重くないこと，手続的な問題のないことなどの相当性が必要とされています。例えば，軽微な就業規則違反を１回犯しただけで即懲戒解雇処分とすることは，仮に懲戒事由に該当するとしても，相当性を欠き，無効となる可能性が高いと考えられます。したがって，軽微な就業規則違反に対しては，まずは戒告等の軽微な処分で対応し，これが繰り返されるときには，黙認することなく，その都度適正な懲戒処分を行います（同様の軽微な就業規則違反行為も繰り返されることにより，段階的に重い処分を課すことも許されます)。このように，段階を踏んでおくことで，最終的に将来の解雇の相当性が是認されやすくなります。逆に，一度不問に付したり，軽微な処分をしておきながら，同一の事案について事後的に新たに処分を課すことは許されませんので，その点は注意が必要です。

(5) 諭旨解雇

諭旨解雇は懲戒処分の１つですが，従業員に対して一定期限内の退職を勧告し，従業員が自ら期限内に退職しない場合には懲戒解雇することとする，解雇と退職勧奨の中間的なものです。諭旨解雇も懲戒処分の１つなので，懲戒解雇に関して上記で説明したことは諭旨解雇にも当てはまります。

諭旨解雇は，従業員が自身に非のあることを認めている場合，懲戒解雇という履歴を残さない退職という形になり，その後の再就職の際の不利益を回避できるため，実務上，用いられることがあります。

(6) 退職勧奨の留意点

他方，上記のとおり，退職勧奨は，あくまで，従業員が自らの意思で退職をすることを会社が促すことにすぎず，従業員の意思が介在する以上，上記の解雇に関する制限などは，基本的には関係ありません。しかし，従業員の退職の判断が半ば強制的に行われてしまっては，自らの意思で退職したとはいえなくなってしまうため，やはり，そこには一定の歯止めがあります。度を越した退職勧奨が不法行為となるかが問題となった裁判では，面談に同席する人数，退職勧奨を行った期間，回数，１回当たりの面談の時間，面談中の発言内容や態様，職務上の嫌がらせの有無や内容などを考慮して不法行為該当性の判断を行っています。

実際に退職勧奨を行う場合には，面談は２～３人程度の複数で対応し（１人では言った言わないの水掛け論になりやすく，多すぎると威圧的になってしまうおそれがあります)，過度に長時間拘束したりせず，高圧的，強制的にならないよう言動に注意しながら，あくまで説得の範囲を出ないよう心がける必要があります。

(7) 無効の場合

解雇の要件を欠いたり，退職勧奨による退職に任意性が認められない場合などには，その効果が認められません。この場合，従業員としての地位が存続していたこととなり，事後的に解雇や退職勧奨による退職が無効であるとされると，それまでの期間の給与とその遅延損害金を遡って支払わなければならないので，この点からも解雇や退職勧奨の際には慎重な対応が必要です。

(8) まとめ

原則として，いわゆる正社員の雇用形態である期間の定めのない労働契約を解消するのは，従業員の任意の意思による退職以外はかなり難しいと考えてください。その中で，会社から労働契約を終了させるには，解雇と退職勧奨という2つの方法がありますが，会社による一方的な解雇については解雇権や懲戒権の濫用法理の存在によりかなり厳しく制約されており，退職勧奨では，従業員の意思決定に向けた説得や有利な条件の提示を根気よく（ただし，やりすぎには注意しましょう）行い，あくまで従業員の任意の意思決定による退職を目指す必要があります。

レベルアップ QⅦ－5 社員紹介制度，サイニングボーナス

(1) 社員が新規に採用する人材を会社に紹介し，紹介された人を採用するに至った場合には，リクルーターに支払う分のコストがかからなくなった代わりに，紹介してくれた従業員に紹介料を支払ってあげたいのですが，何か気をつけるべき点はありますか。

(2) また，優秀な人材を採用したいので，採用を決めた時に採用した人に対してボーナスを払おうと考えています。ただ，せっかくボーナスを払ったのにすぐに辞められては困るので，入社後一定期間経過前に自分の意思で辞めた場合には支払ったボーナスを返してもらいたいのですが，問題はありますか。

A (1)社員紹介制度を採用すること自体は可能と考えられますが，職業安定法との関係で紹介料を支払う場合には注意が必要です。

(2)サイニングボーナスを支払うこと自体は問題ありませんが，一定期間経過したときに自分の意思で辞めた場合には支給したサイニングボーナスを返還させるという合意をすると，労働者の不当な拘束を禁止（足止め防止）している労働基準法５条（強制労働の禁止）や16条（賠償予定の禁止）に違反するとして，当該合意が無効になる可能性があるので，注意が必要です。また，これらの規定違反には刑事罰もあります（労働基準法117条，119条）。

解説

(1) 社員紹介制度を採用する場合の注意点

社員紹介制度とは，新規採用者を紹介した従業員に対して紹介料を支払う制度を指します。

ベンチャーに限らず企業では，どのような人を採用するかが重要であるため，信頼できる筋から従業員候補者を見つけたいというニーズは常にあります。そのため，社員紹介制度を採用することで，社内の事情をよく知っている社員が，会社に合うと思える人を積極的に推薦してくれるようになれば，会社にフィッ

トする人材を見つけやすいというメリットがあります。

しかし，人材の紹介を受けたことに対して報酬を支払うことについては，職業安定法の規制がかかるため，注意が必要です。すわなち，職業安定法40条では，「労働者の募集を行う者は，その被用者で当該労働者の募集に従事するもの又は募集受託者に対し，賃金，給料その他これらに準ずるものを支払う場合又は第三十六条第二項の認可に係る報酬を与える場合を除き，報酬を与えてはならない。」と定められているため，会社が従業員に対して支払う紹介料が，職業安定法40条で供与が禁止されている「報酬」にあたらないかが問題となります。なお，ここでいう「労働者の募集」とは，「労働者を雇用しようとする者が，自ら又は他人に委託して，労働者となろうとする者に対し，その被用者となることを勧誘すること」（職業安定法４条５項）を意味します。

結論としては，社員紹介制度を採用することは，会社の業務として「社員に労働者の募集」をさせていると判断されるリスクがあります。そして，新規採用者を紹介してくれた社員に紹介料を給料とは別に支払っていることが，職業安定法40条で供与が禁止される「報酬」を支払っていると判断されるリスクは否定できないと考えます。なお，職業安定法40条違反については，６カ月以下の懲役または30万円以下の罰金が科されてしまう（職業安定法65条６号）ので，注意が必要です。

このように，社員に対して紹介料として報酬を支払うことは職業安定法40条で供与が禁止されている「報酬」の支払いに該当すると判断されるリスクがあるため，社員紹介制度を採用することが難しいようにも思えます。

しかし，同条では「賃金，給料その他これらに準ずるものを支払う場合…を除き」と規定されますので，紹介料という形で支払うのではなく，人材の紹介という会社の業務を遂行したことに対する「賃金，給料その他これらに準ずるもの」として金銭を給付することも可能ではないかと考えます。

上記のように「賃金，給料その他これらに準ずるもの」として金銭を給付する方法のほかには，ボーナスの査定に人材紹介の功績を大きく反映させる方法が考えられます。

なお，社員紹介制度を採用して，お金ではなく現物（例えばオフィス雑貨等）を支給するケースもあります。しかし労働基準法24条１項では，「賃金は，通貨で，…支払わなければならない。」と規定されていることから「賃金，給料その他これらに準ずるもの」の支払いとして，現物を支給することはできません。そのため，社員の紹介に対する報酬として現物を支給してしまうと，職業安定法40条で禁止される「労働者の募集」に対する「報酬」の支払いをしていると判断されるリスクがあります。

そのため，社員を紹介してもらったことへの報酬として現物を支給することはできないと考えられますので，この点には注意が必要です。

⑵　サイニングボーナスを支払う場合の注意点

いわゆるサイニングボーナスとは，入社時に支払われる賞与の一種で，勤労意欲を促すことを目的として支払われます。サイニングボーナスを与えること自体については特に問題はありません。

サイニングボーナスは，入社の誓約を確認し，勤労意欲を促すことを目的として支払われるので，サイニングボーナスを支払う以上，一定期間は就労を継続してもらわないと支払う意味がなく，会社側としては，サイニングボーナスを持ち逃げされる事態は防ぎたいと考えるのが通常でしょう。そのため，サイニングボーナスを支払う場合には，サイニングボーナスを受け取った従業員が一定期間経過前に自分の意思で退職するときには，サイニングボーナスを全額返還してもらいたいのが会社側の感覚だと思います。

しかし，入社後一定期間経過前に自分の意思で退職した従業員からサイニングボーナス分の返還を求めようとすると，労働基準法上の労働者の足止め防止に関する規定の関係で，問題が生じるので注意が必要です。

すなわち，労働基準法16条（賠償予定の禁止）は「使用者は，労働契約の不履行について違約金を定め，又は損害賠償額を予定する契約をしてはならない。」と規定しているところ，サイニングボーナスを受け取って入社後，一定期間内に自分の意思で退職した場合には全額を返還させるとすると，当該返還についての合意が「違約金…又は損害賠償額を予定する契約」であるとされる可能性があります。また，このような返還合意は従業員の意思に反して労働を強制することになる不当な拘束手段であるため，労働基準法16条（賠償予定の禁止）の他，労働基準法５条（強制労働の禁止）にも違反するとされる可能性があります。

このように，労働基準法16条や５条に違反することになると，当該返還に関する合意は無効になってしまいます[1]。これらの規定違反には刑事罰もあります（労働基準法117条，119条）。

したがって，会社がサイニングボーナスを支払うこと自体は問題ありませんが，一定期間内に従業員が自分の意思で退職した場合に，会社は，支払ったサイニングボーナスの返還を求めることはできなくなる可能性が高い点に注意が必要です。

QⅦ－6　競業避止，退職時の秘密の保持

従業員が退職することになったのですが，競合他社に転職されて，在職中に従業員が知った会社のノウハウ等の情報を利用されるのは困ります。このような事態を避けるために，何かよい方法はないでしょうか。

A　退職後にも競業避止義務と秘密保持義務を負わせ，退職後の競合他社への就職や在職中に知り得た情報の利用をけん制することが考えられます。

解説

従業員が退職する場合のノウハウ等の情報の管理は，会社側としてはとても

1　サイニングボーナスの返還合意が無効である（労働基準法５条，13条，16条，民法90条）とされた裁判例として，日本ポラロイド事件（東京地判平15.3.31労判849号75頁）があります。

重要な問題です。

退職した従業員が会社のノウハウ等を不当に利用することを防ぐ方法としては，退職する従業員に，退職後も競業避止義務および秘密保持義務を負わせ，退職後に競合他社への就職や在職中に知りえた情報の利用をけん制することが考えられます。これらの義務を退職従業員に課すために，誓約書を差し入れてもらったり，その旨を定めた退職合意書を作成することが多いですが，退職後の従業員の競業避止義務および秘密保持義務については，それぞれ注意すべき点がありますので，ここでは個別に解説をします。

なお，退職時に，競業避止や秘密保持を約束させることが困難なこともあるため，就業規則や入社時に締結する雇用契約書や就業規則に，退職後の競業避止義務や秘密保持義務を定めておくことが重要です。そのうえで，退職時には，可能であれば，注意喚起の意味も込めて，改めて誓約書を差し入れさせたり，退職の合意書を結んだりしたほうがよいと考えます。

(1) 退職後にも競業避止義務を負わせることの注意点

① 退職後に競業避止義務を負わせることの有効性

退職後にも従業員に競業避止義務を負わせることについては，そもそもこのような義務を負わせることは有効かという問題があります。

競合会社に転職されて会社の情報が使われるのは会社にとって大きな痛手になる可能性があるため，会社としてはできるだけ競合会社には転職してもらいたくないところです。

しかし，従業員には憲法で認められる職業選択の自由（憲法22条１項）があるため，転職先を制限してしまうと，この職業選択の自由を侵害してしまい，競業避止義務に関する合意が公序良俗（民法90条）に反しているとされ，結果的に無効とされてしまう可能性があります。

競業避止義務に関する合意の有効性については，裁判例上では，従業員に退職後の競業避止義務を負わせることに合理性がある場合には，このような合意も有効であると考えられています。この合理性の有無は，①競業制限する必要性，②制限の範囲（制限する期間，場所，職種等），③在職時の労働者の地位，④制限に対する代償の有無等の諸事情を総合考慮することで判断されます（フォセコ・ジャパン事件：奈良地判昭45.10.23判時624号78頁等）。そのため，従業員に，退職後の競業避止義務を負わせる場合には，競業避止の期間をできるだけ短い期間とすること，転職を禁止する会社の業種や転職先での職種をできるだけ具体的に特定して競業を制限する範囲を限定すること，競業避止の程度に応じた退職金等の代償の交付をすることを検討することが必要になります。

②　退職後の競業避止義務を負わせる方法

退職後の競業避止義務を従業員に適用する方法としては，大きく分けて，(i)採用時に締結する雇用契約や就業規則に規定する方法と(ii)退職時に差し入れてもらう誓約書や退職の合意書に規定する方法があります。

退職後の話なので(ii)の退職時の誓約書や退職合意書に規定すれば足りるとも考えられがちですが，実務的には，退職後の競業避止義務については，(i)の雇用契約や就業規則で定めておくべきです。なぜなら，円満退職であれば問題は少ないですが，残念ながら退職時に揉めたケースでは，揉めている従業員から(ii)の誓約書や退職合意書を取得するのは困難だからです。

そのため，退職時の話ではあるものの，採用時の雇用契約や就業規則にきちんと退職後の競業避止義務についても明記しておき，可能であれば，再確認のために退職時に誓約書や退職合意書の中で，退職後の競業避止義務について明記する運用が望まれます。

③　競業避止義務違反があった場合の措置について

退職後の競業避止義務の規定が退職した従業員との間で有効に成立している場合に，従業員による競業避止義務違反があったときは，当該従業員対し，義務違反に基づく損害賠償請求や，競業行為を差し止める手段を講じることが可能です[1]。実際には，いきなり訴訟を提起するのではなく，まずは内容証明郵便などで警告書を送付することが多いです。また，当該違反をした退職した従業員が所属している会社に対しても，その違反を知りながら雇用をしている場合などは，違反行為に加担しているとして，警告書を送付することが考えられます。

⑵　退職後にも秘密保持義務を負わせるときの注意点

従業員に退職後も秘密保持義務を負わせることは，可能です。ただし，秘密保持義務の対象が過度に広範である場合には，必要性・合理性の観点から公序良俗に反し無効（民法90条）とされる可能性があるため，秘密保持義務の対象となる秘密情報はできる限り特定したほうがよいでしょう。

秘密保持義務違反が発覚した場合には，秘密保持義務違反を理由に，退職従業員に対して損害賠償請求や秘密情報を利用することの差止請求をすることや，転職先の会社が退職した従業員に対して前職で得た情報を利用させたと認められる場合には，当該転職先の会社に対して，損害賠償請求や差止請求をすることが考えられます。

しかし，これらの損害賠償請求や差止請求は効を奏しない場合も考えられるため，会社が外部に出したくない情報については，アクセスできる人を限定する等して，なるべく外部に持ち出せないようにするとともに，仮に外部に持ち出されてしまった場合には誰が持ち出したかを特定しやすくする等の事前の対策が重要です。

なお，不正競争防止法上の「営業秘密」（同法２条６項）の不正利用に関する規制も退職時の秘密の保持と関係しますが，この点の詳細についてはQⅧ-4をご参照ください。

1　もっとも，競業行為の差止請求は，職業選択の自由を直接制限するものであり，退職した役員や従業員に与える影響が大きい等の理由から，差止請求を行うための実体上の要件として「当該競業行為により使用者が営業上の利益を現に侵害され，又は侵害される具体的なおそれがあることを要する」と判示する裁判例もあり（東京リーガルマインド事件：東京地決平７.10.16労判690号75頁），退職後の競業避止義務が有効である場合でも，差止請求が制限される可能性があります。

QⅦ－7　株式とストックオプションの違い

ベンチャーは人が命といいますが，従業員のモチベーションアップのための方策として，株式とストックオプションを付与することの，いずれがよいのでしょうか。

A　リスクのあるベンチャーは，大手企業に比べて採用が難しいことも多く，従業員のモチベーションアップの方策は非常に重要な意味を持ちます。高い報酬が出せない場合であっても，ストックオプションを付与したり，株式を保有してもらうなどの方策が考えられます。どちらを使うのがよいのかについては，原則としてストックオプションを使うこととし，例外的に創業メンバーとほぼ同様の地位を占めるような幹部候補を雇う場合などの場合のみ株式を使うのがよいと考えられます。もっとも，それぞれにメリット，デメリットがあり，慎重に検討することが必要です。

解説

(1)　採用は，ベンチャーの一番の課題

少数精鋭で新しいことを生み出していくベンチャーにとって，人の採用は最も重要と言っても過言ではありません。それと同時に，最も難しいことでもあります。

というのも，ベンチャーには資金的な余裕があるわけではなく，高い報酬を出すのが難しく，また経営状態も安定していないからです。

そこで，ベンチャーで人を採用するにあたっては，「今はちょっとしか報酬を支払えないけど，成功したらすごい利益が手に入るぞ」という将来の成功に賭けてもらえるような仕組みでモチベーションを維持してもらうことが重要です。

その仕組みとして，株式を保有してもらったり，ストックオプションを保有してもらうことがあります。

⑵　株式やストックオプションが，モチベーション維持の方策となる理由

では，なぜ株式やストックオプションを保有すると，将来成功した場合に金銭的な利益を得ることになるのでしょうか。

株式は会社の価値を細分化した「持分」であり，会社の企業としての価値が上がると，この「持分」の価値も上がります。したがって，まだ設立したばかりのベンチャーで，会社の価値が低い段階で株式を保有してもらい，その後に会社の価値が上がり，それを第三者に売却すれば，その上がった価値の分だけ金銭的な利益を得られます。

また，ストックオプションは，QV-14で解説した新株予約権のうち，モチベーションアップのために従業員や取締役に付与されるものであり，「あらかじめ決められた価格で将来株式を取得できる権利」のことをいいます。この「あらかじめ決められた価格」を「権利行使価格」といい，会社の価値が上がり，株式の価格が上がった場合でも，ストックオプションを保有していれば，その時点の株価に関係なく，権利行使価格で株式を取得でき，その取得した株式を第三者に売却すれば，売却時点での株価と権利行使価額の差額分，金銭的な利益を得られます。

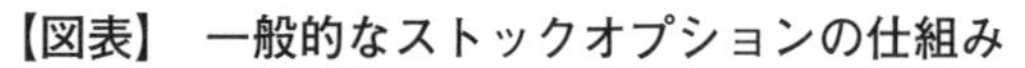

【図表】　一般的なストックオプションの仕組み

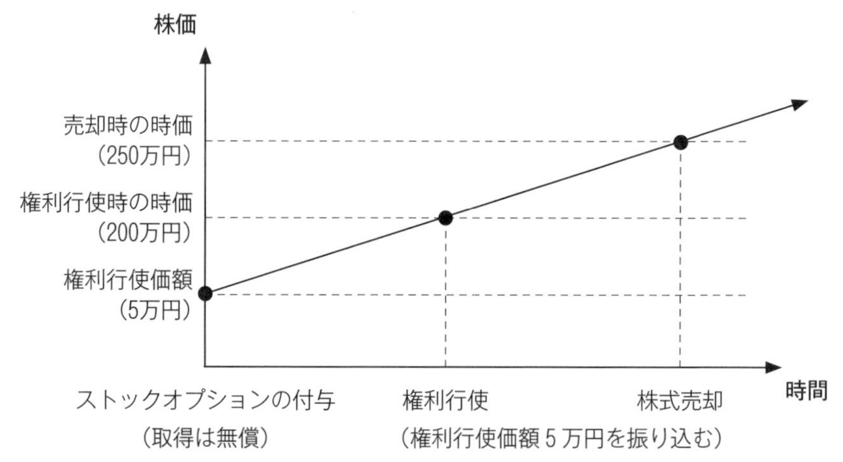

例えば，あるベンチャーの従業員のＡさんが，発行時点で，権利行使価額が１株当たり５万円のストックオプションを１個，無償（タダ）で取得したとしましょう。その後，そのベンチャーのビジネスがうまくいき，無事株式上場も果たし，そのベンチャーの株価が200万円となりました。そこで，Ａさんは，200万円の株式を手に入れるためにストックオプションの権利を行使して，５万円の権利行使価額を会社に払い込んで，株式を手にいれます。この時点で，200万円の価値があるものを５万円で手に入れることができたことになります。そして，さらにその会社の株価が250万円となった段階で株式を市場（マーケット）で売ることとした場合，最終的に５万円で手に入れたものを250万円で売ることができたことになり，（実際は税金がかかりますが，ひとまずそれを除くと）「250万円－５万円」が金銭的な利益となります。これがストックオプションの仕組みです。

⑶　株式とストックオプション，どちらを使うのがよいか

では，ベンチャーに参加してくれることとなる従業員のモチベーションを上げるために，株式とストックオプション，どちらを使うのがよいのでしょうか。

結論から申し上げると，原則としてストックオプションを使うこととし，例外的に創業メンバーとほぼ同様の地位を占めるような幹部候補を雇う場合などの場合のみに株式を使うのがよいのではないかと考えます。以下，理由を説明します。

株式を与える場合と，ストックオプションを与える場合のメリット，デメリットは，簡単にまとめると以下になります。

株式を与える方法としては，新株の発行と既存株式の譲渡の方法がありますが株式譲渡は，登記も必要がないため，基本的には定款に定める譲渡承認機関（通常，取締役会設置会社においては取締役会，取締役会非設置会社の場合は株主総会とするケースが一般的です）の承認がされればよいとされます[1]。

他方で，デメリットとしては，ストックオプションと異なり，無償で譲渡すると（できないわけではないのですが）税務上の問題が生じてしまうため，最

	メリット	デメリット
株式の発行，譲渡	• 手続が簡便 • 株式譲渡の場合は登記も不要	• 退職した後も会社が一方的に権利を消滅させることが難しく，株主として残ってしまう • もらう人に最初に株式の対価が発生するのが通常（＝初期コストがかかる） • 退職後に，会社に残る経営陣で創業株主間契約に基づき買い戻しをする場合も，その資金が必要，税務上の問題にも配慮しなければならない（QⅡ－2参照）
ストックオプション	• タダであげられるので，もらった人に初期コストがかからない。最終的に行使をしない選択も可能であり，もらった人にリスクがない • 会社としては設計に工夫ができるので，退職したら権利を消滅させるなどの対応も可能	• 設計，手続が若干煩雑。きちんと税制上の優遇措置も満たす形で設計する場合は専門家への相談をしたほうがよい • 登記が必要であり，登録免許税が1回の申請当たり9万円かかる

初にキャッシュが必要となる点があります。これについては，会社の価値がまださほど高くない段階であれば，大きな問題ではないのですが，一番の問題は，その方が退職した場合でも，一方的に権利を消滅させることができず，株主として残り続けてしまう点です。この点のリスクをヘッジするため，創業株主間契約についての説明（QⅡ－2）で述べたとおり，株を持ってもらう際に，あらかじめ退職した場合の買取りについて合意しておくのがよいでしょう。ただ，この合意がなされていたとしても，実際の買取時に買取りを行う人が資金を用

1　株券発行会社の場合は，これに加えて株券の交付が効力発生要件になるため，注意が必要です。会社法施行後は，株券不発行が原則であるため，株券発行会社である会社は少なくなりましたが，もし，定款に株券を発行する旨の定めがある場合はご注意ください。

意するのが大変だったり，税務上の問題が生じてしまうリスクもあります。

他方で，会社がこの株式を取得しようとすると，「自己株式の取得」となってしまい，ベンチャーにとっては非常にハードルが高いです。具体的には，株主総会の決議が必要など手続が煩雑であり，また，「分配可能額」（会社法461条２項）という計算書類上の数字に基づき計算される額[2]を原資として，その範囲内で買い取る必要があり，ベンチャーにはこの原資がないことも多いです。もし，これに違反して買い取ると「会社の計算で不正に株式を取得」したとして刑事罰の対象となることもあるため（会社法963条５項１号），注意が必要です。

実際に，株式を保有してもらった従業員が退職し，その後も株主として残ったためにトラブルとなるケースは非常に多くみられます。具体的なトラブルが発生しなくても，既存の投資家から望ましくないと評価を受けたり，他の新たに入ってくる役員や従業員のモチベーションを低下させるおそれもあります。また，ベンチャーでは「全株主の同意」を得て機動的に手続を進めたい場合も多く，そのようなときに，「連絡が取りづらい株主」がいると，非常に不便です。また，M&A の際に，反対する人（または連絡が取れない人）がいるために取引が成立しないことが生じないよう，M&A の際には大多数が賛成している場合にはそれに従うなどの合意（これをドラッグ・アロング・ライトといいます）をあらかじめしておくことも重要です（この点についての詳細は **QⅤ-5** 参照）。

したがって，株式を保有してもらうのは，創業メンバーとほぼ同様の地位を占めるような幹部候補を雇う場合などの場合に限定し，かつ，仮に株式を保有してもらうこととなった場合でも，退職した場合などについて取り決めた創業株主間契約を必ず締結するようにしましょう。

2 「分配可能額」は，会社法446条および461条２項により計算される額です。会社にあるキャッシュの金額とイコールではないので，税務会計の専門家に相談するのがよいでしょう。

これに対して，ストックオプションについては，無償での付与も可能であり，もらった人に初期コストがかからず，また，最終的にそのベンチャーがうまくいかなかった場合は権利行使をしなければ，キャッシュも出ていかないので，もらった人からすればリスクがありません。また，付与するほうからしても，権利行使がなされるまでは株主として取り扱う必要がないため，「IPOするまでは権利行使できない」などと定めておけば，IPO前は株主を増やさないで，簡便に手続を進められます。また，あらかじめ「退職したら権利を無償で会社が取得できる」と規定しておくことが通常であり，そのような規定がある場合は，退職後に一方的に権利を消滅させることもできます。

したがって，ストックオプションは，設計さえきちんとしておけば，会社にとっても，もらう側にとっても，非常に有効なインセンティブプランになります。

QⅦ－8　新株予約権の設計

従業員にストックオプションとして新株予約権を発行しますが，新株予約権の内容としてどのような事項を決めるのでしょうか。また，内容設計と発行手続で注意すべき重要な点が知りたいです。

A　新株予約権の内容として，目的である株式に関する事項，行使価額，行使期間，行使条件，譲渡制限などを定めます。内容の設計上，税制適格の要件を満たすこと，インセンティブとして適切な行使条件を設定すること，買収が生じた場合の取扱いに留意することなどが重要です。また，発行においては金商法の開示規制や役員報酬規制への配慮が必要です。

解説

ストックオプションとして新株予約権を付与することはベンチャー企業では常識ですが，新株予約権の内容としてどのような事項を定めるのか，また，どのような内容設計が可能かといった点について，詳しく理解されているとは限らないように思います。以下，新株予約権の概要と内容設計および発行手続上の留意点をみていきます。

⑴　発行手続と内容

新株予約権の発行に際しては，新株予約権の「内容」を株主総会で決定し，当該内容の新株予約権の募集および割当を株主総会または取締役会において決定したうえで，個々の対象者と付与契約書を締結する手順をとります（定款により株式の全部または一部について譲渡制限が付されている非公開会社を前提とし，以下同様とします）。

新株予約権の「内容」として定める主な項目は，①新株予約権の目的である株式（新株予約権の行使時に発行される株式を意味します）の種類および数，②新株予約権を行使する際の払込金額（行使価額），③行使期間，④行使の条件，⑤取得の事由（発行会社が新株予約権を権利者から取得して消滅させることのできる事由），⑥新株予約権の譲渡制限といった事項です。株主総会で定められたこれらの内容が，有価証券としての新株予約権の権利内容になります。

このような権利内容を持つ新株予約権を付与することについて，個々の従業員との間で付与契約書が締結され，新株予約権の付与に付帯する細則的な事項や，後述の税制適格要件に関する事項が契約書に規定されます。株主総会で決議された新株予約権の「内容」は，仮に新株予約権が当初の保有者から第三者に譲渡されても同一性を維持しますが，付与契約の内容は発行会社と個々の従業員との合意であるため，保有者が変われば原則として再度締結し直さなければ失効します。

新株予約権の設計は，新株予約権の「内容」に関わる点が中心となりますが，付与契約の内容についても注意すべき重要点があります。以下個別にみていきます。

⑵　税制適格

ストックオプションとして有効に機能させるために，従業員等に過大な課税負担が生じないよう配慮する必要があり，無償で発行する新株予約権は税制適格ストックオプションとなるように設計するのが通常です。税制適格の詳細はQⅦ-9で説明しますので，ここでは割愛しますが，税制適格となるための主な要件は，①付与対象者が，会社または子会社の取締役，執行役または使用人であり，大口株主（非上場会社の場合持株比率3分の1超）に該当しないこと，②付与契約において，(i)付与決議の日後2年を経過した日から付与決議の日後10年を経過する日までに行使されるべき旨，(ii)年間の行使合計額が1,200万円を超えないこと，(iii)行使価額が付与契約時の株式の価額以上であること，(iv)譲渡禁止，(v)行使に基づく株式交付が会社法の規定に反しないで行われること，(vi)行使により交付される株式について振替口座簿への記載もしくは記録，保管委託または管理等信託がなされること，の各点が規定されることです。

したがって，新株予約権の発行時には，付与予定者が税制適格の対象者であるか，付与契約の内容が税制適格に合致しているかに注意する必要があります。将来のM&A（買収されるケース）の可能性を踏まえて，上記②(i)の行使制限の2年間の間でもM&Aの場合には行使できるようにしたいという相談を受けることがありますが，このような形にしてしまうと税制適格とならないおそれがあるので注意が必要です。

(3) 行使価額

新株予約権の内容として権利行使時の1株あたりの払込金額（行使価額）を定める必要があります。上述のとおり税制適格との関係で，無償で発行する新株予約権の行使価額は付与契約時の会社の株式の価額以上とする必要があります。非公開会社における時価算定は必ずしも容易でなく，実務的には今後のファイナンス予定も考慮しつつ，直近の株式による資金調達の単価をベースに行使価額を定める例が多くなっています。逆に言えば，資金調達を行うとその調達単価を下回る行使価額の設定が難しくなるため，特にアーリーステージでVC等からの資金調達を検討するような場合には，資本政策に注意が必要です。

なお，非公開会社が普通株以外の種類株で調達した株価については，税務上の時価評価における「売買実例」に該当しないとの公的見解が公表されており[1]，種類株による調達であれば，当該調達単価を下回る行使価額の新株予約権の発行も検討の余地があります。ただし，当該取扱いは「売買実例」という株価評価方法の１つを適用しないことにすぎず，その他の評価方法によって当該資金調達の状況は斟酌される可能性があるため，いずれにしても資金調達と新株予約権発行の順序や調達単価，行使価額の設定については事前に専門家を交えて慎重に検討することをおすすめします。

(4) 調整条項

新株予約権の内容として規定される新株予約権の行使価額等は，新株予約権発行後のダイリューション緩和等の目的で，調整条項が設けられるのが通常です。典型的には，株式の分割または併合が生じた場合に，その比率に応じて目的株数および行使価額を増減させる規定があります。また，ダウンラウンド（低額単価での増資など）が生じた場合に，ダウンラウンド実施による株式時価の低下割合を一定の加重平均方式の計算式により算定して，その割合で行使価額を下方修正する調整条項も一般的です。

新株予約権におけるこれらの調整条項は標準的な内容がおおむね固まっていますが，ベンチャーでよく見受けられる問題点として，ダウンラウンド調整の計算式において株式の「時価」という係数が特段の定義なく用いられるケースがあります。この場合，非公開会社では「時価」の一義的な算定が困難であることから，実際にダウンラウンドが生じた場合に，調整条項の発動の有無および具体的な計算結果が不明になる問題が生じます。このような問題を避けるためには，例えば上場前の「時価」は「調整前の行使価額」を意味し，上場後の「時価」は，直近一定期間の終値平均を意味するといった形で，調整計算式における「時価」を明確に定義することが必要となります。

1　http://www.meti.go.jp/policy/newbusiness/stock_option/

(5) 行使期間

行使期間の設定について会社法上特段の制限はありませんが，前述した税制適格要件の関係で，新株予約権を行使できる期間は，付与決議日後２年経過した日から，付与決議後10年を経過する日までの期間となるよう，付与契約で制限を設ける必要があります。

(6) 行使条件

適宜の権利行使の条件を定めることが可能であり，行使時における役員，従業員等の身分の保持を条件とすることが通例です。その他に考えられる典型的な行使条件としては，株式公開までは行使できない旨や，懲戒事由などの不存在，反社会的勢力との不関与等があります。

会社法上の解釈および実務運用として，行使の条件は新株予約権の「内容」として，株主総会において一義的に定める必要があり，行使可否の判断を取締役会に委ねる形の規定は登記が拒絶されるリスクがあります。例えば，「○○に該当した場合の行使の可否は取締役会の判断による」「その他の行使条件は取締役会の決議に基づき締結される付与契約に従う」といった内容の行使条件は，会社法に適合しないとして，法務局から登記を拒絶される可能性が高いものです。したがって，重要な行使条件であれば，取締役会に判断を委ねる形でなく，発行時点において具体的な条件の内容を定めて株主総会の承認を得るようにすべきです。

(7) ベスティング

従業員等の在籍期間等に応じて，行使期間中における従業員の権利行使可能数を段階的に引き上げる，いわゆるベスティングの条件が設定されるケースは多いです。各付与対象者の入社からの在籍年数に応じるもの，新株予約権発行からの経過年数に応じるもの，株式公開後の経過年数に応じるものなど，いくつかのパターンがあり得ます。

このようなベスティングの条件は，全対象者一律の内容として規定可能なものであれば新株予約権の「内容」に盛り込むことも可能ですが，対象者ごとに条件を異なるものにしたいケースもあり，その場合には付与契約のほうに規定を入れることとなります。

(8) 取得条項

会社側のイニシアチブで新株予約権を消滅させる手段として，会社法上は新株予約権を会社がいったん「取得」して自己新株予約権としたうえで，取締役会決議により消却するという手順が原則となります。そこで，いかなる場合に会社が新株予約権を「取得」できるか（取得事由）を，新株予約権の内容として定めることとなり，行使条件に抵触して行使できなくなったこと，会社が被買収側となる企業再編（合併，株式交換等）が承認可決されたこと等を定めるのが通例です。

企業再編については，買収実行の妨げとなりうる新株予約権を，買収に際して消滅させられるように取得事由として定めるものであり，合併等の場合だけでなく，100％または過半数株式買収の実施などを取得事由として規定することも検討に値します。なお，実際に買収を受ける際に新株予約権を無償取得することが，買収後の従業員のモチベーション維持の観点から問題となるケースがありますが，必要に応じて買収会社に買い取ってもらう，買収会社から改めて新株予約権を発行してもらうなどの交渉の余地もあるところです。

(9) 開示規制への注意

金融商品取引法（以下，「金商法」といいます）上，50名以上の者（人数は6カ月間通算される）に対する有価証券の取得勧誘は，原則「募集」として，発行者が同法に基づき有価証券届出書の提出義務を負うという開示規制があります。金商法上，有価証券届出書提出義務を一度負うと，以後有価証券報告書を毎年提出しなければならないため，未公開企業の有価証券の発行にあたっては，有価証券届出書の提出対象とならないよう留意する必要があります。

新株予約権の場合，開示規制の例外扱いとして，勧誘対象が50名以上に達して「募集」に該当した場合でも，会社，100％子会社，100％孫会社の取締役等（取締役，会計参与，監査役，執行役または使用人）に，譲渡制限（会社法236Ⅰ項6号）の付された新株予約権を勧誘する場合には，有価証券届出書の提出は不要です。この点，役員，従業員以外に対する付与が50名以上にならなければ問題ないと思われがちですが，1回の発行の対象者中に役員，従業員と社外のコンサルタント等が混在していると，その発行は上記例外要件に該当しないと解釈されており，例えば従業員49名とコンサルタント1名に発行する場合でも有価証券提出義務の対象となってしまう点に注意が必要です。

また，6カ月以内に従業員45名，社外コンサルタント5名への発行を数回に分けて行う場合に，1回目に従業員45名，2回目にコンサルタント5名という発行であれば問題ありませんが，1回目に従業員40名とコンサルタント3名，2回目に従業員5名とコンサルタント2名という発行の場合，両者を通算して50名以上への勧誘となり，かつ上記例外にも該当しないこととなって有価証券届出書の提出対象となってしまうため，注意する必要があります。ミドルステージ程度の規模になると，6カ月間に50名以上に対して新株予約権を付与することも稀ではないため，上記規制を認識しておく必要があります。

⑽ 報酬規制

会社法上，役員に対するストックオプションとしての新株予約権の付与は，同法361条の「報酬等」に含まれると解されます。したがって，付与対象者に役員が含まれる場合，株主総会において報酬決議を得ることを失念しないようにすべきです。新株予約権の「内容」を決議する株主総会において，予定される役員への付与数に応じて「新株予約権○個分の公正な評価額を上限とする」といった内容で報酬決議を得ておくのが通常の対応です。

⑾ 有償発行

ここまでは税制適格での無償発行を想定して解説してきましたが，行使時の課税を回避できる手法として，新株予約権の公正な時価を算定したうえで，当該価額を発行価額として新株予約権を有償発行する方法（公正時価発行）もよく用いられます。ここでは詳細は割愛しますが，必要に応じて有償発行が利用できないかを検討してみることも有益です。

⑿　発行後の変更

行使期間を延長するなどの，新株予約権の発行後の内容変更は，原則として，変更内容についての株主総会の承認と，全権利者の同意を得ることで実施可能です。

株主総会で決議された新株予約権の「内容」ではなく，付与契約にのみ規定される事項については，株主総会の決議なしに変更できないかという相談を受けることがありますが，この点は注意が必要です。付与契約に規定されていた，上場後にのみ権利行使できるとの条件が，株主総会の承認なく変更できないとされた判例（最判平24.4.24）があり，この判例の射程範囲をよく検討したうえで変更プロセスを決める必要があります。

また，変更によって税制適格の要件に抵触してしまわないかについても，慎重に検討したほうがよいと考えられます。

QⅦ－9　ストックオプションの税務上の注意点

ストックオプションを発行する際に，税務上注意すべきことは何でしょう。「税制適格にしなくてはならない」と聞いたのですが，具体的に何をすればよいのでしょうか。

A　ストックオプションについては，取締役，従業員に対するインセンティブとなるよう，税制上優遇される要件を満たす形で発行するのが原則です。要件を満たさないとどのようなリスクがあるか，要件を満たすためにはどうすべきか，きちんと把握しておきたいところです。

解説

(1) 税制適格とは何か

ストックオプションに関して，税務の観点から重要となるのは，何といっても税制適格か非適格であるかという点です。税制適格とは税制上優遇されるといった意味です。これは将来IPOを目指すベンチャーとしては，創業期であっても言葉として覚えておきましょう。

(2) 税制適格が適用されない場合（税制非適格の場合）の課税関係

後述する税金面で優遇される税制適格ストックオプションと比較するために，税制非適格ストックオプションの課税関係を確認しておきましょう（外注先等に付与することもありますが，今回は取締役および従業員に付与することを前提とします）。

図表1を見ていただくとわかるとおり，権利付与時は課税されませんが，権利行使時に権利行使時の時価と権利行使価額との差額(A)について給与所得として所得税・住民税が課税されます。

【図表1】 ストックオプションの課税関係（税制非適格の場合）

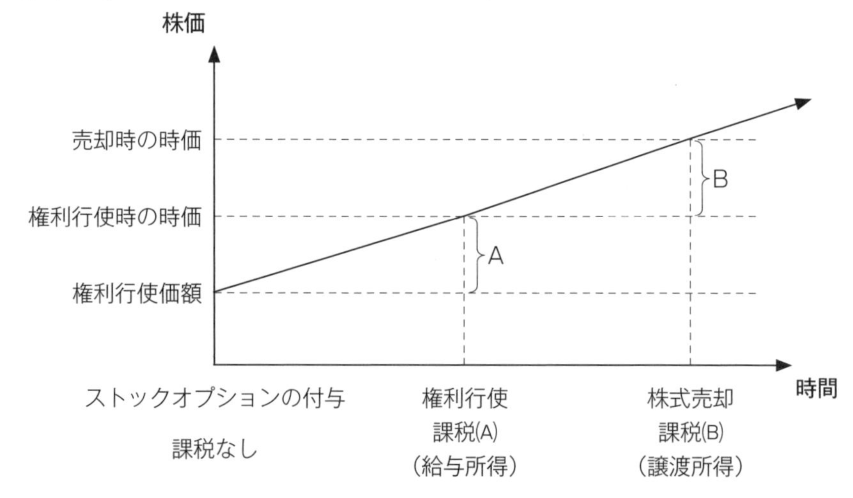

権利行使をした取締役や従業員からすれば，現金収入がないにもかかわらず権利行使価額分の現金を払い込む資金が必要になるほか，累進課税（所得税・住民税合わせて最大55%という高い税率！（2015年時点））が課され多額の税金負担が生じる可能性があります。

権利行使直後に取得した株式を売却できればよいのですが，何らかの理由で直後の売却ができず，さらに売却までの間に株価が下がってしまった場合は悲惨です。行使に係る税金を考慮すると資金的にマイナスになることも考えられ，まさに踏んだり蹴ったりの状態です。

現実には，上場前の売却は難しいですし，また，上場後であってもインサイダー取引規制との関係で，取締役や重要な役職の方ほど売却できる時期は限られています。さらに，取締役は安定株主対策のために安易な売却もしにくく，保有株式数も開示対象となるため，持っている株式数が少ないと，株主から「会社の価値の向上を期待していないのではないか」と批判を浴びることもあります。したがって，「税制非適格でもすぐに売却すればよいので大したデメリットではない」と判断するのは妥当ではないと思われます。

そこで，上記のような事態を避けるために，基本的にはどのベンチャーもまずは税制適格ストックオプションの発行ができないかを検討します。税制適格ストックオプションの課税関係は次のとおりです。

(3)　税制適格の場合の課税関係

税制適格が認められる場合，**図表2**のように，権利行使時に給与課税はされず，売却時点においてキャピタルゲイン(A)部分が譲渡所得として課税の対象となります。株式売却により得た資金があるため，また一般的に給与所得より低い税率になるため，担税力（課税対象となる個人や法人などが，実際に税負担を受け持つことができる能力）に応じた税負担が可能になります。

このように税制適格が認められる場合は，①課税時期が株式売却時まで繰り延べられる（権利行使時には課税がない）という点と，②譲渡所得となるため，税率が有利であるという2点において，税制適格が認められない場合に比べて

【図表２】 ストックオプションの課税関係（税制適格の場合）

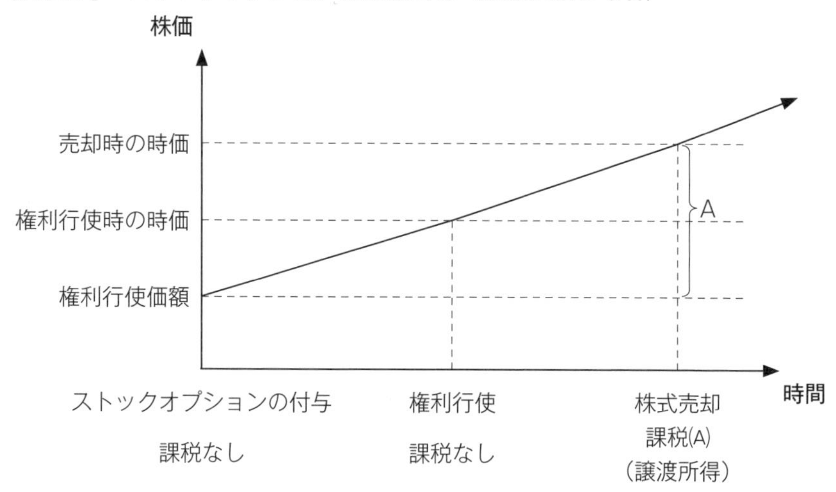

優遇されることになります。

とても優遇された税制ですが，税制適格となる要件は厳格に規定されています。

⑷ 税制適格ストックオプションの要件

税制適格ストックオプションの主な要件としては以下のものがあり，付与時の契約においても要件を定めることが求められています。

① 発行形態

会社法238条２項の決議に基づいた無償発行であることが要件です。通常は無償で適法な手続を経て発行されるので問題とはなりません。

② 付与対象者

会社およびその子会社の取締役，執行役，使用人が対象です。監査役，外注先，法人向けに発行する場合は，税制適格の対象となりませんので注意が必要です。特に監査役については「社内の仲間」のイメージがあるので，税制適格の対象者と勘違いされているケースをよく見かけます。また，非上場会社の場合は発行済株式総数の３分の１超を有する大口株主も対象となりません。

つまり，ベンチャーの社長は一般的に３分の１超を有しているケースが多いですが，その場合は税制適格の恩恵を受けられません。この場合は，代わりに有償ストックオプションを利用することがありますが，この点は後述します。

③　行使価額

ストックオプションの行使価額は付与時の時価以上としなければなりません。時価以上ならいくら高くてもいいですが，もらった従業員等のインセンティブにつなげるために，なるべく低く抑えて発行されるのが普通です（低くすれば権利行使時の払込金額が少額で済みます）。

実務上，VCからの増資の直前に，以前の低い株価を前提としてストックオプションを発行することがよく行われますが，すでにストックオプションの付与時にVCとの投資の条件交渉等が行われる状況では，付与の時点ですでに株価が上がっていると認定される可能性があります。その場合は，時価未満の行使価額となり，税制適格要件を満たさないので注意が必要です[1]。

④　権利行使期間

行使は付与決議日後，２年を経過した日から10年を経過する日までに行う必要があります。

⑤　権利行使限度額

権利行使価額は年間1,200万円までです。この価額は，混同しやすいですが株式の時価ではなく権利行使価額です。よく，「将来株式の時価があがってし

1　種類株による増資の際のストックオプションの行使価額の考え方については，QⅦ-10をご参照ください。

まったら，1,200万円の要件がひっかかってしまう」と心配される方がいますが，権利行使価額（＝１株を手に入れるために必要な金額）は株式分割等が生じると調整条項により調整されることはあっても，ストックオプション１個当たりの権利行使価額はほとんど変動しないのが通常であり，1,200万円を超えてしまうケースは極めてまれです。とはいえ，大量に付与を受ける方は，IPO後の残行使期間中に全てを行使できるか確認しておいたほうがよいでしょう。

⑥　譲渡制限

新株予約権の譲渡禁止が税制適格の要件となっています。この点は有価証券の内容である「要項」に記載するのではなく，契約書で制限することが一般的です。会社法上は譲渡制限は予定しているものの，有価証券は本来譲渡が自由なものゆえ，会社法上の規定のない譲渡禁止までは予定していないと解されるためです。

⑦　権利行使による株式の交付

ストックオプションの権利行使に係る株式の交付は，会社法238条１項の規定に反しないで行われることが必要です。

⑧　権利行使により取得した株式の保管委託等

発行会社と証券会社または金融機関との間であらかじめ一定の管理等信託契約を締結し，個人が取得した後に，当該証券会社または当該金融機関等で保管または管理等信託がされることが必要です。

なお，未上場の場合は，証券会社等で管理等信託契約を締結するなどの手続が必要となるため，上場前にM&Aに先立って新株予約権を行使しようとする場合は注意が必要です。

⑨　税務署への届出

１月１日から12月31日までの間に発行された税制適格の新株予約権について

は，発行日の属する年の翌年１月末までに税務署に届出をする必要があります。

年初に発行したか年末に発行したかにかかわらず，翌年１月末までに届出が必要となるため，忘れないよう注意しましょう。

⑸　有償ストックオプション―税制適格要件を満たさなかった場合

以上の要件を満たさない場合には，税制適格ストックオプションとはなりません。もっとも税制適格の要件を満たさずとも，行使時において課税されないスキームとして，有償発行のストックオプションがよく活用されます。少し複雑なので時点ごとに説明します。

①　ストックオプションの付与

ストックオプションを時価（ブラックショールズモデルなどにより時価の算定を行います）により有償発行します。払込金額は**図表３**の⑷部分です。

②　権利行使

権利行使価額の払込みを受けます。権利行使をした側は，①の付与時点の払込金額⑷と，権利行使時の払込金額との合計額である⒝部分を，有価証券の取得額として取り扱います。この時点での課税は行われません。

③　株式売却

売却時の株式の時価と有価証券の取得価額⒝との差額⒞が譲渡所得として課税されます。株式売却資金が手元にあるので，税金を負担できる能力に応じた課税関係となります。

行使時に課税されないように有償ストックオプションを発行するには，①に記載のとおり，ストックオプションを時価で発行することが必要です。この時価は「株価」とは異なり，ストックオプションそのものの現在の価値です。また，「現在の株価の10％」などと適当に定めるものではなく，ブラックショールズモデルなどにより信頼性の高い第三者機関に算定してもらうべきです。こ

【図表3】 有償時価発行の場合のストックオプションの課税関係

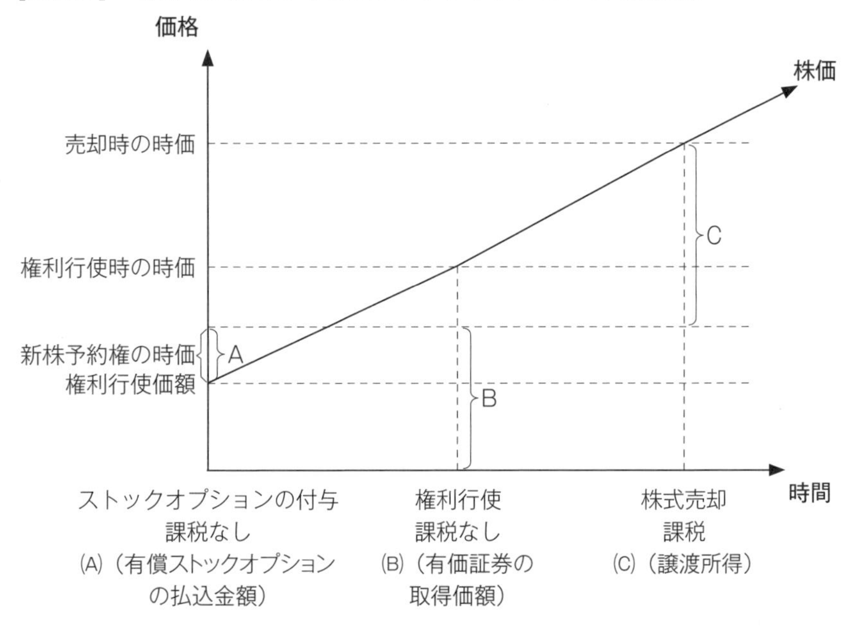

の算定にかかる費用は，必ずしも安くありませんが，後で「適正に算定していなかったから，税金を払いなさい」と言われては元も子もありません。

この有償ストックオプションは，社長が発行済株式の総数３分の１超を有する大口株主として税制適格を受けられないことが多いことや，上場前に安定株主形成のために簡単に行使できるよう，社長や経営を担う取締役に付与されることが多いことから，資本政策上も重要な意味を持ちます。もし，適切に算定していることを証明できなかったために，社長に税務上の問題が生じる可能性があると判断されると，IPO 審査の際にも問題視されてしまいます。したがって，有償ストックオプションを発行する場合は，その時価を算定する費用は惜しまないようにしましょう。

レベルアップ QⅦ－10　ストックオプションについてよくある質問

ストックオプションについて，以下のようなことをよく聞きますが，本当のところはどうなのでしょうか。

(1)「ファイナンスが決まる前にストックオプションを発行しておいたほうがよい」と聞きました。それはなぜでしょう？いつまでに発行すればよいでしょうか？

(2) そのファイナンスが「優先株式」の発行であれば，急がなくてもよいと聞きました。それはなぜでしょう？もし，そのとおりであれば，次のファイナンスは「優先株式」での発行としてもらったほうがよいのでしょうか？

(3) 一度，株主総会の決議をすれば，その「枠」は1年間有効と聞きました。その「枠」の範囲で順次，この1年間に入ってくる従業員に付与していけば，最初に「枠」をとった時の条件で付与できますか。もし，できるのであれば，いまのうちに「枠」をとっておくべきでしょうか

(4) VCから投資を受ける際に，投資家が「オプションプールは10%まで」との条件を提示してきました。この「オプションプール」とは何でしょうか。上記③の「枠」と同じ意味でしょうか。

(5) 辞めてしまった従業員のストックオプションは，どのように取り扱われますか？

A　ストックオプションは，ベンチャーからの関心が高いにもかかわらず，誤解が生じていることが多い分野です。少し複雑ですが，是非下記を一読してみてください。

解説

(1) ストックオプション発行のタイミング

もうすぐ資金調達を予定しているベンチャーが，「ファイナンスが決まる前にストックオプションを発行しておきたい」と慌てて相談に来るケースがよくあります。それは，なぜでしょうか。

この“ファイナンス”は，ベンチャーの場合は，「増資（株式の追加発行）による資金調達」がほとんどです。そうすると，ベンチャーの株式の価値は，増資を引き受ける投資家によって評価され，それにより「時価」が上がります。例えば，設立時は時価総額（株数×１株当たりの価値）が数十万円，数百万円というレベルのベンチャーが，プロダクトリリース後，VC からの評価が上がり，数億円のバリュエーションがつくケースも，まれではありません。これ自体は嬉しいことですが，注意しなければならないのが，**QⅦ-９**に記載したストックオプションの税制適格の要件の１つである「権利行使価額は当該契約締結時の時価以上」という要件です。

したがって，「時価」が上がると，権利行使価額もそれ以上に上げなければなりません。「権利行使価額」とは，「ストックオプションの権利を行使して株式を手に入れるために必要となる価額」であるため，これが低ければ低いほどよく，高いとストックオプションとしての魅力が薄れてしまいます。

ファイナンスにより「時価」が上がり，それゆえにストックオプションの「権利行使価額」も上げなければならなくなる前にストックオプションを発行しておいたほうがよいと一般的に言われることがあるのはそのためです。

では，「ファイナンスの前」とは具体的に，いつまでを指すのでしょうか。

この「契約締結時」において，「時価」以上の「権利行使価額」でなければならないとある以上，この時点では，「契約」を締結するわけですから，契約の対象者である「誰に」，「何個付与するか」も含めた具体的な発行決議が必要となります。

そして，この具体的な発行決議と「次回のファイナンス」の間は，どの程度期間があいていればよいかは，何か規定があるわけではありません。実際は次回のファイナンスが行われることが確実となっており，それにより「時価」が上がることが客観的にも明らか（例えば，すでに次回のファイナンスの投資契約が締結されているなど）な場合は，たとえ期間が空いていても行使価額が上がる前の時価にあわせて低い額でストックオプションを発行すると税制適格にならないリスクがあるといえるでしょう。したがって，あらかじめ将来の資本政策も踏まえたうえで，ストックオプションの発行スケジュールを検討しておくのが重要です。

(2) 「時価」と優先株式との関係

では，次回のファイナンスが優先株式による資金調達であった場合，上記の問題はどうなるのでしょうか。

そもそも未公開会社の株式の「時価」については，「売買実例」のあるものは，最近において売買の行われたもののうち，適正と認められる価額とすることとされます（所得税基本通達23～35共－(4)イ）。そして，普通株式のほかに種類株式を発行している未公開会社が新たに普通株式を対象とするストックオプションを付与する場合について，経済産業省のホームページには，「種類株式の発行は，この売買実例には該当しません（国税庁確認済）」[1]と記載されています。したがって，種類株式の一種である優先株式による資金調達をする場合は，それにより株価が上がったとしても，「普通株式の時価」が上がったものではないと取り扱うことも可能のようにも思えます。

もっとも，ここでは，「種類株式の価格」イコール「時価」ではないと言っているだけであり，「普通株式の時価は従前のまま」と言っているわけではないことに注意が必要です。会社が何らかのプラスの評価を受けて，価値が上がっているからこそ優先株式での調達が可能となったのであり，この場合，普通株式の時価も上がっている可能性はあるわけです。そこで，優先株式の調達を行った後に，「その優先株の価格よりも普通株式の時価は低いはずだから，その低い普通株式の時価を権利行使価額としてストックオプションを発行したい」というような場合は，きちんと第三者に株価算定を依頼し，「普通株式の時価」を算出してもらったほうが安全です[2]。この点はIPO審査でも税務上の

1　「ストックオプション税制のご案内」http://www.meti.go.jp/policy/newbusiness/stock_option/

2　すでに発行されている優先株式よりも低い権利行使価額でストックオプションを発行する場合，優先株式の調整条項が発動されないように優先株式の設計時点で注意しましょう。

問題が生じていないか確認されるところですので，株価算定費用は惜しまず，信頼できる機関に依頼することをおすすめします。

ただそうすると，優先株式の価格と普通株式の時価にほとんど差が生じなくなることも考えられるため，わざわざ算定を依頼せず，「優先株式の価格」は少なくとも「時価以上」であるとして，優先株式の価格を「権利行使価額」と設定してストックオプション発行手続を進めることも考えられるでしょう。

なお，時々「ストックオプションの行使価額を上げたくない」という目的だけのために，投資家側ではなく，ベンチャー側から優先株式による資金調達をしたいとの相談を受けることがありますが，優先株式は投資家に一定事項の優先権を与えるものであり，一度優先株で調達するとその後の調達も優先株となってしまったり，法令上当然に種類株主総会の決議が必要とされることがある（会社法322条等参照）など，ベンチャーおよび既存株主にデメリットが生じるケースがあるため，「優先株式」による調達が本当に必要かという観点から別途検討すべきことであると考えます。

(3) 「枠」の存在

今のうちに株主総会で決議しておけば，将来入社する従業員にも今回の条件でストックオプションを付与できないかという質問を受けることがあります。すなわち，株主総会で決議をとっておけば，それを「枠」のようなものとして活用でき，いつでも株主総会で決議したものと同様の条件で税制適格の観点からも問題なく発行できるとの誤解が生じている場合があります。たしかに，会社法上「株主総会による取締役会への委任」の決議の効力が１年間有効であるという規定があるのですが，この規定は税制適格の要件を満たすか否かとは関係ありません。したがって，「株主総会による取締役会への委任」の決議が先になされていたとしても，具体的な割当契約の締結の段階で「時価」が上がってしまっていれば，会社法上は株主総会の承認をあらためて得る必要がないとしても，税制適格は受けられません。

そもそも未上場会社では「株主総会による取締役会への委任」をする際にも

「新株予約権の内容」として「権利行使価額」を具体的に決める必要があります。それゆえ，「権利行使価額」が変動する可能性があれば，「株主総会による取締役会への委任」ができる数として定めた「枠」が残っていたとしても，税制適格の対象となるストックオプションを発行するためには，「権利行使価額」を変更する都度株主総会の承認を得なければなりません[3]。

(4) 「オプションプール」は「枠」と同じ意味か

上記の会社法上の「枠」と混同されがちなものに，「オプションプール」という概念があります。これは，会社法の概念ではなく，資本政策上，発行済株式総数の何％程度までをストックオプションとして発行できるかという概念です。これについては，おおむね上場時に発行済株式総数の10％以内におさまるようにしておけば資本政策上，支障はないとされます。

なぜ多すぎると問題なのでしょうか。まず１つは，IPO 後の株価形成に影響を与えてしまう点があります。すなわち，IPO 後にストックオプションが行使されると，その時点の時価よりも低い「権利行使価額」が払い込まれたうえで株数が増えることになるので，１株当たりの価値が下がることになるため，この行使される数が多ければ多いほど，株価が下がってしまうという問題があります。また，IPO 前の段階でも，投資家が投資する際の株価は企業価値を「発行済株式数＋潜在株式」で割った完全希薄化ベースで考えられますので，潜在株式であるストックオプションを多く発行することには，投資家も難色を示します。

上記のような理由から，投資家から投資を受けるにあたっては，ベンチャー

3　これに対して，上場会社では，株主総会を開催することは容易ではなく，また，権利行使価額も「○円」という形ではなく，「行使価額は，割当日の属する月の前月の各日（取引が成立しない日を除く）の東京証券取引所における当社普通株式の普通取引の終値（以下，「終値」という）の平均値に1.05を乗じた金額（１円未満の端数は切り上げる）または割当日の終値（当日に終値がない場合は，それに先立つ直近の取引日の終値）のいずれか高い金額とする。」と客観的な基準に依拠して定めることが可能であり，「枠」をとっておく意味があることになります。

と投資家との間で，「どの程度までオプションプールを設けておくか」を合意しておくことが一般的です。「オプションプールは○%とする」などと明確に記載しない場合でも，投資家の個別の事前承認を要せずに発行することができるストックオプションの数は，その時点での発行済株式数の○%以内とする」などと合意することはよくあります。

ストックオプションは，うまく使えば従業員等へのインセンティブプランとして，とても有用なものですので，「オプションプール」の範囲内で，誰に，何個付与していくかということを計画的に考えておきましょう。

⑸ ストックオプションを付与した者が退職した場合の取扱い

ストックオプションを付与した取締役や従業員が退職してしまった場合は，どのように取り扱われるのでしょうか。

税制適格との関係では，「付与時」において「取締役または従業員」である必要はあるものの，「行使時」において「取締役または従業員」であることは要求されていませんので，退職後にストックオプションを行使した場合でも税制適格を受けることは可能です。もっとも，通常ストックオプションを発行する際には，「発行要項」において取締役および従業員の地位を失った場合は，ストックオプションは行使できなくなり，その権利は消滅する旨を規定することがほとんどです。したがって，退職した場合の取扱いについては，あらかじめ発行要項により取扱いが決まることになります。

第Ⅷ章 知的財産権の管理

QⅧ-1 著作権の考え方

新しくウェブサービスを提供することを予定していますが，他人の著作権を侵害するようなサービスになっていないか不安です。ウェブサービスを提供するにあたって，起業家が知っておくべき著作権についての考え方のポイントを教えてください。

A (1)利用しようとする対象が「著作物」に該当するか，(2)著作権侵害となる利用行為に該当するか，(3)例外的に著作権者の同意なく利用できる場合に該当するか，(4)紛争の可能性がどの程度あるかを考えておくことが重要です。

解説

提供するサービスの内容が他人の著作権を侵害してしまっている場合，著作権侵害に基づく損害賠償等を請求されるなど紛争に巻き込まれるリスクがあるのみならず，最終的にはサービスを停止しなければならない可能性もあります。

また，他人の著作権を侵害するサービスではないかという点は，IPOの引受審査やM&Aのデューディリジェンス（以下，「DD」といいます）においても当然に審査されます。特に，ウェブサービスにおいては，極めて簡単に他人の文章，画像，音楽，動画等の著作物を利用できるため，著作権を侵害するサービスでないかは慎重に検討することが必要であると言えます。

そこで，ウェブサービスを提供するにあたって，起業家が知っておくべき著作権についての考え方のポイントを解説していきます。

(1) 利用しようとしている対象が「著作物」に該当するか

著作権は「著作物」に生じるため，そもそも利用しようとする対象が「著作物」とは言えないのであれば，著作権侵害の問題は生じません[1]。そして，何が「著作物」であるかについては，著作権法２条１項１号において以下のように定義されています。

> 思想又は感情を創作的に表現したものであって，文芸，学術，美術又は音楽の範囲に属するもの

上記のように「著作物」の定義は極めて抽象的であるため，具体的にどのようなものが「著作物」であるかのイメージは掴みにくいです。著作権法もこの点を考慮し，下記のような著作物の種類を例示しています（著作権法10条１項各号)。

> 言語の著作物（小説，脚本，論文，講演など)，音楽の著作物（楽曲，歌詞など)，舞踏又は無言劇の著作物（バレエ，パントマイムなど)，美術の著作物（絵画，版画，彫刻，漫画，イラストなど)，建築の著作物，図面の著作物（図面，図表，模型など)，映画の著作物（劇場用映画，動画など)，写真の著作物，プログラムの著作物

上記の例示からも明らかなように，ウェブサービスにおいて利用対象となる他人の文章，画像，音楽，動画等は，基本的には著作物性が認められることが多いと考えられます。

1　もっとも，著作物性の認められない表現等を商慣習法上不公正な態様で利用したような場合には，一般不法行為に基づく損害賠償（民法709条）が認められる場合がある点に注意が必要です。例えば，裁判例においては，新聞社である原告の作成した新聞記事の見出しを被告が無断でデッドコピーして原告の業務と競業する「ライントピックサービス」において利用していたという事案において，見出しの著作物性を否定しながら，不法行為に基づく損害賠償請求を認めたものがあります（[読売オンライン事件] 知財高判平17.10.６)。

(2) 著作権侵害となる利用行為に該当するか

著作物を創作した著作者には，①著作者の人格的利益を保護するための著作者人格権，②著作者の経済的利益を保護するための著作権が発生します。著作権は複製権や上演権といった各種の権利の束であり，これらの各種の権利は支分権と呼ばれます。著作者に発生する具体的な著作者人格権および著作権の内容は，以下のとおりです。

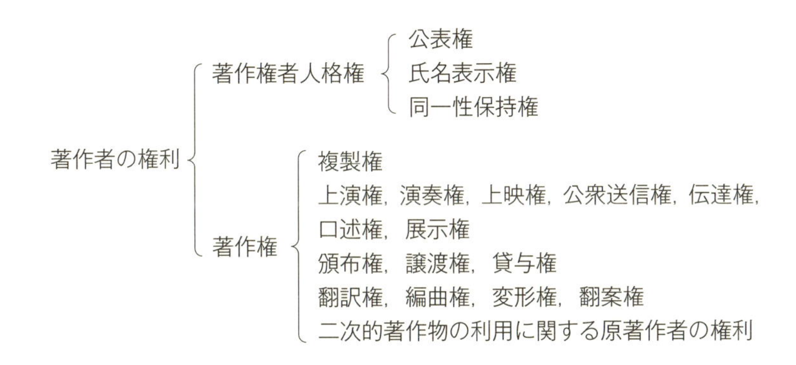

他人が無許諾で著作物を利用するあらゆる行為が著作権侵害となるわけではなく，上記の各支分権のいずれかを侵害する行為を行った場合に著作権侵害となります。

ウェブサービスとの関係において重要なのは，上記の支分権のうち「複製権」と「公衆送信権」です。他人の著作物を無許諾でインターネットに接続されたサーバーにアップロードした場合には，①サーバーで蓄積をする際に複製（コピー）をする点が「複製権」の侵害となり，②インターネットにより公衆が閲覧できるようにした点が「公衆送信権」を侵害していることになります。

一方，例えばウェブサービスにおいて他人のウェブサイトにリンクを貼ったにすぎない場合には原則として著作権侵害にはなりません。なぜならば，著作物を「複製」し「公衆送信」しているのはあくまでリンク先であって，リンク元はリンクを貼っているだけで著作物の「複製」も「公衆送信」も行っているとはいえないからです。

(3) 例外的に著作権者の許諾なく利用できる場合に該当するか

著作権者の許諾なく上記(2)において説明した各支分権を侵害する行為を行った場合には，著作権侵害となるのが原則です。しかしながら，著作権法は30条以下において例外的に著作権侵害とならない場合があることを認めており，このような規定を一般的に権利制限規定といいます。

ただし，権利制限規定は「例外的」に著作権者の許諾なく著作物を利用できる場合を定めた規定であるため，適用を受けるための要件がそれぞれ細かく定められています。そのため，権利制限規定に基づき他人の著作物を無許諾で利用する場合には，その要件を満たすかを慎重に検討することが必要です。

特にウェブサービスにおいては，以下のような権利制限規定の適用を検討することが多いです。

① 引用（著作権法32条）

公表された著作物は，公正な取引慣行に合致し，かつ報道，批評，研究その他の引用の目的上正当な範囲内であれば，引用して利用することができます[2]。なお，引用する際には合理的な方法および程度で出所を明示しなければなりません（著作権法第48条）。

② 検索エンジンサービスを実施するための複製等（著作権法47条の６）

一定の要件のもと，検索エンジンサービスの提供に際して行われる著作物の利用行為を許容する規定です。本条の要件を満たすことにより，検索エンジンサービスを提供するために必要な限度での複製，公衆送信等が著作権侵害にならないことになります。

---

2 「引用」として許容されるための要件としては，①明瞭区別性（引用部分と被引用部分を明瞭に区別できること），②主従関係（引用部分が主，被引用部分が従の関係にあること）が必要であると考えられています（最判昭和55．３．28民集34巻３号244頁［モンタージュ写真事件判決］）。もっとも，特に②の主従関係について，どの程度の割合であれば認められるといった明確な基準があるわけではないため，要件を満たすといえるか判断が難しい場合も多いです。

⑷　紛争の可能性はどの程度あるか

ウェブサービスが他人の著作権を侵害していた場合，著作権者は，①差止請求（侵害行為の停止または予防の請求のこと）および②損害賠償請求をすることができます。

また，著作権法は著作権侵害について罰則規定を有しているため（著作権法119条），著作権を侵害した者は，民事責任のみならず刑事責任も問われます。ただし，著作権侵害の罪はいわゆる親告罪であるため（著作権法123条），著作権者等による告訴がなければ刑事責任を問われることはありません[3]。

このように，著作権侵害があった場合には，著作権者は民事責任を追及することができ，刑事責任についても著作権者の意向が尊重されるため，法的に著作権を侵害しているかという点のみならず，侵害していた場合に著作権者との間でどの程度紛争となる可能性があるのかを考えておくことも重要です。

例えば，著作権者の商品・サービスの宣伝にもなるといったような態様で利用する場合には，著作権者との間で紛争となる可能性はそれほど高くないと言えるかもしれません[4]。一方，競業のサービスで利用する場合など著作権者の利益を奪う可能性がある態様で利用する場合には著作権者の間で紛争となる可能性は高いと考えられるため，より慎重に著作権侵害の有無について検討をしておく必要があるでしょう。

QⅧ－2　商標の重要性

新サービスの名称を決めたのですが，商標を取得したほうがよいでしょうか。ベンチャーにおける商標権の重要性を教えてください。

3　ただし，2015年10月に大筋合意されたTPP協定においては，一定の範囲で著作権侵害の罪を著作権者の告訴がなくても起訴できる「非親告罪」とするものとされ，これを受けて国内法の改正に向けた議論が行われています。

4　ただし，IPO審査の場合においては，紛争可能性が低いというだけで審査をクリアすることは難しいと考えられます。

A 他社に同一または類似の商標を取得され，自社で使用できなくなると多大な事業上の損失となり，IPOのスケジュールにも影響する可能性があるため，早めに商標の出願を検討するのが得策です。

どんな名称でも登録できるわけではなく，また登録のしかたで権利の範囲も異なるため，出願については弁理士に相談することをお勧めします。

解説

商標は，特許庁に商品名・サービス名を出願して，登録が認められればそれを独占的に使用でき，他社の類似商標の使用を禁止できる制度です。Nike，Adidasなどが商標であることは皆さんご存知のとおりですが，そのような知名度の高いものでなくても，既存の類似商標が登録されていなければ，出願することで取得しうるものです[1]。ここでは，ベンチャーが商標を取得する必要性と，どんな商標を登録することができるかを中心に見ていきます。

(1) 商標出願の必要性—他社にとられるとどうなるか？

冒頭で述べたとおり，商標の登録が認められるとそれを独占的に使用でき，他社の類似商標の使用を禁止できます。商標権のことを考えずに漫然とネーミングして使用していると，他社が同一または類似のサービスで同一または類似の商標を出願・登録した場合，その名称を使用できなくなります。

したがって，サービス名や商品名を決めるに際しては，他社が同名または類似名の商標を登録または出願していないかを，事前に調査したほうが安全です。なお巷で®マークのついた商品名やロゴを見かけますが，日本の商標制度上®マークの有無に法的な意味はなく[2]，あくまで特許庁での登録や出願がなされているかが重要です。一般の方でも特許庁の商標検索サイトで，おおよそのチェックをすることが可能です。

1　AZX総合法律事務所も「AZX」や「契助」の商標を登録しています。
2　一般的には，ビジネス上の注意喚起やブランディングの目的で行われています。

「問題があれば変えればよい」と思われるかもしれませんが，サービスが成功してブランド価値が高まっていれば，名称の変更は将来の収益への打撃となりかねず，サービス名が記載された各種資料・媒体等の変更コスト，それまでブランドの浸透に費やしてきた販促費の損失など，多大な損害が生じる可能性があります。また，名称を変えてもそれまでの商標侵害による損害賠償義務は免れません。特に，このような問題がIPO直前に判明した場合には，会社の抱える賠償責任の潜在リスクや，将来への売上予想への影響などから，上場スケジュールの見直しとなってしまうことも考えられます。

なお，「先使用権」という制度をご存知の方もいると思います。先に使い始めていれば，後から商標をとられても大丈夫……と勘違いされますが，使用する名称が自己の商品・サービスの名称として「需要者に広く認識されている」という要件（周知性）を満たさないと，先使用権は認められません（商標法32条）。周知性の細かい説明は省きますが，少なくとも単に長期間使っている等の理由では先使用権は認められません。また，先使用権は名称が周知性を獲得している商品・サービスだけに認められ，今提供しているサービスで先使用権が認められた場合でも，同じ名称を別種の新規サービスで使用するのは，出願・登録された他社の商標権に対する侵害となってしまいます。

このように，商標侵害は相当インパクトのある問題であり，先使用権による救済も必ずしも期待できるものではありません。したがって，名称の決定にあたっては他社の商標の登録，出願の状況を確認するとともに，名称を決めたからには他社に先にとられてしまわないよう，早めの出願を検討することが重要です。弁理士に相談すれば，出願とあわせて類似商標の調査も対応してもらえます。

(2)　どのような名称でもよいのか―「GEORGIA」は商標か？

商標出願の必要性が理解できたところで，出願する具体的な名称を検討することになりますが，どんな名前でも商標になるのでしょうか。「TANAKA」（社長の苗字），「吟醸」といった名前は登録できるでしょうか？

お察しのとおり，どんな名前でも商標登録できるわけではありません。網羅的な説明は省きますが，主なものとして下記は，いわゆる識別力を欠くものとして原則登録不可となります（商標法3条1項)。そのため，「TANAKA」や「吟醸」は，基本的に商標登録は難しいということになります。

① 商品・サービスの普通名称（例：まんじゅう菓子に「まんじゅう」という名称を付ける）

② 産地・品質等を普通に表示するもの（記述的商標）

③ ありふれた氏

もちろん，例外はあります。缶コーヒーの「GEORGIA」は有名ですが，昭和61年の最高裁判決で，「GEORGIA」は産地（米ジョージア州）を表示する記述的商標として，識別力を欠くと判断されています。しかし，特許庁の商標検索で調べると，現在，米コカコーラ社がコーヒーとココアの指定商品で「GEORGIA」を商標登録しています（本稿執筆時点)。

記述的商標であっても，長年の使用実績によりどの企業の商品名か特定できるようになった場合には，識別力を獲得したものとして，商標登録が可能になります（商標法３条２項)。「GEORGIA」は当初，コーヒーとココアのほか紅茶も指定商品に入れて出願しており，紅茶についてはこの識別力獲得が認められなかったようですが，コーヒーとココアに商品を絞った出願ではすでに有名になっていることで識別力獲得が認められ，最終的には登録に至っているようです。

なおご参考までに，「正露丸」の商標については，同名商品の普及によりクレオソートを成分とする整腸剤を指す一般名称になった（普通名称化した）ということで，商標の効力が否定された裁判事例があります（大阪高判平19.10.11)。これは，普及しすぎて逆に識別力がなくなってしまったという意味では，「GEORGIA」とは逆のケースと言えそうです。

実践的な話に戻ると，「TANAKA」とか，「吟醸」でも，前後に何か言葉を足す，ロゴーマーク化して出願するといった対応で，識別力が認められる場合があります。ただこの場合は，他人の類似名称使用を禁止できる権利範囲も狭くなりますので，そのあたりのバランスを弁理士に相談したほうがよいと思われます。

なお，識別力が低く登録が認められなさそうな名称であっても，安心して自社サービス名として使用継続していくために，あえて商標出願してみるということも実務的には行われる場合があります。識別力がないものとしてその出願が拒絶された場合，他社が同様の出願を行っても商標は取れない（よって商標侵害は生じない）ことが確認できるという面があるためです。

以上のように，具体的な名称によって商標を取れるかどうかも変わってきますので，サービス・商品名決定の段階から，商標戦略を弁理士に積極的に相談したほうがよいということになります。

QⅧ-3　職務発明の取扱いの注意点

当社は創業社長が発明した特許を基礎とした事業を展開しており，今後も社内で関連する特許が発生する可能性がありますが，役員や従業員が発明した特許は会社に帰属するのでしょうか。職務発明報酬，職務発明規程とは何ですか。

A　従業員等の発明を会社に帰属させるためには，その旨を定める契約や社内規程が必要です。また，特許法上，職務発明を会社が取得する場合には一定の報酬を支払う義務があります。

会社への権利の帰属や発明報酬の額についての紛争を避けるために，適切な職務発明規程を定めておくことが重要です。

解説

本テーマは，会社の業務に関連して役員や従業員が行った発明である，職務発明に関する問題です。職務発明と言えば，青色発光ダイオード（青色 LED）訴訟が著名です。日亜化学工業に当時在籍していた青色 LED の発明者が，職務発明の報酬を請求して，一審で200億円もの報酬額が認められた（のち約 8

億円で和解）事案です。

上場を目指すベンチャーも，重要な特許の権利処理ができていない状態では，特許をめぐる紛争リスクがあるものとして上場が難しくなるケースがあるため，職務発明の法的な位置づけを理解しておくことが重要です。

⑴　職務発明に関する特許法の規定

職務発明に関する特許法の規定（35条）は，概要以下のとおりです。

① 会社の従業員等が，会社の業務に属し，かつ，その職務に属する発明をした場合，それを「職務発明」とする。

② 職務発明について，その発明者である従業員等が特許の登録を受けた場合，会社はその特許について通常実施権を有する。

③ 会社があらかじめ，社内規程や雇用契約などで，「職務発明」を会社が取得する旨定めたときは，その権利は会社に帰属する。

④ 社内規程などで従業員の職務発明を会社に帰属させた場合，その見返りとして「相当の利益」（以下，「発明報酬」といいます）を従業員に支払わなければならない。

②③からわかるとおり，職務発明は，何もせず放っておくと，発明者である従業員等に権利が帰属し，会社は通常実施権を取得するのみとなります。通常実施権を有していても，従業員等がその特許を第三者に譲渡や実施許諾することは禁止できず，その特許を独占できないので，重要な特許であればビジネス上重大な問題となります。また，会社の出願人名義で出願しているから安心と思われるケースもあるようですが，社内規程や雇用契約において会社が権利を取得する旨の定めがなければ，従業員が出願する権利を有するものを会社が無権限で出願していることになってしまいます。したがって，権利を会社に帰属させるには，社内規程や雇用契約でその旨を明記する必要があることを理解しておくのは重要です。

なお，青色 LED 訴訟では，⑴発明が「職務発明」であるかどうか，⑵それが会社に帰属するか，⑶発明報酬の額（算定方法）のそれぞれについて争点となり，結論として職務発明として会社に帰属することを前提に，第一審では上記のとおり高額な発明報酬が認められました。

⑵　発明報酬

それでは，社内規程で会社への発明の権利帰属を規定しておけば十分かといえば，そうではなく，⑴の④に記載した発明報酬への配慮が必要です。では，社内規程で，例えば１件当たり10万円とか，会社が無価値と判断するものは０円（報酬なし）といった形で，「適当に」定めておけばよいのでしょうか。

この点について，特許法は概要以下のとおり定めます。

①　社内規程等で発明報酬を定める場合，労使間の協議の状況，策定された基準の開示状況，従業員からの意見の聴取状況等に照らして，不合理なものであってはならない。

②　発明報酬の規定がない場合や，ある場合でもその規定が①の条件を満たさない不合理なものである場合は，発明による会社の利益，会社側の負担・貢献，従業員の処遇などの事情を考慮して（最終的に裁判所によって）定められる。

発明報酬のルールがない場合，従業員と紛争になれば，②の基準により裁判所の判断を仰ぐことになります。金額算定の考え方は色々議論があり，そこは今回割愛しますが，実例にあるとおり驚くような金額が出る可能性も理論的にはあります。また，会社が一方的に低額な報酬を定めている場合も，訴訟になって裁判所から不合理と判断されれば，同様のリスクがあることになります。

⑶　職務発明規程の重要性

上記の理由から，技術系の企業では職務発明規程が必須になってきます。発明があったら申告させて，社内の委員会で査定して，１件当たり○円，収益が上がれば貢献度を査定して○％を支払う，といった内容が一般的に規定されます。

ところで，会社が色々考えて職務発明規程を定めたとして，結局そこで払われる金額が合理的でないと，裁判所の判断で規程を無視した報酬額が決められてしまうのではないか…，そうしたら，職務発明規程を定める意味はあるのかと思われるかもしれません。

ここで，先ほどの特許法のルールに戻ると，特許法35条5項の条文は以下のとおりです。

> 契約，勤務規則その他の定めにおいて相当の利益について定める場合には，相当の利益の内容を決定するための基準の策定に際して使用者等と従業者等との間で行われる協議の状況，策定された当該基準の開示の状況，相当の利益の内容の決定について行われる従業者等からの意見の聴取の状況等を考慮して，その定めたところにより相当の利益を与えることが不合理であると認められるものであってはならない。

少し回りくどい表現ですが，ここで合理性の考慮要素として例示されるのは，規程を定める際の労使の協議や情報開示，金額を算定する際の意見聴取といったプロセス面になっています。このことから，職務発明規程に基づく報酬額は，発明の経済価値や発明者の貢献度などの客観的な要素を突き詰めて得られる，いわば理論値とイコールの金額ではなくても，規程制定から報酬算定に至るプロセスが妥当であれば，報酬額として有効となり得ることを意味します。青色LED訴訟をはじめとする職務発明報酬請求訴訟の多発状況の中で，企業が職務発明報酬の額を予測しづらく，研究開発投資活動が不安定になることが懸念された結果，このような内容の規定になっている経緯があります。

したがって，発明の対価が職務発明規程のとおりと認められる100%の保証はないものの，従業員からの意見聴取などの適切なプロセスを経たうえで規程を制定しておけば，法的に規程どおりの金額で足りる結果となる可能性は相当程度あります。したがって，職務発明規程はないよりもあったほうがはるかによいと言えます。

⑷　ベンチャーにおける留意点

技術系のベンチャーでは，IPOやM&AのDDにおいて，特許その他の知的財産権が会社に確実に帰属しており，それに関する紛争や潜在債務がないことが最重要視されます。そのような観点から，ベンチャーにおける注意点をまとめると以下のようになります。

① 特許の帰属についての疑義や，発明報酬等の紛争リスクを回避，低減するために，職務発明に関する規程を設けるべきと考えられます。

② 従業員が発明を行った後に制定された規程は，従業員に対する拘束力の有無が問題になるため，できるだけ早めに規程を整備しておく必要があります。また，規程制定前の発明については，個別に従業員から権利譲渡を受けるなどの対応を検討する必要があります。

③ 職務発明規程の制定や，同規程に基づく金額査定においては，従業員との協議や情報開示などのプロセスを慎重に検討する必要があります。

QⅧ-4　営業秘密と不正競争行為

当社の元従業員Aが同業他社に転職しましたが，どうやら転職先で当社から持ち出した技術資料を使用して製品を開発したり，顧客リストを使用して営業を行ったりしているようです。そのせいもあってか，当社の売上は前年度と比較して30%も落ちてしまいました。当社の業務上の情報の不当な利用という観点から，元従業員Aや転職先の会社に対して何か法的な請求ができないでしょうか。

A　貴社の技術情報や顧客リストが不正競争防止法上の営業秘密に該当する場合には，元従業員Aに対して同法に基づく損害賠償請求や差止請求を行える場合があります。転職先が元従業員Aの情報取得や開示についての事情を認識して，当該情報を使用している場合には，転職先にも損害賠償請求や差止請求を行える可能性があります。また一定の場合には刑事罰の対象となるため，刑事告訴を検討する余地もあります。

解説

本問のケースでは，持ち出された情報が不正競争防止法上の「営業秘密」に該当するものとして，同法に基づく法的請求が可能かという点が問題となります。実務的には，不正競争防止法のほか，不法行為に基づく損害賠償請求，競業避止や秘密保持の義務を課していた場合におけるそれらの義務に基づく損害賠償および差止請求等も検討対象となりますが，本問では不正競争防止法にフォーカスして解説します。

(1) 営業秘密として保護されるための3つの要件

不正競争防止法上の営業秘密として保護されるためには，以下3つの要件を満たす必要があります。

① 秘密として管理されていること（秘密管理性）
② 事業活動に有用な技術上または営業上の情報であること（有用性）
③ 公然と知られていないものであること（非公知性）

① 「秘密管理性」の要件

3つの要件のうち，最も争点になりやすいのが，「秘密管理性」の要件です。

過去の裁判例等から，秘密管理性が認められるためには，当該情報がその開示を受けた者等が秘密であると認識しうる程度に管理されていることが必要であると考えられます。これだけでは少しわかりにくいですが，より具体的には，おおむね以下の2つの点に照らして検討されるのが通常です。

(i) 情報にアクセスできる者が制限されていること（アクセス制限）
(ii) 情報にアクセスした者に当該情報が営業秘密であることが認識できるようにされていること（認識可能性）

したがって，持ち出された情報にどのようなアクセス制限や営業秘密であることの周知がなされていたかが検討のポイントとなります。アクセス制限の態様としては，紙媒体であれば「マル秘」表示や施錠可能なキャビネット，金庫等への保管，電子媒体であれば閲覧パスワードの設定等の措置が考えられますが，裁判例でも情報の性質，保有形態，企業の規模等に応じて決せられるべきものとされ，一律のルールがあるものではありません。厳格なアクセス制限の措置がとられていなかったケースでも，秘密管理性を肯定された事例はありますが[1]，一般には「秘密管理性」の要件はハードルがかなり高いと考えたほうが安全です。

②　「有用性」の要件

「有用性」の要件は，広い意味で商業的価値が認められる情報を保護することに主眼があります。したがって，秘密管理性，非公知性要件を満たす情報は，有用性が認められることが通常であり，また，現に事業活動に使用・利用されていることを要するものではないと考えられています。

③　「非公知性」の要件

「非公知性」の要件における「公然と知られていない」状態とは，当該営業秘密が一般的に知られた状態になっていない状態，または容易に知ることができない状態をいいます。具体的には，例えば，刊行物に掲載されていたり，学会で公表されていたりするような場合にはこの要件を満たしませんので，大学教授等と共同研究をする際には注意が必要です。他方，たとえ社外の複数の者が当該情報を知っていたとしても，これらの者と秘密保持契約を締結しているなどで秘密を維持していれば，なお非公知と考えることができる場合があります。逆に１人でも秘密保持契約を締結せずに開示してしまった場合には非公知

1　経済産業省「営業秘密管理指針」８頁＜参考裁判例＞パスワード設定や秘密表示等がなかったにもかかわらず企業の規模を考慮して秘密管理性を肯定した例（大阪地判平15.２.27），営業上の必要性を理由に緩やかな管理を許容した例（知財高判平24.７.４），情報の性質から従業員等が認識可能であると認定した例（知財高判平23.９.27），情報の重要性や会社の規模，退職時の誓約書の存在等を考慮して秘密管理性を肯定した例（大阪高判平20.７.18）。

の要件を満たさない可能性があるためご注意ください。

(2) 不正競争行為に該当するか

対象情報が営業秘密に該当した場合，次に検討すべきは元従業員Ａの行為が不正競争防止法上の不正競争行為に該当するかという点の検討です。不正競争防止法では，２条１項４号～９号において営業秘密の侵害に関する行為が列挙されています。これらの営業秘密侵害行為は，大きく分けて，①最初に営業秘密を保有者から不正に取得した場合と，②最初に営業秘密を保有者から正当に取得した場合に分類できます。前者は，たとえば窃盗や詐欺等の不正な手段で入手した営業秘密を使用，開示した場合，後者は正当な手段で営業秘密を取得した従業員等が，その後，会社に損害を与える目的で第三者に情報を漏えいした場合等を想定しています。

設問のケースでは，従業員Ａにアクセス権限がなく不正な手段を用いて情報を取得した場合であれば①のケースに該当します。他方，営業秘密を持ち出した従業員Ａが当該情報にアクセスできる正当な権限を有していた場合には②のケースに該当します。

(3) 営業秘密侵害行為に該当しないか

さらに設問のケースでは転職先の会社が営業秘密侵害行為に該当しないかについても検討する必要があります。転職先の会社は，以下のような場合に，営業秘密侵害行為に該当します。

１つは，転職先が，上記①のように不正な手段で取得されたことを知って（もしくは重大な過失によって知らないで）当該営業秘密を使用しているようなケースです。たとえば，転職先が（従業員Ａの前勤務先からの連絡で）特定の営業秘密を持ち出したという確実性の高い情報を得ているにもかかわらず，当該営業秘密を使用してしまった場合などです。

２つ目は，上記②のように一次的には正当に取得された後に，不正な開示行為（秘密保持義務違反等）が介在したことを知って（もしくは重大な過失によって知らないで）当該営業秘密を使用しているようなケースです。たとえば，転職先がライバル企業から従業員Ａを引き抜いたというケースで，従業員Ａがライバル企業に対して秘密保持義務を負っている営業秘密について，秘密保持義務違反になることを知りながら，開示を受けて使用している場合などです。

⑷　民事上の救済手段

会社や元従業員が不正競争行為に該当した場合，民事上の救済手段としては，差止請求（３条），損害賠償請求（４条から９条参照），信用回復措置の請求（14条）が考えられます。なお，損害賠償の請求を行う場合，損害額はその請求を行う被害者側が立証しなければならないのが原則ですが，不正競争行為の場合，侵害した者が不正競争行為を通じて得た利益の額を立証すれば，その利益の額が被害者の損害額と推定される（５条２項）という推定規定があり，請求者側の立証のハードルが低くなっています。

また，不正競争行為に該当する行為のうち，詐欺等の悪質性の高い行為によって情報を取得した場合には，刑事罰の対象となります（22条）。刑事罰は行為者個人のほか，法人も処罰できる両罰規定があり，法人の場合は罰金の額も高額となります[2]。必要に応じて専門家に相談して告訴等を検討することになります。

⑸　対応のまとめ

以上を踏まえ，本件のケースでは，まず技術情報や顧客リストが社内でどのように管理されていたかを検討し，秘密管理性の要件を中心に，営業秘密該当性を検討することになります。営業秘密に該当する場合には，従業員がどのような手段で当該情報を持ち出したのかという点を，従業員の在職中の立場などを踏まえて検討し，さらに転職先がどの程度事情を認識していたかを検討して

2　10年以下の懲役または2,000万円以下の罰金，法人について５億円の罰金となっています。

いきます。以上の検討を経て，不正競争防止法上の法的請求の可否，請求内容等を決定していくことになります。

レベルアップ QⅧ－5 産学連携における留意点

大学との産学連携の事業で共同研究開発契約を締結することになりました。また，大学教授にはインセンティブとして当社の株式を持ってもらうことも検討しています。大学教授との関わりにおいて，どのような点に気をつけたほうがよいでしょうか。

A 大学教授が所属する大学の内規等との関係で注意が必要です。具体的には，①職務発明に関する内規，②兼業に関する内規，③利益提供に関する内規，④利益相反に関する内規との関係に注意する必要があります。また，国立大学の教授である場合には賄賂罪との関係にも注意する必要があります。

解説

産学連携の事業を行うにあたっては，大学との間で共同研究開発契約を締結したり，大学教授に対してインセンティブとして会社の株式やストックオプションを付与したりするケースが多くあります。大学は教育研究機関としての立場を有しており，大学教授はその一員として大学の規則の適用を受けるため，一般企業や個人事業者との取引にはない注意点として，大学の内規等との関係で矛盾等の問題が生じないかを特に注意する必要があります。

以下，具体的にどのような点が問題となるのか見ていきましょう。

(1) 知的財産権帰属に関する内規との関係

研究開発成果に関する知的財産権の帰属は，産学連携事業における最重要事項の１つです。例えば大学と企業が共同研究開発契約を締結する場合，双方が知的財産権を共有する旨を規定する例が多いと考えられます。大学教員と企業が顧問契約などの形で技術指導等の契約を締結する場合，技術成果の知的財産権は企業側に帰属する旨定めるケースもあると思います。

特許や著作権といった知的財産権は，実際にその創作に携わった当事者に権利が発生します。上記の顧問契約の例で，大学教員が技術成果の創作の大半を行った場合，理論的には，いったん大学教員側に知的財産権が発生し，そのうえで契約に基づいて企業側に権利が移転するということになります。このケースで，大学の内規上，このような教員の活動により生じた知的財産権が大学（教員個人でなく）に帰属するものと規定されていたら，どうなるでしょう。内規の内容等にもよりますが，権利が教員から大学と企業に二重に譲渡されたような形となり，企業は想定していた権利を取得できないリスクを負うことになります。

したがって，知的財産権の帰属に関する大学の内規を確認しておくことは重要です。一般的には，大学の研究活動に関して生じた知的財産権は大学に帰属するルールになっていることが多いため，企業が大学との間で共同研究開発契約を締結する場合は問題になりにくいですが，企業が大学教員個人と顧問契約などを締結する場合は注意が必要です。

⑵　兼業に関する内規との関係

各大学は，兼業規程等の内規により教職員の兼業についての規制を設けているのが一般的です。そのため，大学教授が個人として企業と技術指導等のために顧問契約などを締結するような場合には，その業務に従事することがこのような兼業規程等の違反とならないかに注意が必要です。

規制対象となる場合には，大学への報告や大学からの許可の取得など，各大学における兼業規程等の内規に従った手続を大学教授に行ってもらう必要があります。

⑶　利益提供に関する内規との関係

各大学は，倫理規程等の内規により利害関係者等から教職員が利益の提供を受けることについて一定の規制を設けているのが一般的です。そのため，大学教授に対して会社の株式やストックオプションを付与することが，このような倫理規程等による規制対象とならないかを確認しておく必要があります。

(4) 利益相反に関する内規との関係

産学連携においては，大学教職員は企業との関係で一定の義務や利益を有することとなり，その内容が大学教職員としての職責に反するケースが生じ得るため，各大学は，これに対処するために利益相反ポリシーなどの内規を定めているのが通常です。

一般的には，教育研究等の大学教職員としての義務よりも自己または第三者の利益を優先させる行為が利益相反行為とされ，例として，共同研究開発により生じた権利などを不当に自己が関連している企業に帰属させる行為などが考えられます。また利益相反のチェックのため，教職員は企業等に関わる活動状況，企業の株式取得の状況などについて大学に対する報告義務を課されるケースが多いです。

そのため，大学教授に株式を発行すること自体が許容される場合でも，大学教授が内規上課される報告等を履行しているか確認することや，大学教授とのやりとりにおいて利益相反が問題になるような行為がなされないかに注意することが必要となります。

(5) 国立大学の教授である場合の賄賂罪との関係

国立大学の法人化により国立大学の役職員は，公務員の身分を有しないこととなったことから，国家公務員法や国家公務員倫理法等の規制は原則として国立大学の役職員には適用されません。しかし，国立大学の役職員の職務の内容は公務に準ずる公益性・公共性を有していることから，「みなし公務員」として刑法その他の罰則については公務員と同様に取扱うものとされています（国立大学法人法19条）。したがって，国立大学の教授も刑法が定める収賄罪の主体となる点に注意が必要です。

典型的には，国立大学の教授等が民間企業から依頼を受けて研究や調査活動を行い，これに対する報酬を個人として受領するケースが考えられます。この場合，理論的には，刑法第197条第1項にいう「職務に関して（職務関連性）」，「賄賂を収受（賄賂性）」の要件を満たしてしまうのではないかということが問題となりますが，この点に関する一般的な考え方は以下のとおりです[1]。

① 受託した研究活動の内容が国立大学の職務として研究中の課題の一部をなし，または密接な関係を有する場合や，国立大学の人的・物的施設を使用して行われる場合には，職務関連性は否定しづらい。

② 学問的に正当な内容・方法の調査・研究に対して，合理的な範囲の報酬を受領する場合には，不法な報酬と言えず賄賂性が否定される。

したがって，国立大学の教員に上記のような活動を行ってもらう場合，上記のような論点があることに留意して，大学側にきちんと情報を開示して，大学の規程や方針を遵守する形で適切な対応を行ってもらうよう注意したほうがよいと考えられます。

1　大塚仁ほか編著『大コンメンタール刑法　第二版　第10巻［第193条～第208条の３］』（青林書院，2006）80頁参照。

コラム　ビジネスモデル特許について

「ビジネスモデル特許」という言葉を耳にされたことは，あるでしょうか。ビジネスの仕組みなどのアイデアに特許が取れるという噂も流れ，日本では特に2000年前後にこの種の出願が多数行われました。

特許法上の「発明」に該当するには，「自然法則を利用した技術的思想の創作」であることが必要であり，人為的な取決め，数学上の公式といったものは発明に該当せず特許の対象となりません。したがって，どんなに目新しいビジネスの仕組みを考えついても，人為的な取決めにすぎなければ特許にはならず，ビジネスモデル特許として出願された多くのものが，その理由で拒絶されています。

他方，インターネットを利用するビジネスモデルの多くがソフトウェアを利用するものであり，ソフトウェアに関連する発明は特許となる可能性があります。特許庁の審査基準において，ビジネスを行う方法に関連するものであっても，全体として見るとコンピュータソフトウェアを利用するものとして創作されたものは，「自然法則を利用した技術的思想の創作」に該当し得るとされます。現在ではこのような考え方が一般に浸透し，ビジネスモデルの要素を持つ出願の大部分は，ソフトウェア関連発明の位置づけで出願されています。

また，ソフトウェア関連発明については，特許庁の審査基準において「ソフトウェアによる情報処理が，ハードウェア資源を用いて具体的に実現されている」場合に，「自然法則を利用した技術的思想の創作」となることとされ，より具体的には，ソフトウェアとハードウェア資源とが協働することによって，使用目的に応じた特有の情報処理装置またはその動作方法が構築される場合がこれに当たるとされます。

特許として認められた例としては，アマゾンの「ワン・クリック特許」が有名です。1998年に出願されてから，長期間を経て2012年に登録に至ったことでも話題となりました。特許情報プラットフォーム（J-PlatPat）で検索すると，最近登録になった事例も見つけることが可能です。

「ビジネスモデル特許」は，上記のような観点から「発明」の要件を満たすソフトウェア関連発明である必要があり，さらに新規性，進歩性などその他の特許要件を満たしてはじめて特許として認められます。

第IX章 IPOに耐えうるコーポレートガバナンス

QIX－1 IPOを見据えた注意点

IPOの際，証券会社や証券取引所の審査があると聞きました。なぜ審査がなされるのでしょうか。また，審査上，主に問題となる法務事項は何でしょうか。

A IPOの際の審査は，①IPOの際に有価証券届出書等の開示書類に適切に情報を開示する必要があり，また，②上場企業として健全に企業運営が行われる体制が整っているか確認するためになされます。法的なチェックポイントを理解して，審査に入る前から時間的に余裕をもって問題を解決しましょう。

解説

IPO（株式上場）を目指す企業にとって，証券取引所および主幹事証券会社のIPOの引受審査において、問題が生じないよう法務関連事項を整備することは重要です。IPOを目指す場合と目指さない場合では，法務的な問題が生じた場合の対応が異なる場合もあります。

例えば，他の企業から特許侵害等の警告書が来た場合，警告書を分析して当該企業の主張が不当であり訴訟になっても自社が勝てると判断した場合，通常のビジネス判断としては，そのような言いがかり的な主張に対して反論すると紛争が盛り上がってしまうため放置して無視する方針を採ることも1つの選択肢です。しかし，IPOの引受審査においては，本当に訴訟で勝てるのかについて、弁護士，弁理士等の専門家の意見書を要請される可能性が高くなります。また，仮に専門家の意見書を取得できたとしても，IPO後に訴訟を提起されること自体で，株価が下がる可能性があり，そのような可能性がある以上，これを有価証券届出書等において投資家に対してリスクとして開示する必要がないかが検討課題となります。したがって，IPOを目指す企業にとって，これらの点を考慮せずに，安易に警告書を放置することは危険です。

このようにIPOを目指す場合には，通常の企業運営の場合と比較して，異なった観点からの検討を要する局面もあり，IPOに向けて法務関連事項をチェックして，何か問題があった際に適切な対処を行うことは重要です。以下では，このような観点から，IPO時の法的チェックポイントの概要を解説します。

(1)　IPO引受審査の観点

まず，法的なチェックポイントの前提として，IPO引受審査がどのような観点から行われているかを理解する必要があります。IPOを行い，自社の株式を証券取引所を通じて一般的な投資家の間に流通させることは，多大な資金調達のプラットフォームを利用できるようになる半面，投資家に対して負うべき責任も大きくなります。

その責任を果たすために，企業価値の向上に向けて健全な企業経営を行うべきことはもちろん，それとともに，自社に内在するリスクを適切に投資家に開示し，各投資家の投資判断についての適切な材料を提供することも重要であり，金商法は，有価証券届出書等の開示書類において，いわゆるリスク情報を適切に開示するべきことを要請しています。

上記の警告書の例でいえば，警告書を受領し紛争の可能性がある以上，投資家に対して，そのようなリスクの存在を開示しておくべきではないかという点が重要な論点となります。そして開示の必要性と程度に関する判断についての客観的な根拠として弁護士等の意見書が要求されます。

この場合，意見書を要求されたベンチャーとしては，自社の顧問弁護士が基本的には勝てると言っているのに、なぜ証券会社は細かく問題視するのか疑問に思い，フラストレーションをためてしまうケースがありますが，上記の点を理解して，主幹事証券会社と一緒に対応策を前向きに検討する姿勢が大切です。

また，有価証券届出書等の開示書類については主幹事証券会社も直接的に責任を負う場合があり，金商法上要請される「相当な注意」を全うするためにIPOの引受審査を慎重に行う必要があるため（金商法17条，21条），証券会社の立場も理解する必要があります。

さらに，IPOの引受審査では，開示書類のリスク情報の記載のみならず，今後上場企業として健全に企業運営がなされる体制が整っているかも重要であり，過去の問題事項の修正はもちろん，将来の管理体制が整っているかという点も重要です。

上記の警告書の例でいえば，そもそも警告書が来ないようにするのがベストであり，新商品の開発にあたり，特許調査等をきちんと行う体制が整っているか，何か法的な問題が生じた際に適切に専門家に相談できる体制にあるかなども審査の対象となります。

IPOの引受審査というと，何か重箱の隅をつつくような細かい点も問題視されそうで，必要以上の負担を強いられるイメージを持たれている方もいるかもしれません。しかし，何か問題が発見された場合に，細かい点も含めて全てを逐一問題視すべきかというと，必ずしもそうではありません。

IPOに関する開示書類に虚偽記載等がないかという視点からすれば，まず，ある問題が発見された場合には，それが投資家に開示しなければならないほど

【図表】 問題発見時の判断

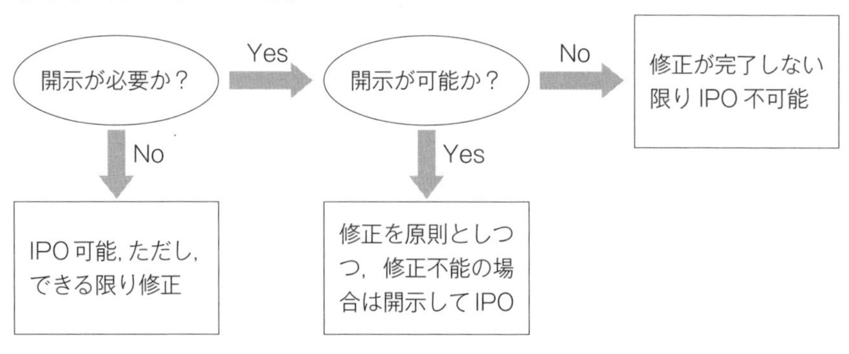

重要な問題かという視点から検討する必要があります。そして，もし，開示が必要なレベルの問題が生じていた場合には，次に開示可能かという観点から検討する必要があります。

例えば，会社の事業の根幹をなすライセンス契約にライセンサーからの任意解除権が定められ，仮にこの契約が解除された場合，売上の半分以上を占める事業の継続が不可能だとすると，このようなリスクを抱えたまま上場することは難しく，本リスクは開示に耐えられないと判断される可能性が高いです。しかし，例えば，ある業務の大部分を特定の会社に委託しており，その意味で依存度が高いが，仮にその会社との契約が切れた場合でも，一時的な事業運営上の支障が生じる可能性はあるものの，代替先を見つけることがさほど困難ではなく事業継続の根幹に関するような問題ではない場合は，そのようなリスクを適切に開示してIPOを実行することはできる可能性があります。

したがって，IPOを目指す企業は，ある法的な問題が生じた場合，それが開示をすれば済むレベルのリスクであるのか，開示に耐えられず修正をしない限りIPOを達成できないリスクであるのかを見極めて，対処を行うことが重要です。このような判断は，多くのIPOの現場に携わっている専門家でないと判断が難しい面があり，早めに専門家に相談することをお勧めします。

(2)　コーポレート関連事項

コーポレート関連事項としては，会社の設立手続に始まり，その後の株式移動や株式等の発行などの資本関連の事項や，株主総会や取締役会の決議，役員変更手続その他の会社法関連手続の網羅性および適法性などが一般的にはチェックの対象です。

特に，株式移動や株式等の発行などの資本関連の事項は，コーポレート関連事項の中でも特に重要な事項です。

まず，株式譲渡については，株式譲渡契約，株券発行会社の場合の株券交付，株式の譲渡承認が主なチェック項目ですが，この中で，よく問題が生じるのが株券の交付です。株券を発行できる会社については，株券交付が株式譲渡の効力要件です（会社法128条）。株主から株券発行を要請されておらず株券不所持の状態であるため，株式譲渡にあたっても株券を発行せずに譲渡契約だけで済ませてしまうケースが多いですが，この場合では株式譲渡が効力を生じていません。株式譲渡が無効であると，IPO の開示書類において記載した各株主の株式数について虚偽記載の問題が生じ，また，IPO の前後で株式保有について紛争が生じる可能性もあります。したがって，株券不発行以外の会社における株式譲渡は，株券交付を忘れないよう特に注意する必要があります。

また，自己株式の取得について問題を抱えているケースも多くあります。会社法において，自己株式取得には，分配可能額の範囲内という財源規制や株主総会決議等の手続規制があり，これに反すると自己株式取得が無効となります。さらに，違法な自己株式取得は刑事罰の対象となるため（会社法963条５項１号），IPO の引受審査において大きな問題となってしまうケースがあります。会社が自己株式を取得しない場合であっても，例えば社長が会社から資金を借りて会社の株式を譲り受ける場合などは，自己株取得規制の潜脱ではないかという問題が生じるため，注意が必要です。

⑶ 関連当事者取引

関連当事者取引は，IPO にあたり開示対象となり，基本的に会社の事業に必要性のない関連当事者取引は IPO 前に解消する必要があります。そのため役員および主要株主等との取引については慎重な検討が必要です。ただし，関連当事者取引の解消の必要性の程度はその時々の証券取引所のスタンスによっても微妙に変化しており，主幹事証券会社との相談が重要です。

⑷ ビジネス関連事項

ビジネス関連事項については，そもそもビジネスモデルが適法であるかが問題となります。許認可の対象であるか微妙なケースの場合には，①弁護士の意見書や②関連官公庁の見解の確認を要請される可能性があるため，早い段階でこの点をクリアーしておくべきです。なお，「他社も同じことをやっています」

という反論がなされることが多いですが，これは適法性の根拠づけになるものではないため，上記①および②についての対応が必要な点に，留意する必要があります。

また，ビジネス関連事項としては，重要な契約書がチェックの対象となりますが，IPOの引受審査においては，一般的には，①契約の内容が取引実態および会計処理と適合しているか，②競業禁止規定など会社の事業活動を制約する規定が存在しないか，③知的財産権が適切に確保される規定になっているか，④法令に違反する規定は含まれていないか，⑤契約の有効期間が適切に確保されているか（容易に解除されるおそれはないか），⑥不合理な拘束など通常の取引慣行から逸脱している規定はないかという点が重要となります。

(5)　資産関連事項

資産については，資産の適法な保有の確認および担保権その他の制約の有無がチェックポイントとなります。特に知的財産権が重要な論点となることが多いです。

知的財産権についての基本的なチェックポイントとしては，①会社の現在および将来の事業に必要な範囲で知的財産権の出願・登録がなされているか，②出願または登録された知的財産権について無効となる可能性はないか，③会社の役職員との契約および取引先との契約で知的財産権が確保できているか，④第三者の知的財産権を侵害していないか，⑤知的財産権を適切に管理する体制が整っているかという点があります。

特許権については，役職員が行った職務発明は，当然に会社に帰属すると勘違いされていることが多いですが，職務発明についても就業規則や職務発明規程に基づいて会社に特許が帰属する旨の規定が定められている必要がある点に注意が必要です[1]。また，発明についての相当な対価が支払われているかとい

1　H28.4.1施行の特許法改正により，就業規則等において職務発明は会社に原始的に権利が帰属する旨を定めることも認められるようになりました。

う点（特許法35条４項）も問題となるケースがあります。そのため早い段階から職務発明規程等を整備しておくことが望ましいといえます。著作権については，取引先との契約で大雑把に「著作権は全て委託者に帰属する。」などと規定されていることがありますが，著作権法上，同法27条の権利（翻案権）および28条の権利（二次的著作物に対する原著作者の権利）はそれが譲渡対象として特掲されていないと譲渡対象外であると推定されてしまうため（著作権法61条２項）この点の明記が必要であること，著作者人格権は譲渡不能であるため（著作権法59条）その不行使を規定する必要があることに注意が必要です[2]。また，会社の商品やサービスの名称，店舗名等について商標権を取得していないとIPOの直前で問題となることがあるため，商標権については早めに取得しておくべきです。

(6) ファイナンス関連事項

ファイナンス関連事項としては，借入契約において，いろいろな制約事項がついていないか，予期せずデフォルトになることがないか，それらについて開示の必要性があるか否かなどが論点となることがあります。また，会社が第三者の債務を保証している場合はもとより，会社の債務を第三者が保証している場合であっても，その解消や開示の有無が問題となる可能性があるため早めに主幹事証券会社と相談しておいたほうがよいでしょう。

(7) 労務関連事項

労務については，会社内の各種労務関連規程と実際の運用状況が労働基準法その他の労働関連法令に違反していないかがチェック対象となります。特に，未払い残業代の問題は，財務諸表に記載されていない隠れ債務の一種であり，これがIPO後に顕在化すると投資家が不測の損害を被る可能性があるため，重要なチェックポイントの１つとなっています。

2　詳細については，QⅡ－３参照。

なお，この点についての証券取引所のスタンスは多少流動的な面があるため，最新の状況について主幹事証券会社と相談することが重要です。また，時間外労働についての三六協定違反等についてもチェックの対象となるため，従業員の労働時間についてはタイムカードなどにより適切に管理を行い，早めに整備をしておく必要があります。

その他のチェックポイントとしては，特殊なインセンティブプランや退職金，従業員との賃金や解雇等をめぐる紛争の有無などがあります。

(8) 許認可その他の法令遵守

ビジネス関連事項で述べたように，必要な許認可等を適切に取得していることは重要なチェックポイントです。許認可の取得を怠っていると，ビジネスが突如として継続できなくなる可能性があるうえ，後から取得しようとした場合に，過去の違法状態について刑事罰が科されないか，そもそも今から許認可を取得できるかという点で複雑な問題を生じるため，新規ビジネスを開始する際には，早めに弁護士等に相談しておいたほうがよいでしょう。特殊な法規制や業界の自主規制等もビジネスに大きな影響を与える可能性があり，その遵守の状況や開示の有無が問題となる可能性があるため，これらについて適切に対応しておく必要があります。また，近い将来に法改正等がある場合には，その改正の影響も検討対象となることがあるため，法改正の動向についても留意しておく必要があります。

さらに，許認可等だけではなく，下請法，個人情報保護法，特定商取引法，景品表示法等の法令をきちんと遵守しているか，法令遵守を継続する体制が整っているかも重要なチェックポイントです。また，反社会的勢力との取引を遮断できる体制および契約になっていることも重要です。

(9) 紛　争

紛争については，現に係争中または係争の可能性のある事項が大きなチェックポイントです。すでに訴訟になっている場合には，その勝敗の予測だけでなく，仮に敗訴した場合に会社の業績，財政状態および事業運営に生じる影響や，それを踏まえての開示の必要性および程度についてかなり慎重な検討を要します。訴訟になっておらず，警告書等のレベルであっても，訴訟になる可能性がどの程度高いか，仮に訴訟になった場合の上記検討対象事項が論点となり，弁護士の意見書等が要請される可能性もあるため，早めに主幹事証券会社と相談して対応方針を決めておく必要があります。

過去に終了した訴訟等についても，それが将来の会社の事業に影響を与えないか，また，同様の紛争が生じる可能性がないかという点からチェック対象になるので，適切に説明できるようにしておく必要があります。

⑽ おわりに

IPO 時の法的なチェックポイントの概要を解説しましたが，いずれも本来はIPO の引受審査に入る前に解決しておくべき事項です。これらはきちんと時間的余裕をもって対応すれば解決できる問題がほとんどです。早めに主幹事証券会社および弁護士と相談して適切に課題をクリアーしておきましょう。

QⅨ－2 ベンチャーのステージに応じた機関設計

会社法上，取締役会，監査役，監査役会などの機関がありますが，創業時，またその後上場に至るまでの展開において，どのような機関設計を採用していくべきですか？

A 機関設計の主な選択肢としては，⑴取締役のみ，⑵取締役会＋監査役，⑶取締役会＋監査役会＋会計監査人のパターンがあります。

創業時は⑴の形態でスタート可能であり，一定規模のベンチャーキャピタル（以下，「VC」といいます）調達のタイミング等で⑵に移行するのが一般的です。上場が近づいた段階で⑶に移行しますが，アーリーステージでも大規模の調達で大会社となる場合には⑶への移行が必要となります。

また今後は，(3)の監査役会の代わりに，近時の改正会社法で創設された監査等委員会の活用が広がることも考えられます。

解説……………………………………………………………………

会社法では，必須の機関である株主総会および取締役以外に，定款の定めにより，取締役会，会計参与，監査役，監査役会，会計監査人，監査等委員会または指名委員会等を置くことができます。その選択には，公開会社（定款において株式譲渡制限の定めをしていない会社）は取締役会を置く必要がある，取締役会設置会社は監査役を置く必要がある，大会社は会計監査人を置く必要があるなど，いくつかの入り組んだルールがあります（会社法326条～328条）。

このような会社法のルールを守りつつ，ベンチャーの創業から上場に至る実務に即して，どのような機関設計を採用していくべきかについて，見ていきましょう。機関選択上の会社法のルールを網羅的に説明すると複雑になるため，ここでは重要性の高い点にフォーカスします。

(1)　創業からアーリーステージ：取締役のみ，取締役会＋監査役

①　取締役のみ（取締役会非設置会社）

株式会社というと，取締役会（取締役３名）と監査役という旧来のイメージがありますが，現在の会社法上，これらの機関を置かずに取締役のみ（創業者１名だけでも可）とすることが可能です（「取締役会非設置会社」といいます）。現在の実務では，取締役会設置会社でないとVCから資金調達できないわけでもありませんので，創業段階はこの形でスタートするケースが多くなっています。

②　取締役会＋監査役（取締役会設置会社）

未上場企業における最も標準的な機関設計であり，３名以上の取締役と，１名以上の監査役が必要です。ベンチャーの場合，VCからの調達時にVC派遣の取締役の受入れが条件とされ，これとあわせて取締役３名以上体制の取締役

会設置会社への移行を求められるケースが多く見受けられます。

取締役会設置会社では，各事業年度の計算書類等について監査役が監査報告を作成します。また，監査役は取締役会にも出席します。なお会社の選択（定款の定め）で，監査役の権限を会計事項に限定することも可能であり，この場合は監査役に取締役会の出席義務はありません。

一般的に，創業からアーリーステージは，上記機関設計で対応できますが，最近はシード期から数億円の調達が実現するケースもあり，資本金の額によって以下に述べる次段階の機関設計に早期に移行すべき場合もあります。

(2) ミドルステージから上場準備期：監査役会・会計監査人の設置

① 大会社化：取締役会＋会計監査人（＋監査役会）

資本金が5億円以上になると，会社法上の「大会社」に該当します[1]。大会社になると，会計監査人の設置が会社法上，義務づけられます。

監査法人等との契約が必要となり，監査コストが大幅に増大します。必須ではありませんが，このタイミングにあわせて監査役会も設置し，上場に耐える機関設計に移行する例もあります。

② 上場対応：取締役会＋監査役会＋会計監査人

上場する場合，上場申請前の段階で取締役会＋監査役会＋会計監査人の機関設計に移行するのが通例です。会社法上，大会社でかつ公開会社の場合には，監査役会および会計監査人の設置が義務づけられ，また大会社でなくとも上場規程上，それらの設置が必要とされるためです（後述の委員会の活用によって代替できる部分がありますが，ここでは割愛します）。

監査役会は3名以上の監査役を要し，うち1名以上は常勤，半数以上は社外監査役の要件を満たす必要があります。厳密な要件は省略しますが，社外監査

1　厳密には，事業年度末までに資本金5億円以上になった場合に，その事業年度の定時総会のタイミングで大会社になります。

役は過去10年間当会社または子会社の取締役や使用人等でなかった等の要件を満たす必要があります。このような常勤および社外の監査役の適切な人材を確保することが課題になります。

なお，証券取引所のルールにより，上場会社は「独立役員」（一般株主と利益相反が生じるおそれのない社外取締役または社外監査役）を１名以上確保することが必要とされており，社外役員のうち１名以上はその要件を満たす必要があることにも留意が必要です。

(3)　委員会制度について：取締役会＋会計監査人＋指名委員会等または監査等委員会

上場対応としての監査役会および会計監査人の設置について説明しましたが，上で少し触れたとおり，監査役会の代わりに，委員会制度を採用することも可能です。この場合「監査役」は不要で，取締役が業務監査の役割も担います。委員会の制度には，「指名委員会等」と「監査等委員会」の２種類があります。

①　指名委員会等：取締役会＋会計監査人＋３委員会（＋執行役）

「指名委員会」「報酬委員会」「監査委員会」の３つの委員会を置く制度で，各委員会は３名以上の取締役（うち過半数は社外取締役）から構成されます。それぞれ，取締役の指名，取締役の報酬決定，業務監査等の役割を担います。

指名委員会等設置会社では，取締役とは別に「執行役」およびその代表となる代表執行役を取締役会決議で選任し，業務の執行は代表執行役によって行われます。執行役は取締役である必要がないため，この点代表取締役（＝取締役でもある）が業務を執行する通常の形態と異なります。

しかしながら実務では，旧来の制度との相違点による違和感や，指名委員会や報酬委員会を通じて社外取締役に取締役の指名や報酬の決定権を握られる抵抗感から，まだそれほど活用されていないのが現状です。

② 監査等委員会：取締役会＋会計監査人＋監査等委員会

2015年5月施行の改正会社法で導入された制度であり，監査等委員会は3名以上の取締役（うち過半数は社外取締役）から構成されます。監査等委員会の主な役割は業務監査であり，監査役会設置会社における監査役会に類似したものです。監査等委員会の構成員となる取締役の選任やその報酬は，株主総会でその他の取締役と区別して決議され，監査役に準じた独立性が担保されています。指名委員会等と異なり，この機関設計では「執行役」の制度はなく，「取締役会＋会計監査人＋監査役会」の監査役会が，監査等委員会に入れ替わるイメージに近くなります。

上記会社法改正では，社外取締役を置かない上場会社はその理由の説明が義務づけられるようになり，社外取締役を置かない上場会社への風当たりが強くなっています。その中で，従来型の監査役会設置会社が社外取締役を確保しようとする場合，2名以上の社外監査役とは別に社外人材（合計3名以上）を確保する必要があります。この点，監査役等委員会を採用すれば，社外人材は監査等委員会を構成する社外取締役2名で足り，これをもって社外取締役を置くニーズも満たすことができます。このため，今後上場会社では本制度の活用が広がっていくことが見込まれており，ベンチャーの上場申請前の機関設計としても，このパターンが採用されていく可能性があります。

QⅨ－3 内部通報制度

内部通報制度とはどのような内容ですか？どのような仕組みを構築する必要がありますか。

A 内部通報制度とは，企業において，法令違反や不正行為などのコンプライアンス違反の発生またはそのおそれのある状況を知った者が，そのような状況を通報できる仕組みのことです。事業者には，自主的に通報処理の仕組みを整備して，コンプライアンス経営を促進することが期待されます。

内部通報制度においては，通報処理の仕組みの整備，個人情報等の秘密保持の徹底，通報者への処理状況の通知および通報者への不利益な取扱いの禁止等が，重要な要素となります。

解説

企業の不祥事の多発や不祥事発生後の不適切な対応等，コンプライアンスの未整備は企業にとって深刻な問題を引き起こします。コンプライアンス体制を整備することは，企業の中に潜在するリスクの芽を早期に摘み取り，企業運営の透明性を向上させることにつながります。

また，IPO審査でも，コンプライアンス体制がチェックされますので，コンプライアンス体制整備の一環として，内部通報制度を導入しておくケースもあります。

内部通報制度に関する「公益通報者保護法」は，労働者が，公益のために通報を行ったことを理由として解雇等の不利益な取扱いを受けないよう，どこへ，どのような内容の通報を行えば保護されるのかという制度的なルールを明確にしています。

通報先としては，①事業者内部，②権限のある行政機関，③その他の事業者外部となりますが，このうち，事業者内部に通報があった場合には，このような公益通報者保護法の規定を踏まえた適切な対応を行うため，事業者内部において通報を適切に処理するための指針を示すものとして，消費者庁が，「公益通報ハンドブック」[1]および「公益通報者保護法に関する民間事業者向けガイドライン」[2]を公表しています。

内部通報制度の導入にあたっては，経営者は上記ガイドライン等を踏まえ，内部通報制度を有効に機能させるために通報者を保護する仕組みを整備するとともに，必要な是正措置等を取るための方針および手続を整備することが重要

1　http://www.caa.go.jp/planning/koueki/shuchi-koho/files/handbook2014.pdf
2　http://www.caa.go.jp/planning/koueki/minkan/files/minkan.pdf

です。

それでは，以下，内部通報制度のポイントについて見ていきます。なお，詳細については，上記公益通報ハンドブックおよびガイドラインをご参照ください。

(1) 通報処理の仕組みの整備

まず，通報の受付・調査・是正措置の実施・再発防止策の策定までの，通報を処理する仕組みを整備し，適切に運用することが必要です。事業者内部での通報処理の仕組みを整備するにあたっては，まず通報を受け付ける窓口を設置し，労働者に広く周知することが期待されています。

また，ある行為が法令違反行為に該当するか否か，どのような手続で通報が処理されるのかなどの質問を受け付ける相談窓口を設置することが望ましいと考えられます。

なお，匿名の通報であっても，有益な情報が提供されることも考えられますので，匿名の通報にも対応することが望ましいといえるでしょう。もっとも，匿名の通報の場合，通報者に連絡がつかないため，十分な調査ができず，通報者へのフィードバックも困難であることから，実名に基づく通報と同様の対応を行うことは難しい面があります。

(2) 個人情報等の秘密保持の徹底

通報処理を行うにあたっては，通報者や通報の対象となった者（被通報者）の個人情報を取り扱うことになります。

したがって，情報を共有する範囲を限定するなど，通報処理に従事する者に個人情報の保護を徹底させることが必要となります。

また，調査の実施にあたっては，通報者の秘密を守るため，通報者が特定されないよう調査の方法に十分に配慮することもあわせて必要となります。

⑶　通報者への処理状況の通知

通報の処理状況を通報者へ伝えることは，通報者の通報窓口への信頼を確保するために必要と考えられます。そこで，通報を受け付けた場合には，調査が必要であるか否かについて，公正，公平かつ誠実に検討し，今後の対応について，通報者に通知するよう努めることが必要となります。

また，調査の結果，法令違反等が明らかになった場合には，速やかに是正措置および再発防止策を講じるとともに，必要に応じ，関係者の社内処分など適切に対応することが必要となるうえ，是正措置完了後，速やかに通報者に対し是正結果を通知するよう努めることとされています。

⑷　解雇・不利益な取扱いの禁止

通報をしたことを理由として，事業者が通報者に対して行った解雇や労働者派遣契約の解除は無効となります（公益通報者保護法３条，４条）。降格，減給その他不利益な取扱いをすることも禁止されています（同法５条）。

また，公益通報者保護法の保護の対象とならない通報についても，労働契約法などの他の法令等の中で通報者が保護される場合もあります。

実際に，公益通報を行ったことを動機の１つとする不利益処分について無効と判断された事例もありますので，通報したことのみを理由として，通報者に対して，解雇やその他の不利益な取扱いをしてはならないことは，肝に銘じておきましょう。

以上が，内部通報制度の概要です。内部通報制度は，上記のガイドラインをはじめ，多くの企業の導入事例があり，参考になる点もありますが，その仕組みや運営方法は，各企業の規模，業種，慣習，さらにはその企業のコンプライアンス体制によってさまざまな形態が考えられます。

また，通報者の保護の観点から，弁護士等の外部機関を窓口にすることも考えられます。ただし，外部窓口としての業務は基本的には通報の伝達であって，通報者のアドバイザーとなるわけではありませんので，弁護士等の外部機関を窓口にすることの意味を従業員に周知させておく必要があります。

いずれにせよ，内部通報制度を有効なものとするためには，内部通報制度を導入する企業ごとに，そのコンプライアンス体制整備の一環として検討していくことが重要となります。

また，通報受理時や回答時の対応によって，トラブルが生じるケースもあります。通報に対する窓口担当者の対応が不適切であった場合には，会社が職場環境配慮義務違反や内部統制システム構築義務違反をしていると判断されるおそれがあるばかりか，その担当者も損害賠償請求の対象となってしまう可能性がありますので[3]，公益通報に関する社内規程やマニュアルを整備するだけではなく，これをどのように運用するのか，適切に運用しているかなども，確認していくことが重要となります。

QⅨ－4　個人情報漏洩の適切な対応

当社の営業担当者Aの会社から支給されているパソコンが帰りの電車の中で盗難に遭いました。担当者Aは自宅でも仕事をすることがあるため，業務の一部を自宅に持ち帰っていたのですが，中には当社のサービスのユーザーに関する個人情報（ユーザーの氏名，メールアドレス，SNSアカウント，年齢，性別，郵便番号から分かる範囲の居住地域）が入っていたようです。

まだ個人情報が漏洩したとの指摘は受けておらず，社内で把握しているだけです。どのように対処すればよいでしょうか。

A　まず社内で調査を開始し，漏洩した情報の内容，規模等の把握に努めてください。そのうえで，顧問弁護士等とも相談のうえ，公表の要否，タイミングおよび内容，補償の要否，再発防止策等について検討していく必要があります。

3　内部通報制度に関する裁判例としては，東京地判平22.1.15や東京地判平26.7.31などがあります。

解説

⑴　何を把握すべきか

まず，初動の対応としては，漏洩した情報の特定（誰の，いかなる情報か）を試みることが不可欠です。仮に，漏洩した情報が多数のユーザーに関わるものであっても，誰かという点が特定できれば，その人に直接連絡をとって説明，謝罪することができますので，公表まではしなくてもよい可能性が出てきます。

また，漏洩した情報に，クレジットカードの番号などが含まれていた場合，第三者に勝手にカードを使用され，ユーザーに大きな被害が出る可能性もあるため，急いで防止策を取らなければなりません。こうした面でも，漏洩した情報の特定は非常に大切です。

⑵　公表のタイミングと内容

情報が特定できた場合，公表せずに本人に対する謝罪のみで済む場合もあります。他方で，漏洩した情報の対象者が特定できない場合には，二次被害の防止という観点から公表すべき場合もあります。

さらに，個人情報の扱いに対してセンシティブになっている昨今は，そもそも「流出した」ということ自体が問題であり，このことを隠蔽しようとしたり誤魔化したりすれば，後から明るみに出た場合に世間からバッシングを受けることが予想されます。したがって，個人情報の流出に関しては，起こってしまった以上，「正直に，誠実に」が基本姿勢になると考えたほうがよいでしょう。とりわけ，上場会社においては証券取引所規則等による「適時開示」の問題もありますので，慎重に判断する必要があります。

公表の内容としては，①流出したのは「〇〇サービスの会員」の個人情報であり，最大〇名分であること，②流出した内容は，氏名，メールアドレス，家族構成，……であることなど，まずは「想定される被害の対象者の範囲，人数，被害の内容」が基本です。ここでも，被害を過小評価したくなる気持ちもわかりますが，当初の発表から段々被害が拡大していくと，会社の隠ぺい体質や危機管理能力を疑われ，一気に信頼を失う結果にもなりかねませんので，想定される被害を誠実に公表すべきです[1]。

(3) 謝罪と補償

情報漏洩の該当者に対して，適切な時期に真摯な謝罪を行うことは当然ですが，その際の補償の要否，手段，金額についても迷うところだと思われます。個人情報漏洩の発生当初に「補償は考えていない」などと発言したことから，さらに問題が大きくなってしまうこともあります。

個人情報漏洩の発生時には，会社側に法的な補償義務が確定しているわけではないのですが，あとから批判が大きくなって方針を転換するのは，対応が後手に回った印象を与え，世間的にはあまり良いイメージを持たれません。言うまでもなく，昨今のインターネット社会では世間的なイメージは非常に重要で，しかも一度マイナスイメージを持たれてしまったものを立て直すのは非常に困難です。また，(4)で述べるように，裁判となった場合にも，一定の補償を会社自ら行っていることはプラスに（賠償額を減額する方向で）考慮されることがあります。

したがって，金額の多寡は後から検討するとしても，基本的には「ご迷惑をお掛けしたユーザーの皆様には何らかの補償をさせていただく」という姿勢で臨んだほうがよいでしょう。

(4) 補償の額はどの程度が妥当か

特に決まりはありませんが，よくある例は，500円～1,000円のクオカードや

1　過去には無認可の食品添加物を使用していた食品会社の事例で，当該添加物が使用された食品は全て販売が終了しており，不祥事を公表しなくてよいと役員が判断したケースにおいて，後に発覚した時に大問題となるという，発覚後のレピュテーションの低下を防止する義務を取締役に認め，善管注意義務違反を認定した裁判例があります（ダスキン代表訴訟事件控訴審判決，大阪高判平18.6.9）。

経産省の個人情報保護に関するガイドラインでは，組織的安全管理措置として講じなければならない事項の1つとして「事故又は違反への対処」が挙げられており，これを実践するために講じることが望まれる手法の例示の1つとして，主務大臣や認定個人情報団体への報告が挙げられています。

商品券，またはこれらと同程度の価値のある自社サービスの割引券やポイントなどを提供する方法です。

なお，裁判になった場合には，どの程度の賠償額となる可能性が高いのでしょうか。裁判では，明確な基準が確立していないものの，流出した情報の性質や会社の対応が考慮要素になっています。例えば，住所・氏名・電話番号・メールアドレス等が流出したケースでは，流出した情報が秘匿性の高いものではなかったこと，会社も500円の金券を渡していること，再発防止策を取っていること等を考慮し，１人当たり（弁護士費用も含み）6,000円としています[2]。他方，エステサロンに登録している女性の個人情報が流出したケースで，身体的特徴などセンシティブな情報が含まれること，二次被害も発生していること等を考慮し，１人当たり３万円の慰謝料を支払うことを命じた判決もあります[3]。

会社が任意で補償を行う場合は，必ずしも裁判で認められるほど高額な金額まで支払う必要はないと考えますが，金額の多寡を決めるにあたって裁判所の考え方や考慮要素は参考になると思われます。

(5)　再発防止策の検討

事後的な処理として，補償と並んで重要なのが再発防止策の検討および公表です。企業の社会的責任として，会社として不足していた点を洗い出し，事件発生の原因分析を行ったうえで，どのようにセキュリティ面を強化していくかのプランを立てることが必要です。その際，公平性，中立性を疑われないために，弁護士等の第三者のチェックを入れることも検討しましょう。また，再発防止策を社内で検討する場合には，経済産業省のサイトから参照できる「組織における内部不正防止ガイドライン」[4]等も参考にするとよいでしょう。

なお，再発防止策については，公表や謝罪の際に同時に記載するケースも多

2　大阪地判平18.5.19判例時報1948号122（BBテクノロジー事件）
3　東京地判平19.2.8判例時報1964号113（TBCエステティックサロン事件）
4　経済産業省「組織における内部不正防止ガイドライン」http://www.meti.go.jp/policy/it_policy/privacy/kojinjohotaisaku.html

いため，迅速に検討を進める必要があります。

QⅨ－5　誹謗中傷トラブル対応

会社の信用を毀損する書き込みを発見した場合，どのように対応すればよいですか？どのような場合に，書き込みの削除や投稿者の特定ができるでしょうか。

A　サイト管理会社に対して，任意の請求を行い，または裁判を提起することによって，書き込みの削除を求めることが考えられます。

また，入手したIPアドレスをもとに，インターネット接続会社などのアクセスプロバイダに対して，プロバイダ責任制限法に基づき発信者情報の開示を求める裁判を提起することによって，投稿者を特定できる場合があります。

解説……………………………………………………………………………

近年，インターネット利用者が増加していく中で，掲示板サイトなどにさまざまな書き込みがなされるケースが増えてきています。その中には，会社の信用を毀損するものも見受けられます。インターネット上の情報は多くの人が閲覧するものであり，すぐに内容が拡散してしまいます。そのため，あっという間に会社の信用が毀損され，その社会的評価が低下してしまう可能性があります。したがって，会社の権利を侵害する書き込みを発見した場合には，速やかに削除を求めることが重要です。

また，インターネット上の投稿については，同一人物により，繰り返し書き込みがなされるケースが少なくありません。この場合，削除を求めるだけでは，投稿を止めることはできません。また，会社として，投稿者に対して，法的に差止請求や損害賠償請求，さらには刑事告訴などの厳正な対応をとる必要もあるでしょう。

そこで，会社を守るため，速やかに適切な誹謗中傷対策を行うことが重要となります。

以下では，⑴書き込みの削除の方法と，⑵投稿者を特定するための情報の開示方法につき，説明します。

⑴　削除請求について

書き込みの削除を求めるには，基本的に，サイトの管理会社に対してその削除を求めることになります（投稿者が誰であるか判明しているなら，その投稿者に直接削除を求めることも考えられます）。

書き込みの削除を求める方法は，①任意請求と②裁判の２つに分けられます。

①　任意請求

任意請求とは，文字どおり，「削除してください」というお願いです。任意請求は，次の②の方法と違って裁判（仮処分）を起こす必要がありませんので，コストや手間がそこまでかかりません。

サイトをよく見ると，お問い合わせフォームが設置されていたり，請求の方法が指示されていたりすることがあります。したがって，まずは落ち着いてサイトを確認し，指定の方法に従って削除を求めてみるのがよいでしょう。

ただし，あくまでもお願いベースのものとなるうえ，サイト管理会社としても権利侵害性が認められない書き込みを誤って削除してしまった場合には，投稿者の表現の自由を侵害したとして，投稿者に対して損害賠償責任を負ってしまう可能性もあるので，サイト管理会社が請求に応じてくれないケースは少なくありません（この対応状況については，各サイトによって異なります）。

②　裁判（仮処分）

任意請求を行っても，投稿者の表現の自由との関係で，サイト管理会社が削除に応じないケースもあり，そもそも任意請求には応じないという運用方針をとるサイトも少なからず存在します。

このような場合には，削除を求める裁判を提起することになります。

削除を求めるにあたっては，迅速性が要求されますので，この際にとるべき裁判手続は「仮処分」と呼ばれる，厳密には通常の裁判手続とは異なるものとするのが一般的です。

裁判を起こすとなると，書面の作成，資料の準備など，裁判に向けての準備が必要となります。書き込みの削除を求めるためには，その書き込みによって，名誉権や営業権などの何らかの権利が侵害されていることが必要なので，仮処分手続の中で，これらの権利侵害があることを明らかにしなければなりません。

したがって，①に比べると手間がかかりますし，また，仮処分命令の発令のためには供託金を納付することも必要となります。

もっとも，裁判所が「これは権利侵害である」と判断した場合には，基本的にはサイト管理会社もその判断に従いますので，任意請求に比べて実効性は高いといえるでしょう。

(2) 発信者情報開示請求について

投稿者に対して損害賠償等を請求するにあたっては，その前提として，投稿者が誰であるのかを特定する必要がありますが，投稿者を特定する情報の開示を求めるためには，基本的に，開示請求先を変えて２回請求を行うことが必要です。

まず，第１段階では，サイト管理会社に発信者情報の開示を求めます。しかし，これにより取得することができるのは，IP アドレスやタイムスタンプ（投稿がされた日付・時刻など）のみとなることが少なくありません。IP アドレスのみでは，投稿者の氏名や住所等に直結しない場合がほとんどです。

そのため，第２段階として，取得した IP アドレス等をもとに，通信に利用されたインターネット接続会社などのアクセスプロバイダに対して，投稿者の氏名や住所等の開示を求めることが必要となります。

以下では，２段階に分けて，手続の概要を説明していきますが，いずれの段階においても，投稿者を特定する情報の開示請求権の法的根拠は共通していますので，まずは，その要件について説明します。

①　発信者情報開示請求の要件

投稿者を特定する情報の開示を求める要件については，プロバイダ責任制限法4条に規定されています。

開示の対象となる発信者情報は，投稿者の氏名，住所，メールアドレス，IPアドレスやタイムスタンプなどです。そして，以下の要件を満たした場合には，サイト管理会社やインターネット接続会社などのアクセスプロバイダに対して，発信者情報の開示を求めることが認められています。

(i)　その情報の流通によって請求者の権利が侵害されたことが明らかであり，

(ii)　発信者情報の開示を受けることについて正当な理由があるとき（ここでいう正当な理由とは，投稿者に対して損害賠償請求や刑事告訴を行うなどの目的があることを意味します）

サイト管理会社やアクセスプロバイダに対して，投稿者に関する情報の開示を求める場合には，上記の要件にあたることを主張していく必要があります。

それでは，以下，サイト管理会社に対する請求（第1段階）とアクセスプロバイダに対する請求（第2段階）とに分けて見ていきましょう。

②　発信者情報開示請求の方法

(i)　サイト管理会社に対してとるべき手段（第1段階）

まずは，サイト管理会社に対して，IPアドレス等の開示を請求することになります。

IPアドレス等の開示の請求の方法も，削除の場合と同様，大きく分けて次の2つです。

(a)　任意請求

任意請求とは，「投稿者のIPアドレスやタイムスタンプを教えてください」というお願いです。任意請求は，次の(b)の方法と違って裁判（仮処分）を起こす必要がありませんのでコストや手間がそこまでかかりません。

ただし，あくまでもお願いベースなので，請求に応じてくれるかどうかは不確実です。実際のところ，任意請求で削除には応じてくれるケースはありますが，発信者情報を開示してくれる例はほとんどありません。また，一定期間を経過してしまうと，アクセスプロバイダが保有しているログが消去されてしまうので，発信者情報の開示には特に迅速性が要求されます。

したがって，発信者情報の開示を求める場合には，(b)の裁判（仮処分）を起こすケースが多いです。

(b) 裁判（仮処分）

IP アドレスの開示を求める裁判（仮処分）は，削除請求の場合と同様に，手間や費用はかかってしまいますが，任意請求に比べて実効性が高くなります。

(ii) アクセスプロバイダに対してとるべき手段（第2段階）

サイト管理会社からIP アドレスを取得したのであれば，そこから投稿者の住所や氏名を特定するため，アクセスプロバイダに対して，発信者情報の開示請求を行います。具体的には，取得したIP アドレスから投稿者がどのアクセスプロバイダを使用したのかを特定したうえで，発信者情報開示訴訟を提起します。

もっとも，発信者情報開示訴訟を提起する前に，気をつけなければならない点があります。それは，アクセスプロバイダのもとに残る記録（ログ）は約3カ月程度しか保存されないことです（この期間はアクセスプロバイダによって異なります)。

そうすると，発信者情報開示訴訟の判決の結果を悠長に待っていては，そのログが消えてしまい，結局，投稿者を特定できないことになりかねません。

そのため，発信者情報開示訴訟の前に，アクセスプロバイダに対して，「記録を消さないでください」とお願いすることになります。基本は，お願いベースでの保存の協力要請です。これにより，保存に応じてくれることが多いですが，アクセスプロバイダによっては任意のお願いでは応じてくれない場合もあり，その際は，発信者情報消去禁止の仮処分，つまり，裁判所を通じて記録を消さないよう求めることになります。

これらの方法により記録が保存された場合，発信者情報開示訴訟を提起します。勝訴判決が出れば，契約者（投稿者）の氏名や住所などが開示されます。

(3) 投稿者に対してとるべき手段

以上の手続により投稿者が特定できた場合には，その投稿者に対して，損害賠償を請求する，刑事告訴を行うといった対応をとることが考えられます。

以上が，書き込みの削除や投稿者を特定するための手段の概要となります。

削除だけを求めるのであれば，サイトの指示に従うことによって削除を実現できることがあります。したがって，まずは落ち着いて，サイト全体を確認するようにしましょう。

一方，投稿者の特定まで行うとなると，スピード勝負のところがあります（早くしないと，アクセスプロバイダが保有しているログがなくなってしまうため）。

また，サイトやアクセスプロバイダによって対応が異なることがありますので，それに応じてこちらがとるべき手段も変わってきます。したがって，会社の権利を侵害する書き込みを発見した場合には，専門家と相談のうえ，早期にかつ慎重に対応することが必要です。

QⅨ－6　商品代金回収方法

商品を販売したのに，期限になっても取引先が代金を払ってくれません。商品が頼んだものと違うなどと言っていますが，実際には資金繰りが苦しいのが理由のようです。それほど高額な商品でもないため，弁護士に依頼すると費用倒れになるかもしれません。自社で対応したいのですが，どうしたらよいでしょうか。

少額な債権の回収は，費用倒れのおそれもあるため，弁護士等の専門家

に依頼しにくいときがあります。そのような場合は，自社での対応を余儀なくされます。

自社で対応する場合，内容証明郵便による催告，支払督促手続，調停，少額訴訟など，各手続のメリットやデメリット等を踏まえて，具体的事情にあった方法を選ぶことが重要です。

場合によっては仮差押手続を並行して行うことも効果的です。ただし，あまり無理はせず，必要に応じて専門家である弁護士に依頼してください。

解説

自社の商品やサービスを提供する場合，一般的には，商品等を提供してから後払いでその対価の支払を受けることが多いと思います。

しかし，せっかく商品等を販売しても，ときどき，その対価を回収できないケースがあります。このような場合，通常は裁判所に対して訴訟（通常訴訟）を提起して債権の存在と債権額を認めてもらい，それでも取引先が支払わない場合は金融機関口座の差押えなど，強制執行手続を執って回収を目指すのが一般的です。しかし，そのような手続を弁護士に依頼するとなると費用もかかるので，債権額がそれほど大きくない場合など，弁護士に依頼しにくいときもあります。

そこで，自社で対応する場合に備えて，通常訴訟以外の商品代金を回収する方法も知っておきましょう。

(1) 裁判所を利用しない手続―内容証明郵便による催告

一般的に，債権回収の際の最初の一手は内容証明郵便で催告することです。

内容証明郵便とは，いつ，どのような内容の文書を誰から誰に出したかということを，差出人が作成した謄本によって日本郵便株式会社が証明する制度です。第三者による証明が得られるため，契約の解除通知など，法的効果を生じる意思表示の手段や将来の裁判での証拠として使われることもあります。

内容証明郵便による催告のメリットやデメリットなどは次のとおりです。

① メリット

- 自社で作成するのであれば，数千円の費用で送付することができ，裁判所を利用した手続よりコストが低い。
- 内容証明郵便を送付することで相手方もプレッシャーを感じ，協議の端緒になることも多い。
- 請求債権の消滅時効の期間を6カ月遅らせることのできる催告（民法153条）[1]になる。

② デメリット

- 使用可能文字や文字数，行数等，文書の作成に多少のルールがあり，添付資料を同封して送付することができない。
- 強制力のあるものではなく，紛争に慣れている相手方などには無視されてしまうこともある。

③ 注意点

- 効果的な内容証明郵便を作成するためには，請求する債権の内容（対象となる取引の内容，成立日時，金額，約定利息，支払期限，支払方法等）および契約の解除その他の法的効力の内容をしっかり特定する必要がある。

(2) 裁判所を利用した手続

内容証明郵便で督促をしても商品代金を支払ってくれない相手方に対する次の手段は，裁判所を利用した手続になります。

1　債権は一定期間内に債権者が裁判上の請求または差押え，仮差押えもしくは仮処分を行うか，債務者が承認して時効を中断しなければ消滅時効が完成して請求できなくなってしまいますが，催告（裁判外での請求）をすることで，催告から6カ月間は時効が完成しません（民法153条）。

① 支払督促

支払督促は，債権者の申立てにより裁判所（厳密には「裁判所書記官」なのですが，以下，便宜上，「裁判所」といいます）が支払督促を発する手続です。裁判所は，形式的な要件さえ整っていれば，原則として申立て内容の真偽を審査せず，督促命令を出してくれます。裁判所からの通知に対し，債務者が異議の申立てをしなければ手続は終了し，債権者は強制執行の申立てをすることができるようになります。

(i) メリット

- 申し立てる際の債権額に制限はなく，おおむね1カ月半から2カ月くらいで手続が終わり，手数料は訴訟の場合の半額。
- 訴訟と違って書類審査のみで，裁判所に行く必要がない，簡易迅速な手続。

(ii) デメリット

- 相手方の住所地を管轄する簡易裁判所に申し立てなければならない[2]。
- 債務者が異議を申し立てると（異議には法律的な主張は不要のため，債務者が時間稼ぎのために異議を出す場合もある），その住所地を管轄する地方裁判所または簡易裁判所の通常訴訟に移行してしまい，それが遠方の裁判所である場合には，債権者は裁判所に行かなければならず，手間と費用がかかってしまう（これを回避するために，支払督促の申立て自体を取り下げ，別途訴訟を提起する方法もある）。

(iii) 有効な場面

- 相手方が債権について争う理由のない場合。

2　通常訴訟の場合は金銭債務の義務履行地である原告の住所地を管轄する裁判所に提訴できますが（民事訴訟法5条1号，民法484条），支払督促の申立ては，債権者の住所地を管轄する簡易裁判所が専属管轄を有します（民事訴訟法382条）。

- 相手方が異議を申し立てる可能性の低い場合。

②　調　停

内容証明郵便による催告には応じなくても，裁判所からの呼出しがあった場合に無視できる人はそれほど多くないと思われます。したがって，調停の申立てにより，裁判所という第三者を介した話合いのテーブルを設定することができ，話し合いで紛争が解決できるときもあります。

調停では，裁判官以外の調停委員が加わる調停委員会が当事者の言い分を聴き，必要があれば事実も調べ，法律的な評価をもとに条理に基づいて歩み寄りを促し，当事者の合意によって実情に沿った解決を図ります。

(i)　メリット

- 訴訟ほどには手続が厳格ではないため，訴訟よりも気軽に利用でき，法律的な制約にとらわれずに自由に言い分を言える。
- 裁判所という公平中立な第三者を介した話合いのテーブルが作れる。
- 合意が成立した際に作成される調停調書は確定判決と同様の効力を持ち，相手方が調停調書に記載された合意内容を履行しないときには，債権者は強制執行を申し立てることもできる。
- 申立手数料（貼用印紙代）が通常訴訟の半額。
- 申立書も訴状よりも簡便でよいので書きやすく（ひな型は裁判所ウェブサイトからダウンロードできる），弁護士に依頼しなくても手続が利用しやすい。

(ii)　デメリット

- 申立先が，原則として，相手方の住所地を管轄する簡易裁判所になる。
- 訴訟と異なり，不出頭に特段のペナルティがなく，紛争に慣れている相手方には無視されることもある。
- 相手方との合意が成立しない場合でも裁判所は何も判断せず，手続が終わってしまう。

(iii) 有効な場面

- 相手方との話合いによる解決の余地がある場合

③ 少額訴訟

訴訟は一般的にコストと時間がかなりかかり，金額の小さな案件で通常の訴訟をするとコスト倒れになる可能性があります。そのようなケースのために，少額訴訟という制度があります。これは，60万円以下の金銭の支払いを求める訴えについて，原則として１回の審理で紛争解決を図る特別な訴訟手続です。

少額訴訟判決に対する不服申立ては異議の申立てに限られ，控訴はできません。

(i) メリット

- 判決書または和解調書に基づき，強制執行を申し立てることができる。
- 簡易裁判所で行われる手続であり，自社の従業員が訴訟代理人となることができる。

(ii) デメリット

- 提訴可能な債権額の上限が60万円である。
- 取り調べられる証拠書類や証人は，１回の審理の日にその場ですぐに調べることができるものに限られる。
- １年の間に利用できる回数に制限（10回）がある。
- 被告が通常訴訟手続に移行させる旨の申述をした場合，通常訴訟手続に移行してしまう。
- 判決に不服のある場合に控訴ができず，判決を下した裁判所と同じ裁判所に対して行う異議の申立てという手続しかないため，異なる裁判所の判断を仰ぐことができない（判決の結論が変わりにくい）。

(iii)　有効な場面

- 債権額が60万円以下で，契約書や受発注書，納品書等，書類が揃っていて立証が容易な場合。

(3)　上記各手続と並行して行う手続―仮差押え

上記のような裁判所を利用した手続によって回収手続を進めたとしても，相手方にお金がないなどの理由で任意の支払いをしてくれないために実際に回収できない可能性も考えられます。

そこで，仮差押えを行うか否かも回収の際には検討しておくべきです。

仮差押えとは，簡単に言えば，回収に備えて，事前に相手方の財産を保全しておくための，裁判所を利用した手続です。仮差押えの対象は不動産や金融機関の預金債権などであることが多く，裁判所の発令によって債務者による処分を禁止し，債務者名義の財産を保全し，その後の債権者による回収を容易にします。なお，申立ての際には対象物の特定が必要となり，例えば銀行預金債権を仮差押えする場合には，相手方名義の口座のある金融機関名および支店名までを特定しなければなりませんが，口座番号の情報は不要です。

①　メリット

- 本案訴訟の結果を待たずに相手方の財産の保全ができ，将来，本案訴訟で勝訴判決を得た場合にそこから回収することができる。
- 相手方に対するプレッシャーとなり，話し合いによる解決を促進する場合がある。

②　デメリット

- 被保全権利の内容等および保全の必要性を主張し，その存在を疎明しなければならない。
- 被保全権利の金額の約２～３割の担保を立てなければならない。
- 仮差押え命令が発令されたとしても，預金残高がないなど，実際に仮差押えできる財産がないこともある。

- 一度供託した担保金を取り戻すためには法定の手続が必要となり，一定の期間取り戻すことができない。
- 仮差押命令の発令後，本案訴訟で敗訴した場合などに，債権者が債務者に対して損害賠償義務を負う場合がある。

仮差押えは，弁護士に依頼せずに自社のみで対応するのは難しいかもしれませんが，債権回収のための有効な手段ですので，債権回収の際には検討するべきです。

(4) まとめ

仮差押えを除けば，上記のいずれの手続も，弁護士に依頼することなく，自社で対応することはそこまで難しくないでしょう。請求額が大きい場合，迅速に確実に回収したいような場合など，弁護士に依頼したほうがよいケースもありますが，複雑な事案ではなく，債権の存在を立証可能な証拠が十分ある場合，債権額が少額の場合などは，自社で対応できるケースもあります。

なお，債権の種類によって消滅時効期間が異なっていたり，勝訴判決を得たり和解が成立しても相手方が支払ってくれない場合に，さらに強制執行手続が必要となります。このような自社で対応できないケースでは，専門家である弁護士に相談しましょう。

QⅨ－7 紛争がIPO審査に与える影響

システム開発会社である当社は，当社が納品したシステムについて，仕様書と異なる部分があるとして，納品先から訴訟を提起され，現在も係属中です。このような状況の場合，IPO審査にどのような影響がありますか。

A IPO審査では，紛争の結果の見込み，業績，財務状況や事業活動への影響等が慎重に審査されます。また，結果の予測について，弁護士の意見書を求められることもあります。さらには，訴訟の結果が事業活動に重大な影響を与える可能性のあるような場合には，重要な訴訟に関する情報として，有価証券届出書等に記載して開示しなければならなくなることもあります。

解説……………………………………………………………………

IPO審査の際には，投資家保護の観点から，会社のあらゆる事情を対象として，綿密な審査が行われます。訴訟が係属している場合には，その将来的な影響の有無や大きさが審査の対象となり，場合によっては，必要な情報として，開示対象となることもあります。訴訟の結果が事業活動に重大な影響を与える可能性のある場合には，上場を見送られることさえあります。

訴訟をはじめとする紛争がIPO審査にどのような影響を与えるか，十分に認識したうえで対応する必要があります。

(1)　上場審査基準

上場審査の要件には，大きく分けて形式的要件と実質的要件があります。

形式的要件は①上場株式数や株式の分布状況などの「株式の円滑な流通と公正な株価形成を確保するための基準」，②設立後経過年数，純資産額，利益の額といった「企業の継続性，財政状態，収益力等の面からの上場適格性を保持するための基準」，③財務諸表等の「適正な企業内容の開示を確保するための基準」，および④株式事務代行機関の設置，株券の様式，株式の譲渡制限といった「株券の流通に係る事故防止，円滑な流通を形式面から担保するための基準」の4つがあります。なお，ベンチャーが上場を目指すことの多いマザーズの上場基準には，利益や純資産についてのものはなく，時価総額基準も東証一部や東証二部よりも低く設定されています。

他方，実質的要件は①企業の継続性および収益性，②企業経営の健全性，③企業内容等の開示の適正性，および④その他公益または投資家保護の観点から取引所が必要と認める事項の4つになります。

⑵ 紛争の IPO 審査への影響

① 審査結果自体への影響

会社が紛争を抱えている場合に特に影響する上場審査要件は，上記のうちの実質的要件です。例えば，上場後に敗訴して巨額の損害賠償義務を負ってしまった場合，会社の財務状況は悪化し，企業の継続性や収益性が危ぶまれることもあり得ますし，同種の紛争が多発している場合には，企業経営の健全性自体が問題となるかもしれません。そのような紛争の存在は，経営に重大な影響を与える事実として，上場後は開示すべき情報に該当することもあります。

したがって，IPO 審査の段階では，このような観点から，会社が抱える訴訟（紛争）の影響についても審査されます。この場合，訴訟において請求され，敗訴した場合に支払義務を負うおそれのある最高額が審査の基準となり，場合によっては，上場できないという結論になる可能性もあります。

かといって，上場審査前に半ば無理やり，極めて不利な条件で和解を成立させて訴訟を終結させるようなことをした場合は，その処理自体が IPO 審査で問題視される可能性も否定できませんので，やみくもに訴訟（紛争）を終了させることが得策とは限りません。

② 上場スケジュールへの影響

会社が紛争を抱えている場合，その終了時期，結果，終了までのコストなどの見込みについて，審査の中で説明を求められることが想定されます。ここで，安易に明るい見通しを語ることは得策ではありません。会社が見通しを示す場合，その根拠となる資料の提出も合わせて求められることも多く，一般的には訴訟の専門家である弁護士の意見書の提出を求められます。会社が明るい見通しを説明したところ，弁護士から提出された意見書が厳しい見通しを立てているような場合には，会社の事実認識の甘さや経営態度が問題視されてしまい，その改善策の検討が要求されかねません。また，そもそも，弁護士の意見書提出のために一定の時間を取られることになって，上場スケジュールに影響を及ぼすことになります。

③　情報開示

紛争が企業経営に与える影響が重大であると考えられた場合，重要な訴訟等の存在とその内容が，情報開示対象となる場合があり，その場合には上場の際の有価証券届出書等に訴訟の内容，結論の見込み，業績，財務状況や事業活動への影響などを記載しなければならなくなります。しかし，上場審査の際の有価証券届出書等は世の中に開示され，誰でもネット上で閲覧できる状態となります。実際には，勝訴の見込みが厳しいにもかかわらず，有価証券届出書等に「完全勝訴見込みである。」などと記載することは虚偽を記載することになるためできませんし，「勝訴の可能性は低い」などと記載すれば，仮にその情報を訴訟の相手方が入手した場合には，和解交渉で不利になる可能性もあります。したがって，その記載内容は細心の注意を払って検討しなければなりません。

⑶　まとめ

IPO 審査時に紛争を抱えている場合には，上場スケジュールに影響を及ぼしたり，そもそも上場できなくなってしまう可能性もあるため，できるだけ速やかに，かつ，不利益を最小限にして紛争を解決するよう心がけなければなりません。その観点からは，取引の相手方から警告書などが届いた場合には，速やかに対応し，放置することのないようにしなければなりません。また，紛争に巻き込まれたときのリスクの範囲が限定的であることが客観的に説明できるよう，取引に入る際の契約書に，しっかりと，免責事由や損害賠償範囲の制限，損害賠償額の上限の設定などの規定を盛り込んでおくことが重要です。

索 引

欧文

あ行

か行

さ行

た行

な行

は行

ま行

や行

ら行

わ行

〔編著者略歴〕

後藤勝也（ごとう　かつなり）
弁護士
パートナー CEO
1993年　司法試験合格
1994年　東京大学法学部卒業
　　　　アンダーセン・コンサルティング（現，アクセンチュア）入社（経営戦略部門）
1996年　司法研修所 入所
1998年　長島・大野法律事務所（現，長島・大野・常松法律事務所）入所
2001年　AZX 総合法律事務所 創設　パートナー CEO 就任

林　賢治（はやし　けんじ）
弁護士・弁理士
パートナー COO
1994年　司法試験合格
1995年　東京大学法学部卒業
　　　　司法研修所 入所
1997年　青山中央法律事務所 入所
2001年　AZX 総合法律事務所 創設　パートナー COO 就任

雨宮美季（あめみや　みき）
弁護士
パートナー
1997年　立命館大学大学院法学研究科修士課程
　　　　同大学３年次飛び級により入学
1999年　同研究科修士課程終了
　　　　司法試験合格
2000年　司法研修所 入所
2001年　ベンチャー企業にて社内弁護士として勤務
2002年　AZX 総合法律事務所 入所
2008年　AZX 総合法律事務所 パートナー 就任

増渕勇一郎（ますぶち　ゆういちろう）
弁護士
パートナー
1997年　東京大学法学部卒業
2002年　司法試験合格
2003年　司法研修所 入所
2004年　名川・岡村法律事務所 入所
2009年　AZX 総合法律事務所 入所
2012年　AZX 総合法律事務所 パートナー 就任

池田宣大（いけだ　のぶひろ）
弁護士
パートナー
2002年　慶應義塾大学法学部法律学科卒業
2004年　司法試験合格
2005年　司法研修所 入所
2006年　ポールヘイスティングス法律事務所 入所
2009年　AZX 総合法律事務所 入所
2014年　AZX 総合法律事務所 パートナー 就任

長尾　卓（ながお　たかし）
弁護士
パートナー
2006年　早稲田大学法学部卒業
2008年　中央大学法科大学院卒業
　　　　司法試験合格　司法研修所 入所
2010年　AZX 総合法律事務所 入所
2015年　AZX 総合法律事務所 パートナー 就任

〔著者略歴〕

濱本健一（はまもと　けんいち）
弁護士
2006年　早稲田大学法学部卒業
2009年　早稲田大学法科大学院卒業
　　　　司法試験合格　司法研修所 入所
2011年　AZX 総合法律事務所 入所

高橋知洋（たかはし　ともひろ）
弁護士
2004年　東京大学文学部卒業
　　　　朝日新聞社　入社
2008年　東京大学法科大学院卒業
2009年　司法試験合格　司法研修所 入所
2011年　麒麟麦酒株式会社 法務部 入社
2014年　AZX 総合法律事務所 入所

渡部峻輔（わたなべ　しゅんすけ）
弁護士
2007年　立教大学法学部卒業
2009年　慶應義塾大学法科大学院卒業
　　　　司法試験合格　司法研修所 入所
2011年　クリフォードチャンス法律事務所 入所
2014年　AZX 総合法律事務所 入所

石田　学（いしだ　がく）
弁護士
2007年　早稲田大学法学部卒業
2009年　神戸大学法科大学院卒業
　　　　司法試験合格
2010年　司法研修所 入所
2012年　独立行政法人日本貿易保険 入社
2014年　大毅法律事務所 入所
2015年　AZX 総合法律事務所 入所

菅原　稔（すがわら　みのる）
弁護士
2009年　東北大学法学部卒業
2011年　一橋大学法科大学院卒業
　　　　司法試験合格　司法研修所 入所
2013年　AZX 総合法律事務所 入所

小鷹龍哉（こたか　たつや）
弁護士
2009年　慶応義塾大学法学部法律学科卒業
2011年　慶応義塾大学法科大学院卒業
　　　　司法試験合格　司法研修所 入所
2013年　企業法務系法律事務所 入所
2014年　AZX 総合法律事務所 入所

AZX Professionals Group

AZX Professionals Group（AZX）は，「新しいエネルギーを創造すること」を使命とし，"from A to Z and extra value"（= A から Z までのあらゆるサービスを揃え，AZX でしか提供できない特別な価値（extra value）を実現する）という理念のもと，ベンチャー企業を含む多くの企業の成長と発展をサポートしています。ベンチャー企業等のニーズに真に応えるためには，法務のみならず，税務会計，特許商標，労務等の領域を含めて全体的，網羅的に対応する必要があります。そのため，AZX は，AZX 総合法律事務所，AZX 総合会計事務所，AZX 国際特許事務所，AZX 社会保険労務士事務所で構成され，弁護士，公認会計士，税理士，弁理士，社労士等のプロフェッショナルにより One Stop Service を提供しています。

AZX は，2001年の創設以来，多くのベンチャー企業の皆様にサービスを提供し，多数の IPO 等の実現をサポートしてきました。AZX に蓄積された知識とノウハウを起業家，ベンチャー企業の皆様に対して幅広く還元して，事業の成功確率を上げていただくことで，日本のベンチャー業界の発展に貢献できるよう，できる限りの情報提供をしていきたいと考えています。本書は，その一環として，ベンチャー企業を運営するうえで知っておくべき法務関連の知識やノウハウを共有するために執筆致しました。

なお，このような情報提供の１つとして，AZX では，「AZX Super Highway」というベンチャー業界向けブログを発信しておりますので，是非こちらもご覧いただければ幸いです。（URL: http://www.azx.co.jp/brog/）

ベンチャー企業の法務A to Z
—起業からIPOまで

2016年11月10日　第1版第1刷発行

編著者　後藤勝也
林　賢治
雨宮美季
増渕勇一郎
池田宣大
長尾卓
発行者　山本継
発行所　㈱中央経済社
発売元　㈱中央経済グループパブリッシング
〒101-0051　東京都千代田区神田神保町1-31-2
電　話　03(3293)3371(編集代表)
03(3293)3381(営業代表)
http://www.chuokeizai.co.jp/
印刷／東光整版印刷㈱
製本／誠製本㈱

ISBN 978-4-502-19051-3 C3032